배낭 메고 한 달 동안 동유럽 돌기

사는 거야 늘 후달리쥐만,
Feel 땡기면 일단 뜬다아!!
그 이후는 나도 몰러.
아, 법대루 하라구 햐~

가난뱅이 Bohemian 철이의

동유럽 여행기

Istanbul • Samsun • Athene • Thessaloniki Trilofos • Sofia • Budapest • Debrecen • Vienna • Obertraun • Hallstatt • Salzburg • Munchen • Fussen • Ceske Budejovice • Cesky Krumlof • Praha

아라

초판 1쇄인쇄 2013년 8월 12일

초판 1쇄발행 2013년 8월 13일

저자 최정철

발행인 김수현

발행처 도서출판 아라

주소 서울시 강동구 천호동 287-10 일진빌딩 2층

전화 02) 476-5060, 팩스 02) 489-5689

등록 2012년 09월 13일 제2012-52호

이메일 ara5060@naver.com, 홈페이지 www.ara5060.com

ISBN I 978-89-98502-35-5*03980

정가 17,000원

이 도서의 국립중앙도서관 출판시도서목록(CIP)은 서지정보유통지원시스템 홈페이지(http://seoji.nl.go.kr)와 국가자료공동목록시스템(http://www.nl.go.kr/kolisnet)에서 이용하실 수 있습니다.
(CIP제어번호 : CIP2013014129)

목차

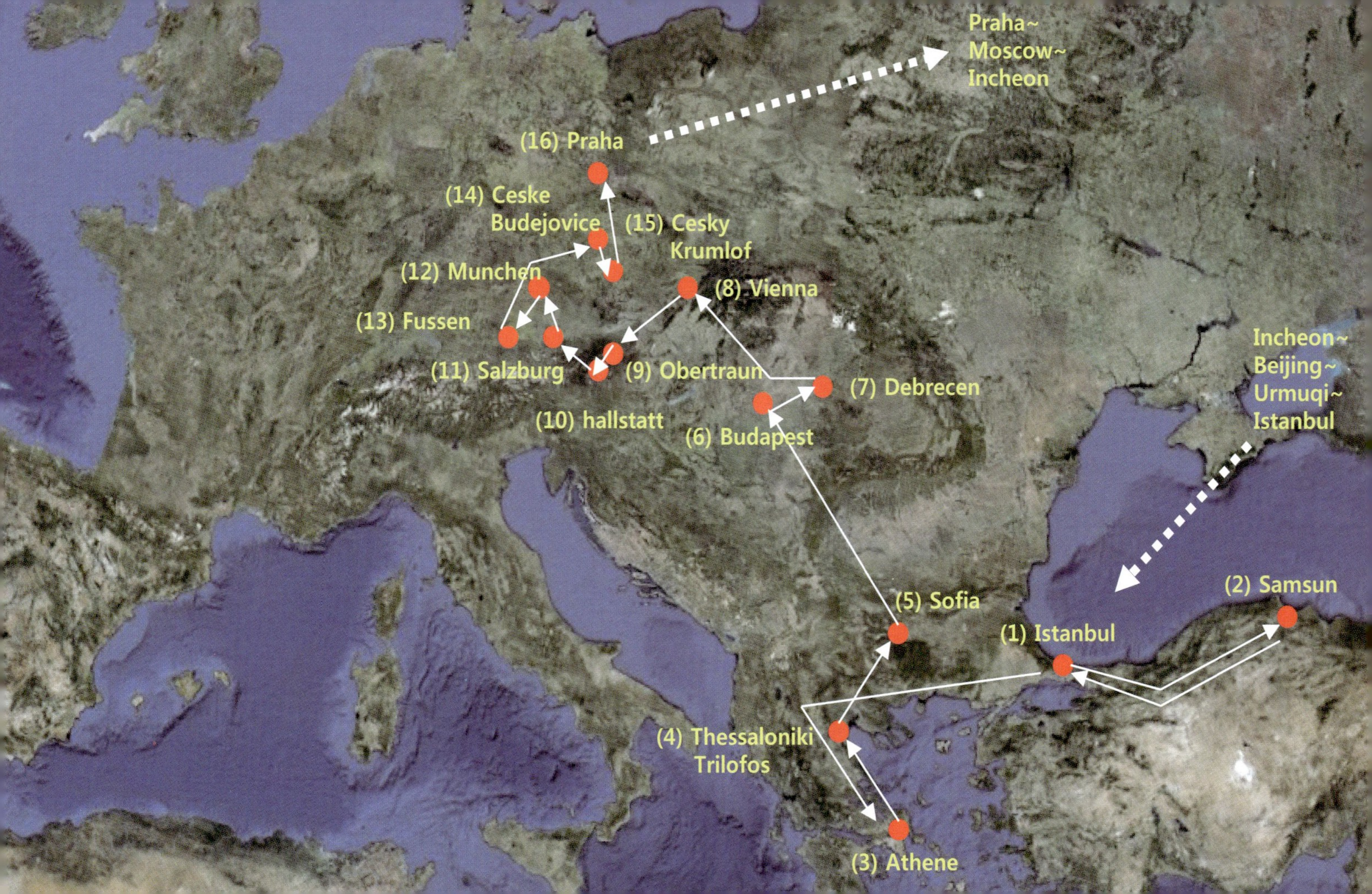
Praha~
Moscow~
Incheon
(16) Praha
(14) Ceske
Budejovice
(15) Cesky
Krumlof
(12) Munchen
(8) Vienna
(13) Fussen
(11) Salzburg
(9) Obertraun
(7) Debrecen
(10) hallstatt
(6) Budapest
Incheon~
Beijing~
Urmuqi~
Istanbul
(5) Sofia
(2) Samsun
(1) Istanbul
(4) Thessaloniki
Trilofos
(3) Athene

서문序文

참으로 어렵게 살아왔습니다. 변변한 수입 없이 빈곤층 신세로 산지 7년 째. 2012년도에 들어서면서는 나이 쉰 되었다는 생각에 앞으로 살아갈 일이 아득해져 기분은 더 비참해졌죠. 그렇게 내일에의 희망이라고는 눈곱만큼도 없이 살아가던 2012년 봄. 근근이 학교 강의 나가는 일로 연명을 하던 차 어느 지방의 도민체전 개 · 폐막식 연출 자문을 맡으면서 일약 거금이 생기게 되었습니다. 마침 이즈음 강의 생활을 정리하고 본업인 이벤트 연출일로 돌아가고 싶었습니다. 현역 복귀. 죽어라 뛰다 보면 가을부터는 무엇인가 일이 생기지 않겠나 하는 생각을 한 것입니다. 목돈도 생기겠다, 가을부터 새로운 일을 시작해보기로 했겠다, 이 시점에서 내게 뭔가 그럴듯한 이벤트가 있어도 되지 않나싶었습니다. 아니, 있어야 했습니다. 그것은 바로 내가 걸핏하면 마음에 품었던 여행. 늘 하던 식의 홀로 여행이었고, 이번에는 장기간에 걸친 해외여행으로 궁리했습니다. 어쩌다 가져본 지난날의 해외여행이라고는 겨우 며칠짜리 단발로 끝나곤 했던 것, 그래서 늘 갔다 오면 아쉬움만 더 컸음을 떠올리며 이번만큼은 아주 '뽕'을 뽑아보자고 아래 턱 부르르 떨며 두 주먹 굳게 쥐었더랬습니다.

그렇게 품은 생각, 내 7월의 꿈이었습니다.

6월이면 체전 개폐막식 일도, 학기도 끝납니다. 그러니 후련한 마음으로 박차고 날아오를 수 있는 시점은 7월 초. 5월부터 코스 계획을 세우는 것으로 꿈을 품기 시작했습니다. 행선지는 동유럽. 서유럽은 당시 경제 상황도 좋지 않는 등 사회적으로 분위기가 우아하지 않다는 것도 이유가 되었지만 오래 전부터 마음에 품었던 것이 바로 보헤미안의 땅 동유럽이었기에 아무런 고민 없이 그쪽으로 낙점한 것입니다. 이어서 최대한 싼 비행기 티켓 구하기, 현지 볼거리 및 관련 정보 찾아내기, 숙소 검색해서 예약하기, 페친인 터키 삼순의 부르주Burcu와 헝가리 데브레첸의 마리아나Marianna와 스케줄 잡기 등등. 한 달여에 걸친 사전 준비 작업을 마치고 나니 불현듯 걱정이 들더군요. 과연 이 여행이 예정대로 내 뜻대로 실행될 것인지. 그리고 또 나는 이 여행에서 무엇을 얻을 수 있을 것인지. 그러나 이미 엎어진 물. 달리는 호랑이 등에 올라탄 격, 내치는 것만 남았습니다. 여름부터 가을까지 버틸 수 있는 거금 오백만 원, 까짓 것 쓰고 말자. 내일은 내일의 태양이 다시 떠오를 테니. 갔다 와서 혹여 굶어 죽더라도 내 인생에 있어서 언제 또 이런 기회가 오랴?

그렇게 떠난 여행, 내 7월의 꿈이었습니다.

여행 중에는 생각지도 못한 일들이 비일비재로 일어나 나로 하여금 유쾌하게 만들기도, 황당하게 만들기도 하였습니다. 그러면서 하루하루 다음의 여정은 이어졌죠. 과거의 여행에 비해 그 양상이 달라도 너무 다른 이번 여행. 장기간 배낭여행의 묘미가 이런 것이구나 싶었습니다. 한 달에 걸친 여행은 내게 무엇을 남겨주었을까? 제대로 들여다보지 못했다는 자괴감이 크다는 생각이 먼저 듭니다. 아직도 나는 모든 것의 실체를 정확히 깨우치고 있지 않습니다. 그렇지만 최소한 몇 가지는 내 마음에 남아있다는 것, 이것만큼은 분명합니다. 그 중, 하나. 한 달 동안 제대로 미쳐 놀아났다는 것. 덧붙여 말 할 수 있는 것. 스쳐 지나면서 놓쳤던 것들, 이번에 모르고 넘어가면 또 어떠랴? 내를 건넜으니 등에 업었던 처자, 내려놓고 내 길 가기만 하면 되는 것입니다. 앞으로 살면서 하나씩 대비 조명 될 것이니 조바심 낼 일 전혀 아니니 말이죠. 뭐, 답답하면, 다시 또 훌쩍 가보면 되는 것이겠고요.

그렇게 끝난 여정, 내 7월의 꿈이었습니다.

귀국 후 집에 틀어박혀 한 꼭지씩 정리해서 Blog에 올렸습니다. Blog 글이라는 것이 한 번 올리고 나면 그것으로 덮이고 마는 것이 일상사. 그렇지만 슬금슬금 미련이 생겼고 Blog에 올렸던 카피와 사진들을 뽑아내어 수정 보완을 하며 별도의 파일로 만들어 나가기 시작했습니다. 그러다가 이 일이 대충 끝낼 것이 아니구나 하는 판단을 했고, 결국 전면 재수정 보완이라는 칼을 뽑아 들어 대 사투를 벌이게 되었습니다. 이즈음 내가 원했던 가을 행사는 어디에서도 걸려들지 않고 있었습니다. 결국 내가 당장 할 수 있는 일이라고는 원고 작업뿐. 주린 배를 움켜쥐며 석 달 정도에 걸쳐 작업에 몰두했습니다. 그 와중에 뼈저리게 느낀 것이, 내가 소설도 대본도 시도 칼럼도 남의 자서전도 써봤지만, 여행기라는 것이 아주 사람을 곤죽으로 만든다……. 미처 모르고 날뛴 내가 원망스러웠습니다. 사실에 입각한 현지 소개는 기본이요 역사적 문화적 관련 내용에 한 치의 오류도 있어서는 안 되니, 한 단어 한 줄 붙일 때마다 어찌 콧노래 흘리며 건성건성 하겠는가 말입니다. 무엇보다도 끊임없이 반복

되는 퇴고와 사진 보정(워낙 고물딱지 손바닥 사이즈의 디지털 카메라로 찍은 사진들이라) 작업은 내 머리 위에 흰 머리털 개체수를 급 확산시켰고 몸 근수마저 빠지게 했습니다.

글은 교통정보, 숙박 정보, 음식 정보 등은 어느 정도 소개될 때도 있지만 '전문적 수준'의 여행 정보 안내지 성격은 결코 아닙니다. 그저 다분히 '재미' 위주로 쓴 '여행기'일 뿐입니다.

어떻게 썼느냐?

① 단순히 어디에 가서 찍은 사진을 올려놓고, "여기는 어디이다. 경치 좋지? 부럽지?"하는 식의 무성의한 태그 글로 끝나기 보다는, 방문지에 대해 가급적이면 다양한 내용을 소개하려고 노력하였습니다.

② 문장투는 위트, 유머, 농담 등을 이리저리 비벼 넣어 읽기에 지루하지 않도록 하는 것을 원칙으로 삼았습니다. 특히 Blog나 SNS 문화 향유층의 눈높이를 생각하면서 썼습니다. 즉, 이 여행기는 Blog 스타일로 쓰였으니, 어찌 보면 Blog가 컴퓨터에서 튀어나온 것으로 볼 수 있습니다.

①과 ②, 이 두 가지 기준에 입각한 방식은 이를 테면 이렇습니다. 방문지와 관련된 얘기를 곁들일 때, 수박 겉핥기식이겠지만 동서고금의 문화나 역사(고대, 중세, 근현대), 신화, 전설, 문학에 대한 얘기를, 때로는 진중하게 때로는 비틀고 농하는 식으로, 그렇게 시공을 떠나 관조하는 식으로 묘사했습니다. 아울러, 방문지에 관련된 상황과 어울리거나 대비되는 우리네 삶 혹은 사회현상 등을 끄집어내어 개인적인 관념과 상식에 입각하여 꼬집는 얘기, 칭찬하는 얘기를 버무려도 보았습니다.

가끔씩은 웃으라고, 현지에서의 이런저런 해프닝도 실었습니다. 또 개인적 취향을 살려 자작시를 몇 점 올리기도 하였습니다(잘난 척 좀 하려고 ㅡ.ㅡ). 그 외에 기초적인 관광 정보, 툭 던지고 싶은 얘기, 견변犬便철학이 발라진 짧은 문구 형태의 잠언(감히) 등을 매 꼭지마다의 꼬리에 Tip으로 붙여 넣었습니다. 사진 수준은 기대하면 안됩니다. 그저 그림이려니 생각해야 합니다.

과연 구상한대로 잘 쓰였는지, 흐뭇함보다는 걱정이 더 큽니다. 그러거나 말거나. 내게는 버릇이 있습니다. 내 손 떠나는 글에게 늘 이렇게 작별 고하기.

'이제 알아서 네 갈 길 자알 가거라.'

자식 하나 떠나보냅니다. 그저 소풍 가는 기분으로 읽어주기 바랍니다.

북한산 옆구리에 붙어있는 삼송리 촌마을 방구석에서

山一木 최 정철

Turkey Istanbul
I

2012년. 5월부터 꾸었던 7월의 꿈. 그 꿈이 드디어 실현되는 날인 7월 6일. 김포공항 국제선에서 비행기에 몸을 싣습니다. 베이징 경유의 이스탄불 행 중국 남방항공 비행기. 싼 티켓을 구하고 구하던 끝에 손에 넣은 텍스 포함 500,000원짜리 편도 티켓. 한 달에 걸친 내 첫 동유럽 배낭여행은 이렇게 시작됩니다.

베이징 서우드 공항에서 4시간 대기한 후 갈아탄 비행기는 본격적으로 서쪽을 향해 날아갑니다.

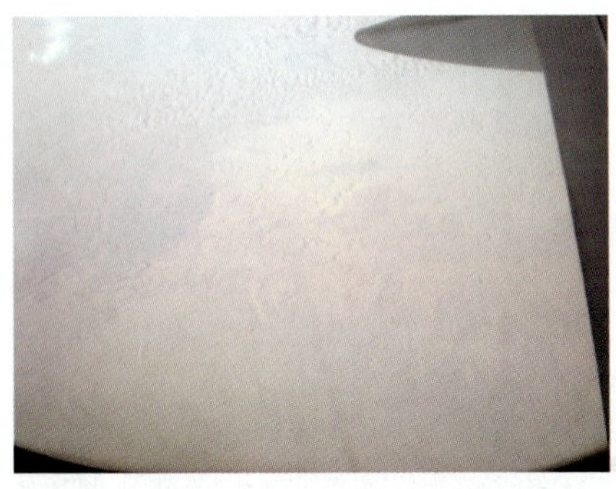

몇 시간 지났을까 싶을 즈음, 살짝 졸다가 기내 방송 소리에 깨어나 창 아래를 내려다보니 광활한 사막이 펼쳐져 있습니다. 말로만 듣던 고비 사막입니다.

원래 이 비행 노선은 베이징으로부터 곧장 이스탄불로 가야 합니다만 기내 방송 왈, 우르무치에서 중간 기착해서 1시간 대기 후 다른 비행기로 환승한다고 하는군요. 예정에 없던 2차 환승. 티켓 값 저렴한 비행기에는 간혹 이런 불편이 따릅니다.

신장성 성도城都 우르무치烏魯木齊. 중국 최고最古의 지리서인 산해경山海經에 의하면 서방에 곤륜산崑崙山이 있어 사람 얼굴에 호랑이의 이빨, 표범 털을 가진 신인神人이 산다고 했습니다. 불사의 약을 가진 선녀라고도 했습니다. 그 선녀를 사람들은 서왕모西王母라 불렀고 말입니다. 이 서왕모가 살았다는 곤륜산이 바로 여기, 우르무치 남쪽에 있습니다. 현지에서 '오르목 고개'라는 뜻으로 불리는 우르무치. 이 명칭을 풀어보면 완벽하다 싶을 정도로 순 우리 말이 됩니다. '오르목'은 말 그대로 '올라가는(오르) 곳(목)'이고 '치'는 '고개' 혹은 '산 정상(마루)'을 뜻하는 우리의 옛말 '치'와 같은 말입니다. 충청도 공주에 우금치가 있습니다. 동학 농민군 10만 명이 관군에게 전멸당한 고개로 '치'자가 한역으로 표기되어 있습니다. 치는 '티'로도 쓰였는데 오늘날 서울 용산구의 버티 고개 같은 명칭에 그 흔적이 남아있습니다. 치의 원래 의미는'높은 곳에 있는 자' 즉'왕'입니다. 마루치 아라치 아시죠? 각각 높고 높은 왕, 아름다운 왕의 뜻입니다. 이 치는'한(몽골어로는 칸)'과 동급 어입니다. 대수장 혹은 대군장이라는 뜻으로 신라 초기의 왕을 지칭한 마립간麻立干이라는 명칭. 마립간은 마루한 혹은 마루치의 이두 표기로 봐야 합니다. 고구려의 벼슬 이름 막리지莫離支. 이것도 마루치입니다(참고로, 이렇게 보면 신라는 흉노 어로 칸 혹은 한을 썼고 고구려에서는 다른 북방 어인 치를 썼으니, 이것만 봐도 두 나라의 주요 민족 구성원은 분명 다르다고 볼 수 있겠죠. 즉 신라의 주 민족 구성원은 흉노족, 고구려는 예족). 우리의 한강에서 한漢자 뜻에도 치가 있습니다. 그래서 한강의 원래 의미는 큰 강 혹은 위대한 강이 됩니다. 그 좋은 뜻의 치가 오늘날에는 이 치(이 사람), 저 치(저 사람), 혹은 수할치(매사냥꾼)로, 혹은 골치(골머리) 등과 같이 격하된 의미로만 쓰이고 있습니다. 떠돌이, 부랑자를 뜻하는 무뢰한無賴漢의 한도 격하지칭 명사로 전락한 치의 한역표기입니다. 이처럼 이두 문자를 살펴보면 우리의 옛말과 함께 그것을 단초로 하는 관련 역사가 무수히 쏟아져 나오곤 하죠. 한편, 곤륜산은 백두산과 흡사하다고 합니다. 오래 전부터 내려온 곤륜산의 현지 명칭은 복다이. 이것은 우리의 박달, 백두(백두 라는 명칭은 산 정상이 하얗다고 하여 생겼다고 하지만 박달의 차음일 여지가 있어 보입니다) 와 비슷하죠? 또 서왕모가 목욕했다는 천지 호수도 이 산에 있다고 합니다. 그런 천지는 백두산에도 있고 말이죠. 그렇다면 혹시 우리 민족의 초기 영산인 백두산, 아니 박달산은 지금의 곤륜산이 아니었을까요? 풍수에 회룡고조回龍顧祖라는 말이 있습니다. 산 지맥이 멀리 흘러나가다가 그 머리를 본산 쪽으로 돌린 명당지세. 풍수설로 볼 때 한반도의 본산은 곤륜산이라고 합니다. 한반도 땅에 복을 내려주는 한민족 조상의 땅 곤륜산. 중앙아시아 곤륜산 파 종족이었던 우리 조상은 중원 땅을 거쳐 동쪽으로 이주하는 동안 곳곳에 원래 살았던 곳의 지명을 뿌려놓습니다. 한국의 지역 명칭들 중 다수가 중국 땅에도 있는 이유가 그것입니다. 탁수(경상북도 상주 외곽에 살던 옛 주민들이 낙동강 상류를 칭하던 말. 상주시 외남면 지사리에 살던 옛 어른들은 그 마을을 탁골로 부르기도 했음), 강릉, 한양, 백제, 고려(중국인들은 고구려를 고려로 부름)촌 등등. 그리고 평양을 일컫는 아사달. 이것은 아침의 나라, 해가 뜨는 곳 등으로 해석되는데 이것을 한자로 의역한 명칭이 오늘날 북경시의 한 구역으로 되어 있는 조양朝陽입니다. 그런 식으로 추정하면, 지금의 박달산(백두산)도 그 옛날 우리 조상들이 만주 땅에 이르러 이 산을 발견했을 때 원래 자기네들이 살았던 박달산(복다이산)과 너무 흡사하여 이름을 그대로 붙여 쓴 것일 수 있죠. 마지막으로, 서왕모는 세 발 달린 까마귀인 삼족오三足烏와도 깊은 관련이 있다 하니, 뭔가 우리 민족 고대 신화와의 연결 고리도 있어 보입니다. 이런저런 생

각을 돌이켜보게 하는 곳, 우르무치입니다

우르무치 공항은 왠지 우울해 보였습니다. 철골 가건물로 지은 공항

청사의 외형부터 그런 분위기를 물큰 풍깁니다.

한 시간 후. 환승 비행기가 드디어 날개를 펴고 날아오릅니다. 시간은 한국 시간으로 밤 10시가 넘은 지금, 아직 서녘 하늘 끝자락에는 약하나마 푸른 기운을 풀어내고 있는 해가 여전히 걸쳐져 있습니다. 떨어지는 해를 쫓아 그렇게 그렇게 이스탄불을 향해 날아가는 이 밤. 서서히 서녘 하늘이 보기 좋도록 붉게 타 들어 갑니다. 그 불덩이를 바라보는 중, 문득 감상이 떠올라 수첩을 꺼내 끼적거려 보았습니다.

비행기는 현지 시간 밤 12시를 넘겨 이스탄불 공항에 도착했습니다. 호스텔 픽업 보이가 공항에서 대기하고 있었지만 정작 픽업 차량은 나타나지 않고 있습니다. 픽업 보이는 조금만 기다리면 차가 온다며 연신 윙크 질을 해댑니다.

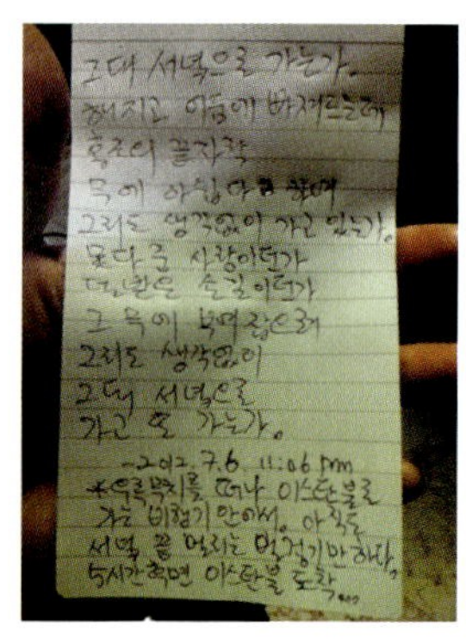

'좌식이 호모인가, 징그러워 죽겠네.'

그렇게 20분 정도를 기다리며 수십 번의 윙크 세례를 받고 나자 그제야 봉고 차가 도착했습니다. 픽업 보이는 나를 차에 태우고는 도로 공항 안으로 들어갑니다. 이 친구, 빼곡히 적힌 체크

리스트를 보면서 이 사람 저 사람 픽업하는 것을 보니 여러 호스텔을 위해 픽업 대행 일을 해 주는 모양입니다. 호스텔까지 가는 여행객은 딸랑 나 혼자. 기사의 생김새가 사뭇 무뚝뚝합니다. 눈매도 부리부리합니다. 문득 불안한 느낌이 들기까지 합니다. 혹시 이 인간이 나를 납치해서 어찌어찌 하려는 건 아닐까?……. 뭐 죽기야 하겠냐는 생각으로 차에 올라타니 기사는 곧장 차를 출발시킵니다. 그런데 시내까지는 큰길로 시원하게 달리더니 시내에 들어서면서부터는 이리저리 골목길만 찾아 달립니다. 새벽 1시를 향해가는 늦은 시간. 사람은 보이지 않는 그런 어둡고 음습한 골목길! 더 불안해 지더군요. 그러나 마음속으로 다짐을 합니다.

'좋다, 나도 사내다. 다 뎀뵤~!'

차는 그렇게 한 시간 동안을 달린 끝에 커다란 사원 앞에 도착했습니다. 말로만 듣고 사진으로만 봤던 아야 소피아 사원! 그리고 그 근처에 위치한 동양호텔(내가 예약한 호스텔)! 이 무뚝뚝한 기사, 다 왔으니 내리라는 고개 짓을 해 보입니다. 어이고 고마워라~. 첫 도착지부터 괜한 걱정만 했습니다. 달리 멍청이가 아닙니다.

다음 날 아침 일찍 일어나 이스탄불과 인사를 나누러 숙소를 나섭니다. 7월 7일 아침 7시. 777. 숫자가 좋아 보입니다. 숙소에서 내주는 아침 식사 시간 전을 이용해서 인근 술탄 아흐멧Sultan Ahmet 거리를 훑어보기로 했습니다.

여기가 바로 내가 첫 날 밤을 치른(?) 동양 호텔입니다.

그리고 숙소 맞은 편 거리 풍경

이른 시간인지라 소피아 사원 공원에는 사람이 별로 보이지 않습니다. 오늘의 여정 중 한 곳이 될 아야 소피아 사원Aya Sofia Mosque. 아침 새가 요란하게 짖어대는데도 간밤의 묵상이 아직 끝나지 않았는지, 정적만 풀어놓고 있을 뿐입니다.

공원 한쪽에서는 부지런한 영감님 한 분이 벌써부터 가판을 차리고 있군요. 뭔가 하고 들여다봤더니 바로 터키의 전통 빵인 시미트Simit였습니다. 아침밥은 숙소에서 나올 것이기에 이때는 사먹지 않았지만 나중에 먹어보니 제법 맛있더군요. 이 빵은 터키 홍차Cay와 함께 먹으면 더 맛있습니다.

골목길 안쪽에는 이런 건물들도 있습니다. 말 그대로 고색창연합니다.

어느 골목에 이르자 공예 기념품 가게들이 늘어서 있습니다. 아직 가게들이 문을 열지 않고 있는 시간. 그 중 한 가게에 이르자 주인이 부지런하게도 벌써부터 문을 열고 있습니다. 슬쩍 관심이 있는 척 쇼 윈도우를 들여다보고 있자니, "냉큼 들어오시오~!" 하며 설레발을 떠네요. 들어갔죠. 그랬더니 레모네이드 음료수까지 척 내 줍니다. 넘넘 마시며 둘러보는데 제법 괜찮은 것들이 눈에 들어옵니다.

터키는 도자기 문화가 오래 전부터 발달한 곳입니다. 특히 카파도키아Kapadokya 지방에서 만들어지는 도자기는 역사적으로 유서가 깊다고 합니다. 화려한 문양을 뽐내는 도자기들. 왼쪽 사진에서 보이는 도자기들 중에서 오른쪽 도자기의 동그란 원 안에 그려진 점은 아마도 벽사辟邪 의미로 새긴 '악마의 눈'이 아닌가 싶군요.

도자기 구경 잘 하고 나서 눈길을 돌리니 맨 밑 칸의 왼쪽에서 두 번째 청동 촛대가 마음에 들어 흥정에 들어갔습니다. 주인 사내, 첫 마수걸이에의 기대감에 흥분된 표정이 됩니다.

'너 가게 일찍 연 덕을 보는 게다. 일찍 일어나는 새가 벌레를 먹는 법이거늘.'

……졸지에 내가 벌레가 되었습니다.

"50!" 쥔 사내가 외칩니다. 훗~.

"30!" 가뿐하게 되받아쳤죠.

"불가~!" 주인의 단호한 대답. 어쭈? 그렇다 이거지?

씨익 웃으며 돌아서니 와다다 붙잡습니다. 그리고는, "40!" 다급하게 외칩니다. 잠시 뜸을 들인 후…….

"35. 이 가격 싫다면 안사고 만다."

목소리 깔고 나직이 응수해 주기. 깔끔하죠? 마지막 대사를 던진 후 여유 잡으며 바라보노라니 이 친구, 이내 표정이 일그러집니다. 그리고 짧은 한숨까지 내쉬면서, "내 마음을 찢어라 찢어……." 어쩌고저쩌고 투덜댑니다. 내가 이래 보여도 그 극악한 베이징 재래시장에서 1년 간 다듬고 다듬은 홍정 솜씨가 있다네, 이 친구야. 터무니없는 바가지요금으로 악명 높았던 10년 전 베이징의 재래시장. 그곳에서는 보통 4분의 1 가격으로 후려쳐서 사곤 했지요오. ㅡ.ㅡv

내가 고른 청동 촛대는 아무리 봐도 딱 15,000원이면 제 값 받는 것입니다. 그렇지만 2~3,000원 정도는 더 준 셈이 되죠. 어쨌든, 그렇게 홍정이 끝났나 했더니 물건을 건네 받고 35리라를 내주려는 순간, 이 인간이 마지막 반항을 합니다. 터키 리라가 아닌 더블스코어 가격의 유로로 말했다네요. 그래? 그랬단 말이지?……. 정리해야죠, 뭐. 오마샤리프의 트레이드마크인 폼 나는 미소를 지으며 우아하게 말해줬습니다. 유창한 한국말로.

"디지고 잡냐?"

잠시 후 나는 룰루랄라~ 콧노래 부르며 촛대 잘 챙겨 들고 숙소로 돌아가 아침 밥을 아주 그냥 맛있게 먹었습니다. 스케줄을 점검해 보니 하루가 빠듯할 듯합니다. 왜냐하면 오늘 저녁 8시 버스로 열 두 시간 넘게 걸려 삼순에 가야 하기 때문입니다. 그렇다면 최대한 시간을 아껴서 움직여야 합니다. 오늘 코스를 놓고 고민하는 내게 호스텔 매니저 하산Hassan이 씨익 웃으며 자기네가 운영하는 가이드 투어를 안내해 주는구만요. 어쩔 수 없습니다. 눈물 머금고 거금 40유로 쓰기로 했습니다.

첫 번째 코스, 숙소에서 가장 가까운 지하 궁전(지하 저수지라고도 함) 예레바탄 사라이Yerebatan Sarayi입니다.

지하 궁전 입구 내려가는 길.
원래 옛날 이스탄불은 식수가 부족했기에 지하에다 이런 저수지를 여기저기 팠다고 하네요.

이 지하궁전의 돌기둥들은 저마다 모양이 다릅니다. 왜냐, 모두 제각각 다른 지역에서 차출되어 올라온 것이라서 그렇다고 합니다.

바다의 신 포세이돈과 신전에서 야동 한 편 찍은 죄로 신의 벌을 받아 그 좋은 머리 결이 뱀으로 변해버린 비운의 메두사 Medusa입니다. 메두사의 눈을 제대로 보면 누구든 돌로 변한다고 하죠?

그래서 일부러 거꾸로 놓은 것이라네요. 나도 신에게 벌을 받으면 내 이 긴 머리카락들, 뱀으로 변할라나? ……킁.

'안광빨'하면 또 한 가닥 하는 인물이 있죠. 훗날 타락천사로 판명되어 호적 갱신하고 마는 대 천사 사리엘Sariel. 그의 눈은 사안邪眼, Evil eye이었다고 합니다. 사리엘의 사안. 보는 이로 하여금 부상을 당하거나 병에 걸리게 하고, 심할 경우 천재天災를 불러일으키기도 했다고 하니 만만찮은 안력 보유자입니다. 눈. 앞으로 사람들 눈 바라볼 때 신중해야겠습니다.

출구 계단 아래의 석류 판매대. 터키 사람들은 석류를 루비 Ruby로 여깁니다. 석류는 터키의 보물과 같은 존재다, 이것이죠. 석류 엑기스는 케밥과 더불어 터키를 연상시키는 대표 먹거리입니다.

이제 '성스러운 지혜'라는 뜻의 아야 소피아 사원으로 갑니다. 소피아Sofia는 헬라 어(그리스 어)로 '지혜'를 이르는 여성 명사입니다. 남성 명사는 소포스Sophos. 사원 명칭에 여성형 명사를 붙인 것, 여자가 더 지혜롭다, 그런 의미도 있을 듯합니다.

돈 들여 하는 가이드 투어이기에 인산인해 사람들을 헤치고 바로 입장한 사원 내부. 휘황찬란합니다.

지금은 박물관으로만 쓰이고 있는(다양한 물품을 전시하는 것이 아니라 건물 자체가 전시품임) 비잔틴 양식 건물의 최고 걸작인 아야 소피아 사원. 이스탄불이, 한때 번영을 구가했던 동로마제국 수도 콘스탄티노플이었을 때인 360년, 콘스탄티누스 2세Constantinus II가 그리스도교의 대성당으로 지은 것입니다.

이 사원이 그대로 조용히 지냈다면 지금의 웅장한 모습이 아닌 그저 그런 규모의 사원으로 남았을 것입니다. 527년 농민 집안의 군인 출신 유스티니아누스Justinianus가 황제에 즉위합니다. 이에 시민들이 반기를 들고 폭동을 일으키죠. 겁을 먹고 도망 줄을 놓으려던 황제. 그러나 기가 세었던 그의 마누라 테오도라Theodora 황후는 당차게 황제를 돌려세워 폭동 진압을 하도록 합니다. 마누라에게 혼나는 것이 더 무서웠는지 결국 진압에 나서 성공하는 황제. 이 폭동 진압 중에 사원은 화재로 유실되고 맙니다.

그래서 537년 황제는 5년에 걸친 역사役事를 벌여 로마 성 베드로 성당San Pietro Basilica이 지어지기 전까지 세계 최대의 규모를 자 랑하는 성당으로 재탄생 시켰고, 그로 인해 지금의 모습을 갖출 수 있게 된 것입니다. 이 대역사에는 레바논 바알베크Baalbek의 아폴론 신전과 소아시아 서해안 지역에 있던 이오니아 고대도시 에페소스 Ephesos의 아르테미스 Artemis 신전 등지에서 운반해 온 기둥들을 비롯해서, 당시 동로마 제국의 힘이 닿는 각지의 나라에서 가져온 석재들이 투입되었다고 합니다. 성당 증축이 완성된 후 헌당식獻堂式에 참석한 황제는 장엄한 외관에 감격한 나머지, "오! 솔로몬이여! 나 그대에게 이겼노라!"라고 울부짖었다고 하네요. 자기 딴에는 지혜의 왕 솔로몬이 지은 예루살렘의 대 신전을 능가한다, 라고 생각한 것이겠죠. 그 후 셀주크투르크 제국(돌궐로도 불리는 투르크는 원래 중앙아시아의 유목 부족으로 고구려와 연맹을 맺어 당나라에 맞선 종족. 훗날 몽골 군에게 쫓겨 중앙아시아로부터 아나톨리아, 지금의 터키 지역으로 옮겨와서 족장 셀주크가 나라를 세우니 곧 셀주크투르크가 됨)의 뒤를 이은 오스만투르크 제국(족장 오스만이 1299년 건국)이 1453년 콘스탄티노플을 정복하고 나서 이곳을 이스탄불로 명명하고는, 이 아야 소피아 성당을 이슬람 사원으로 개조해서 오늘에 이르게 합니다.

그리스 정교와 이슬람 문화가 융합된 절묘한 하모니.

이 두 사진을 보면 바닥에는 균열이 있고 '천국의 입구'로 불리는 입구 상단 부분이 부러져 있습니다. 1999년 여름 이스탄불을 포함하여 터키

서북부에 규모 7.8의 강진이 발생한 적이 있습니다. 이때 사원 주변 건물들은 대부분 참혹하게 붕괴되었지만 이 사원만은 건재했다고 합니다. 다만 이런 정도의 흔적만 남기고 말이죠. 천 몇 백 년 전에 세워진 건물임에도 불구하고 말입니다. 대단한 건물이 아닐 수 없습니다.

성모 마리아, 예수, 성 요한을 모자이크로 새겨 넣은 벽화. 이슬람 사원으로 개조할 때 회벽으로 발라서 감추어 놓았던 것을 훗날 발견한 것입니다. 안타깝게도 복구 중 실수로 그림의 절반가량이 떨어져 나갔다고 하는군요.

예수가 그려진 또 다른 벽화. 왼 손으로 성경을 쥐고 오른 손으로는 축복을 내리는 예수의 모습입니다. 예수의 머리 양 쪽에 새겨져 있는 헬라 어 IC와 XC는 예수를 표기한 글자입니다. 예수의 왼쪽으로는 콘스탄티누스 11세Constantinus XI와 그의 세 번째 비인 조Zoe 황후가 각자 성당 건축 기금을 상징하는 돈 주머니와 두루마리를 들고 있습니다. 자세히 들여다보면 조 황후 표정이 어둡습니다.

이 벽화가 새겨지기 얼마 전 세자가 병으로 죽고 말았기 때문입니다.

두 아내와 자식을 먼저 보낸 비운의 황제 콘스탄티누스 11세. 그는 1453년 5월 29일 오스만투르크 제국의 메흐메트 2세Mehmet II가 6만 병력으로 콘스탄티노플 성을 에워싼 채 최후의 공격을 가했을 때 8천 병력을 이끌며 대항하다가 끝내 장렬하게 전사하고 맙니다. 그로써 천 년 역사의 동로마 제국은 역사의 뒤 안으로 사라지게 되는 것이죠.

전투 초기 콘스탄티노플 군은 북쪽으로부터 진입한 술탄 군이 초대형 대포를 쏘아대며 공성하는데도 50여 일간 악착같이 버텨냅니다. 그리고 보스포루스 해협으로부터 성곽을 감싸고도는 바다 '골든 혼Golden Horn'에 굵은 철선을 수면위에 설치하여 동쪽 술탄 군의 함선들로 하여금 진입하지 못하게까지 합니다. 메흐메트 2세는 점점 절망에 빠지죠. 그러나 그의 대뇌를 거쳐 전두엽을 후려치는 묘안이 떠오릅니다. 바로 배를 바닷가 산으로 넘겨서, 즉 철선을 건너 뛰어 골든 혼으로 들여보내자는 생각. 사공이 많으면 배가 산으로 간다, 다들 웃죠? 진짜로 배가 산으로 갔습니다, 이때. 그렇게 철선이 쳐진 곳을 통과한 70여 척의 함선들은 곧바로 골든 혼 바다에 뛰어들어 콘스탄티노플 성의 동쪽인 우측 해안가 성곽을 공격합니다. 정면인 북쪽에서는 술탄 군의 초대형 대포가 다시 불을 뿜고 말이죠. 이 기상천외한 작전에 당황한 콘스탄티노플 군은 결국 황제의 전사와 함께 항복하고 맙니다.

함선들을 끌어 산을 넘기는 술탄 메흐메트 2세(* 자료 그림).

사원 홀에서 사진을 찍고 나니 웬 영감님이 나를 보고 사진 한 장 같이 찍자고 하네요. 예쁜 여자 대신 영감님이 나서서 관심을 주다니. 사진을 찍는데 이 분, 담배 냄새에 절어 있더군요. 터키 사람들 담배 엄청 피웁니다.

사원을 나오니 끓는 가마솥 날씨. 그래도 분기를 내어 씩씩하게 투어 일행 앞으로 나섭니다.

"다음은 어디요?! 응?"

예쁜이 가이드, 생긋 웃으며 왈.

"식당입니다아~."

꼬르륵…….

식당 2층 실외에서 닭고기 케밥 Kebab을 먹으며 아래를 내려다보니 카펫이 놓여 있습니다. 예배를 위해 깔아놓은 것이라는군요.

테이블 오른 쪽을 돌아보면 콘스탄티노플 성의 한 자락이 보입니다.

그렇게 잠시 더위를 달랜 후 예쁜이 가이드를 따라 술탄 아흐멧Sultan Ahmet 궁전으로 들어갑니다.

술탄이 침 질질 흘리며 주무시던 침실.

술탄이 입었던 옷 중의 하나. 사이즈가 XXXXX Large 정도는 될 정도로 큽니다. 왜 그렇게 크게 입었느냐, 왕의 위세를 보이기 위한 것이라고 합니다.

방 분위기가 술탄의 침실보다 더 밝아 보여서 보기 좋다고 생각한 방. 설명을 들으니 여기는 왕자의 포경수술 방이라고 합니다. 별 걸 다 갖춰 놓고 살았다 이것이죠. '그때'가 되면 칭얼거리는 어린 왕자를 달래어 이 방에 데리고 와서 이 붉은 소파에 누입니다. 그리고는 솜씨 좋게 고기 근을 끊어낸 후 소파 오른 쪽 수도꼭지에서 나오는 물을 받아 피를 씻어냈다고 합니다.

그 외의 내부 시설은 그다지 볼 게 없어서 패스합니다. 아흐멧 궁전 근처에 있는 톱카프 궁전Topkapı Palace, Top은 대포, kapı는 문 박물관에도 들렀지만, 전시된 각종 보석류와 진품명품들은 사진촬영 불허라 한 점도 담지 못했습니다. 그 물건들을 모두 내다 팔면 터키 국민이 3년은 일 안 해도 먹고 살 수 있는 돈이 된다고 하는군요.

* 'Topkapı'에서 [ı]는 터키에서만 쓰이는 캐릭터로 발음은 [으].

박물관에서 가장 귀중한 보물인 이 다이아몬드. 관광 안내 사진으로 대체해서 올려봅니다. 술탄 메흐메트 4세가 즉위식에서 처음 착용한 것으로, 세계에서 4번째로 큰 다이아몬드라(86캐럿)고 합니다. 이것에 얽힌 재미있는 얘기 한 토막. 한 농부가 밭에서 이것을 주워 단지 숟가락 3개 값만 받고 팔았다 하여 '스푼메이커의 다이아몬드'라고 이름이 붙여졌다는군요. 그 농부 집안, 대를 이어 땅을 치며 살았겠죠?

궁전 건물 뒤편으로 돌아서 탁 트인 곳을 나가니 보스포루스 해협Bosporus Straits이 나옵니다. 이 해협을 사이에 두고 대도시 이스탄불은 '북쪽-유럽, 남쪽-아시아'로 나뉩니다.

궁전 뒤에 있는 별채. 이런 별채가 몇 개 있는데 외교관을 맞이하는 접견실이나 후궁 별실로 사용 했다는군요. 자, 여기서 우리 예쁜이 가이드의 자태가 드러납니다.

핑크 빛 티셔츠를 입고 있습니다.

이제 발을 재촉해서 블루 모스크Blue Mosque, 푸른 사원로 갑니다. 술탄 아흐멧 모스크라고도 불리는 이 블루 사원은 박물관으로 전락한 아야 소피아 대신 현재 터키를 대표하는 사원입니다.

사원 내부가 파란색과 녹색의 타일로 장식되었다 하여 블루 모스크로 불립니다. 오스만투르크 제국의 제14대 술탄 아흐멧 1세가 8년 공사 끝에 1616년에 완공한 건물입니다. 우뚝 서 있는 첨탑Minaret, 미나레트, 빛을 두는 곳 6개는 술탄의 권력을 상징하며, 중심 첨탑을 제외한 5개의 첨탑은 무슬림이 행해야 하는 1일 5회의 기도를 의미한다고 합니다.

아야 소피아에 이어 이곳에서도 내게 다가오는 사람들이 있었으니, 사진 왼쪽 두 명의 터키 총각들입니다. 사진 좀 같이 찍자며 수줍어하던 친구들. 하여튼 이놈의 인기, 이스탄불을 요동칩니다아. ㅡ.ㅡv

블루 모스크 내부 천장입니다. 푸른색이 감돌죠?

무슬림이 아닌 사람들은 사원 오른쪽의 관광객 전용 입구로 들어갑니다. 입장 시 여자에게는 파란 천을 하나씩 나누어 주는데 바로 히잡Hijab입니다. 그것을 머리에 둘러쓰고 입장해야 합니다. 내가 내 긴 머리를 이용해서 여자인 양 보인 후 입구 데스크에 쌓여있던 것 중 하나를 슬그머니 뽑자 통통하게 생긴 안내원 여자, 냉큼! 빼앗더군요. 앙큼! 한 것……. 사원 홀은 누구든 간에 신발 벗고 들어가야 합니다. 덕분에 구수한 발 냄새를 하염없이 즐기며 관람해야 했죠. 예배 올릴 때의 남녀 신도 위치는 엄하게 정해집니다. 남자가 앞, 여자는 뒤. 절할 때 여자의 엉덩이를 남자에게 보이면 안 된다는 계율 때문이라는군요.

사원을 벗어나 광장으로 나서자 목 좋은 곳에서 관람객들을 맞이하는 수박 노점을 만납니다. 아랍 어느 나라에서 왔는지 모를 무슬림 여인네들이 그 근처를 맴돌더니 기어이 수박을 사 먹는군요. 아무렴 저 옷차림에 얼마나 더울 것이며 땀도 많이 흘렸을 테니 목도 마르겠죠.

블루 모스크 앞 광장입니다. 그 옛날 비잔틴 제국의 전성기 시절, 이 광장은 8만 관중이 들어찰 수 있는 전차 경기장이었다고 합니다.

광장 끝에 서 있는 거석 탑. 이것은 오스만투르크 제국이 이집트를 지배하고 있을 때 그곳에 있는 것을 통째로 옮겨다 놓은 것이라고 합니다.

광장을 떠나 이날 가이드 투어의 마지막 코스로 들른 곳, 그랜드 바자Grand Bazaar입니다.

그랜드 바자 입구. 시장 구조가 크기도 하지만 오가는 통로가 거의 미로 수준이어서 자칫하면 나오는 길을 잃어버리기 십상입니다.

시장은 사람이 사는 공간 중에서 가장 활기찬, 삶의 에너지가 넘치는 숭고한 장소입니다. 그래서 나는 어디를 가도 시장 구경은 꼭 하려고 합니다.

시장 구경도 마쳤겠다, 폭염에 지쳐 몸도 늘어지고 있겠다, 이제는 숙소로 돌아갈 시간입니다. 숙소에 도착했을 때 예쁜이 가이드가 저녁 투어도 하겠느냐고 묻는군요. 마음 같아서는 예쁜이와 함께 더 시간을 갖고 싶었지만, 나야 이미 갈 곳이 있는 몸.

시원하게 샤워한 후 꿀맛 같은 휴식을 취하다가 저녁 시간에 맞추어 버스터미널로 달려갔습니다. 삼순가는 버스 타러~.

Tip

↘ 첫 여정지에서는 매사 긴장하고 주의하라. 확인하고 또 확인하라. 첫 도착지에서부터 문제가 생기면 전체 여정에 김이 빠진다. 무사히 첫 코스를 통과하기. 그러면 이후의 여정에는 좋은 기운이 따라붙는다.

Turkey Samsun

이스탄불 여정 중 부르주Burcu라는 터키 소녀를 만나기 위해 잠시 삼순Samsun에 다녀오게 됩니다.

7월 7일 저녁 8시발 버스에 몸을 싣고 삼순으로 달려갑니다. 삼순까지의 운행 시간은 장장 12시간 정도! 이코노믹 클래스 신드롬에 대한 걱정을 안고 출발합니다. 장시간 달리는 버스이고 보니 버스에는 승무원 남자가 함께 동승합니다. 가끔씩 마실 것을 내주는데 커피를 따라주는 그 친구에게 고맙다며 몇 개 외워둔 터키 말 중에서 '귤레귤레'를 떠올리고는 자신 있게 들려주었습니다. 그 친구, 잠시 멈칫하더니 고개를 끄덕여 보이고는 사라집니다. 그러자 내 우측 뒷자리에 앉아있는 여학생 둘이 키득거리며 수다를 떱니다. 아차, 귤레귤레는 '안녕'이지! '사올(고마워)'이라고 해줬어야 하는데. 졸지에 머쓱해집니다. 그나저나, 쥐쥐배들, 웃기는…….

삼순 가는 길. 가끔씩 나타나는 공사 구간으로 인해 차의 발목을 잡기도 하지만, 빠르게 가든 느리게 가든, 그래서 시간이 얼마나 걸리든 결국에는 도착하겠죠, 삼순.

다음 날 아침 8시 경. 마지막 휴게소. 터키 사람들이 틈만 나면 마시는 자이Cay, 홍차와 함께 아침을 맞습니다. 터키 사람들 대부분은 이렇게 생긴 찻잔으로 홍차를 마십니다.

홍차야 뭐 어디든 그 맛이 그 맛이려니 했더니 터키 홍차, 조금은 더 깊은 뒷맛이 있더군요. 가격도 1,000원 정도. 훌륭합니다.

차를 마시고 화장실에 들러 생리현상을 해결하고 세수에 양치질을 해야 했습니다. 터미널에 도착하자마자 부르주를 만나야 하기 때문에 깔끔 좀 떨어야죠.

화장실에서 일을 본 후 마지막으로 손의 물기를 털며 나서는데 입구 쪽 설치된 작은 코너 부스 안에 앉아있던 사내가 터키말로, "코레? 코레?" 하는 것이 한국인이냐고 묻는 것 같습니다. 그렇다고 하자 벽의 티슈를 뽑아 쓰게 해주더군요. 친절하기도 하지. 그렇지만 손의 물기를 닦아내는 중에 눈길이 아무래도 이상합니다.

"돈 줘야……, 하늬?"

켕기는 기분으로 물었더니 사내는 숨도 안 쉬고 고개를 끄덕입니다. 가격은 1리라. 원, 손 닦는 티슈 두 장 뽑아 쓰는데 700원을 써야 하다니.

그렇게 버스는 모두 다섯 번이나 휴게소를 들르면서 예정보다 두 시간을 더 달리는 긴 여정 끝에 마침내 삼순에 도착했습니다. 이코노믹 클래스 신드롬은 걱정했던 것만큼은 심하지 않아서 다행이었습니다.

아침 10시 20분. 삼순 도착. 그리고 날 맞이해준 두 천사, 부르주사진 왼쪽와 친구 아일린Aylin.

둘 다 삼순에서 같은 대학교에 다니고 있습니다. 아일린은 아무리 봐도 어린 아이였습니다. 너무 순진해서요.

첫 대면하는 부르주. 그 동안 페이스 북으로만 우정을 나누었던 친구였기에 우리의 첫 인사가 혹 서먹하지 않을까 걱정했습니다. 그러나 마치 오랜 친구 사이인 양, 분위기는 따뜻하기만 하더군요. 우리는 일단 아침 겸 점심을 해결하기 위해 부르주의 제안으로 터미널 근처에 있는 대형 쇼핑몰로 갔습니다. 그곳까지 가는 버스를 타니 버스 기사가 외지인인 나를 보고는 반갑게 인사 건넵니다. 부르주가 내 대신 한국에서 온 사람이라고 설명해주자 이번에는 차비를 안 받겠다고 하네요. 형제의 나라에서 왔다며 인심 한 번 써주는 것이죠. 이스탄불에는 깍쟁이들이 많았지만 여기 삼순은 확 느낌이 다릅니다.

쇼핑 몰 1층 어느 식당에 자리를 잡은 후 주문 음식을 기다리는 동안 우리는 서로 이런 저런 것을 묻고 답하느라 잠시 부산 좀 떨어야 했죠. 그리고 나서 준비했던 선물을 꺼내 주었습니다. 태극선 부채와 복 주머니. 부르주와 아일린, 함박웃음입니다.

아일린도 무엇인가 꺼냅니다. 내 눈 앞에 드러난 것은 애기 팔뚝 굵기의 왕 연필. 내가 글 쓴다는 것을 부르주로부터 전해들은 듯 연필을 선물로 준비한 센스. 이 정도 크기면 평~생 써도 될

듯합니다. ^^

배를 채운 후 우리는 버스를 타고 시내로 들어갑니다. 삼순은 약 20만 명의 인구가 사는 터키의 동남쪽 흑해 연안에 위치한 작은 도시로, 정결하고 조용하다는 인상이 들었습니다.

내가 재래시장을 좋아한다고 했죠? 시내에 도착해서 버스에 내리자 마침 길 건너편에 시장이 있습니다. 그렇잖아도 작은 배낭이 필요했기에 가방 가게를 훑어 봤으나 이곳에는 배낭이 없더군요. 부르주가 염려 말랍니다. 이따가 들를 곳 중 한 곳이 바로 대형 마트라면서요. 대형 마트를 코스로 잡아두었다?……. 궁금증은 그곳에서 풀립니다.

삼순 시내입니다. 우리나라 제주도와 분위기가 비슷하더군요. 조용하고 깨끗한 풍경에 내 마음은 점점 더 삼순에 녹아듭니다.

거리를 걷는 도중 예쁜 아이스크림 판매대가 눈에 들어옵니다.

“터키 아이스크림은 어떤 맛일까나?”

평소 자제 해서 그렇지 실은 아이스크림을 대단히 좋아하는 지라 그냥 지나치지 못합니다. 우리는 아이들 마냥 쫀득한 터키 아이스크림, 돈두르마Dondurma를 하나씩 입에 물고 거리를 누볐습니다.

부르주를 따라 간 다음 장소는 바닷가의 작은 고고학 박물관입니다. BC 6세기경부터의 유물들이 전시되어 있었습니다

다산을 기원하는 대모代母 형상 등 우리나라 신라 때의 토우와 비슷한 것이 무더기로 있더군요. 먼 옛날 돌궐족과의 교류는 고구려만 했던 것이 아닌 듯합니다.

이것은 관입니다. 고대 우리 조상들이 썼던 옹관묘와 비슷한 양식. 이쯤이면 우리 조상님들과 돌궐족 간의 교류는 믿어 의심치 않게 됩니다.

보석을 보면서 흐뭇한 미소와 함께 연신 군침 흘리는 부르주와 아일린. 하여튼 여자들은 보석을 너무 좋아합니다~.

우리의 물레와 같은 기능을 하는 기구입니다. 이것으로 실을 뽑아 옷을 만들었다고 합니다.

오래 된 코란 경전. 언제인가 어떤 한심한 자가 이슬람교를 모독하는 영화를 만들어 온 세상 무슬림들의 격노를 일으켰었죠. 상대방 존중하기. 그것으로부터 각자의 정의가, 함께 사는 지혜가 나오는 것임을 왜 모르는지.

이제 박물관을 벗어나 바닷가로 나갑니다. 삼순은 흑해를 끼고 있는 도시. 이곳은 흑해 바다에 인접한 쿠르틀루스 거리 Kurtulus Yolu입니다.

웬 군인들이 배에서 내리고 있습니다. 사실 저 모든 사람들은 밀랍 인형입니다. 그리고 그들 중 주인공은 바로 터키의 국부 케말 파샤Mustafa Kemal Pasha이고요.

케말 파샤의 삼순 도착. 이제 터키의 운명은 뒤바뀌게 됩니다. 오스만투르크 제국이 제1차 발칸 전쟁으로 많은 영토를 잃는 등 국가가 쇠락하고 있는 와중에도 영국과 프랑스 연합군을 격파했을 정도의 용장이었던 케말 파샤. 지중해 장악을 위해 다르다넬스Dardanelles 해협의 겔리볼루Gelibolu를 점령하려던 영국의 야욕으로 전개된 이 전투에서 케말 파샤는 연합군 함선 3척을 용궁 구경시켜주는 등 완벽한 승리를 거둡니다. 충격에 빠진 영국은 당시 총관이었던 윈스턴 처칠Winston Churchill의 옷을 홀라당 벗긴 후 이안 해밀턴Ian Hamilton 장군을 새로 사령관으로 삼아 오스트레일리아, 뉴질랜드 등 영 연방군과 프랑스 군으로 꾸린 연합군 7만 명을 이끌고 재 공격을 가하게 합니다. 그러나 이 전쟁도 6개월 만에 케말 파샤의 승리로 끝나죠. 케말 파샤. 그에게는 용맹함 뿐 아니라 때를 기다리는 지혜도 있었습니다. 제2차 발칸 전쟁 후 그리스가 승전국의 지위를 이용해서 옛 식민지를 회복하겠다며 터키 서부의 에게 해 연안 땅 이즈미르Izmir, 터키 제3의 도시를 영국의 지원 하에 통치령으로 편입하자, 케말 파샤는 당시 무능력한 술탄의 왕도王都 이스탄불을 떠나 이곳 삼순으로 거처를 옮깁니다. 사진 속 장면이 바로 그때 삼순으로 배를 타고 입항하는 케말 파샤 일행 모습의 재연인 것입니다.

1918년 그리스의 이즈미르 점령 이후 터키와 그리스는 결정적으로 원수 척 사이가 됩니다. 그러자 이곳 삼순을 거점으로 해서 농민과 자본가들의 후원을 받아 '아나톨리아 루멜리아 권리 옹호단'이라는 정치 집단을 만든 케말 파샤는, 1920년 앙카라Ankara에서 대국민 회의를 열어 술탄과 당시의 칼리프Caliph, 왕 정부를 부인합니다. 그 직후 그는 소련의 지원을 이끌어내어 그리스 군을 앙카라 북부 지역인 사카리아Sakarya 강에서 격파합니다. 터키 지배를 시작으로 해서 옛 비잔틴 제국의 영광을 되찾으려 했던 그리스 왕 콘스탄티노스 1세Constantinos I. 그의 무리한 시도는 끝내 패전으로 귀착되고, 자신의 몰락 뿐 아니라 그리스 왕정 체제까지 무너지게 합니다. 이에 반해 아나톨리아 땅에서 옛 비잔틴의 잔영을 걷어낸 케말 파샤는 승승장구, 터키 공화국을 설립해서 대통령이 됩니다. 물론 그는 독재 정치를 시행했지만, 정교 분리와 남녀평등권 실행, 근대 입법제도 구축, 터키 로마자 채용 등 터키 근대화에 대단한 업적을 남깁니다. 그리하여 터키 국민은 그에게 '터키의 아버지'라는 의미의 아타튀르크Atatürk 칭호를 부여하죠. 이런 엄청난 역사가 태동된 곳이 바로 삼순인 것입니다.

터키와 그리스 간의 대립 상황은 그것으로 멈추지 않습니다. 20세기 중엽, 사이프러스Cyprus 사태로 다시 한 번 불꽃을 일으키죠. 제1차 발칸 전쟁 이후 영국의 식민지가 되었던 사이프러스 섬은 그리스 계와 터키 계 주민들에 의해 1960년 8월 독립 공화국으로 탄생합니다. 하지만 그리스 계 주민들에 의한 에노시스Enosis 운동그리스 본토와의 합병 운동이 일어나고, 사이프러스의 마카리오스Makarios 대통령은 1963년 헌법 개정을 통해 터키 계 주민의 권리를 제한하기까지 합니다. 이에 터키 계 주민이 가만히 있을 리 없죠.

"연장 챙겨라."

터키 계 주민의 무력 봉기. 그리고 이를 진압하려는 그리스 계 정부군. 결국 사이프러스는 내전상태로 들어갑니다. 그러자 1964년부터 유엔 평화유지군이 이 섬에 들어와 양쪽을 불러놓고, "니들 한 번만 더 싸우면 엄마 오라고 한다?" 해 놓습니다. 그렇게 얌전히 지나가던 중에 1974년에는 그리스 군부의 지원을 받은 그리스 계 장교들에 의해 쿠데타가 일어나고, 당시의 마카리오스 대통령이 실각하게 됩니다. 사태를 주시하고 있던 터키, 가만히 두었다가는 섬을 통째로 날리게 될 판.

“경우가 그러면 안 되지~.”

곧바로 군대를 출동시켜 섬 북부를 점령합니다. 그렇게 해서 사이프러스 섬은 그리스 계의 남부와 터키 계의 북부로 갈라진 채 오늘에 이르고 있는 것입니다. 오랜 역사를 거치며 지리적으로 앙숙 간이어야 했던 터키와 그리스. 마치 한일 관계와 너무 흡사합니다. 2010년 남아공 월드컵 당시 한국이 그리스를 2:0으로 꺾었을 때. 월드컵 본선에 오르지 못한 채 울분을 삼키고 있던 터키 국민들이 자기네는 월드컵 본선에 올랐다고 용용 죽겠지 약을 올리던 밉상 그리스를, 형제의 나라 코리아가 통쾌하게 무찔렀다고 환호작약을 했을 정도인 두 나라의 관계…….

넉넉한 바닷가 풍경. 유람 마차가 보입니다. 부르주가 나보고 타고 싶은지 묻네요. 사양할 리 없죠.

그렇게 잡아타게 된 마차. 그런데 내 바로 뒤의 말 이름이 하필 파샤라고 합니다. 원래 영웅의 이름은 여기저기 두루 쓰이는 법이죠. 그래서 내 이름도 종종…….

흑해를 옆에 낀 채 천사들과 함께 마차를 타고 달리는 기분~. 그나저나 우리 부르주, 수줍은 듯 살포시 웃음 짓는 모습, 몸살 나도록 예쁩니다.

다음 코스로 간 곳은 대형 마트. 아까 부르주가 얘기한 대형 마트에 간 것입니다. 사진 왼쪽의 악기는 터키 전통 현악기 싸스Saz입니다.

어느 기념품 매장으로 나를 데리고 간 부르주. 나무 열쇠고리를 하나 고르라고 하네요. 하나 골라서 주자 주인더러 뒷면에는 'Burcu', 'Aylin'을 새기게 하고는 앞면에는 내 한글 이름을 새기도록 합니다.

이런 선물을 주려고 한 것. 부르주가 오늘 코스 중 한 곳으로 이 대형 마트를 정해놓은 이유가 바로 이것이었습니다~!

마트를 벗어나 걷던 중 길에서 만난 버스킹Busking 연주자. 방금 전 마트에서 본 싸스로 연주하고 있습니다. 연주 음률이 경쾌한 듯하면서도 애잔합니다.

이제 배를 타러 갑니다. 가는 도중 나무 아래에서 예배를 올리는 무슬림 영감님을 보았습니다. 어느 종교든 간에 사람으로 하여금 겸손하게 만드는 것, 정말 보기 좋은 것이죠. 그렇지만 현실의 종교세계는 너무도 황량합니다.

오늘 날에는 부처 팔아먹고 예수 팔아먹는 직업 종교인들, 흔천동지掀天動地이죠. 꼴불견입니다. 평소 나는, 종교에 창시자는 있어도 지도자는 필요 없다고 생각합니다. 종교 그 자체가 지도자이니까요. 종교인이 지도자로 나서면 정치 성향을 띠면서 교단을 이익집단으로 바꾸는 일, 자주 있습니다. 거대 기업 형으로 일로매진하는 경우도 있고 말이죠. 물론 경전 해석해 주고 시의에 맞는 좋은 말로 깨우침을 인도하는 선생과 같은 존재는 필요하겠지만 말입니다. 그런 분은 만인으로부터 시대의 정신적 지주로 숭앙을 받게 되지만, 스스로 지도자로서의 위상 같은 것은 일체 거부합니다. 김수환 추기경, 성철 스님 같은 분이 바로 그런 분들이시겠죠. 우리 사회에는 종교 지도자가 많아도 시대를 이끌어갈 정신적 지주는 보기 힘듭니다. 이런 현상, 어디 종교계뿐일까요? 정치인 중에도 경제인 중에도 예술인 중에도 학자 중에도, 그 어떤 철인哲人, 사표師表는 안타깝게도 찾아보기 힘듭니다.

유람선에 오르기 전. 티켓 값은 우리 돈으로 1인당 6,000원 정도였을 것입니다. 길거리에서 아이스크림 산 것과 마트에서 배낭 산 것을 빼면, 그 동안 돈 쓸 곳에는 부르주 지갑만 들락날락했습니다. 이러면 안 되겠다 싶어 대신 티켓 값을 내려 하자 부르주는 단호하게 자기 지갑을 다시 꺼내 듭니다. 터키 사람들, 외지인들에게 대접하는 것을 좋아한다고 하지만 내심 미안한 마음 잔뜩 들더군요.

배는 출발하고 우리는 넉넉한 흑해의 품에 안겼습니다. 배에서 바라보는 삼순. 포실해 보입니다. 이날은 마침 토요일이어서 많은 사람들이 승선했습니다.

배에서 만나 함께 이야기 나눈 이 친구들은 독일에서 중국 어를 전공하고 있다고 합니다.

흑해 바람을 쐰 후 이제 부세Buse, 사진 맨 오른쪽. 19살. 대입 재수생와 올자이Olcay, 사진 맨 왼쪽. 17살. 고교 2년를 새로 만납니다. 학교 친구 사이인 아일린과 달리 부세와 올자이는 부르주와 사촌 남매간이라고 합니다. 부르주 부모님 가족은 형제자매가 많아서 이렇게 사촌끼리만 어울려 놀아도 커뮤니티가 가능하다고 합니다. 그래서 특별히 많은 친구를 만들려고 애쓰지 않아도 심심하지 않다고 하네요.

우리 다섯 명이 몰려간 다음 코스는 바닷가에 위치한 삼순 서西 공원 Samsun Bat1park입니다. 이곳에서 우리는 귀여운 케이블카를 탔습니다. 케이블카가 올라가는 곳은 구릉이다 싶을 정도의 나지막한 언덕이었지만 이곳 사람들은 산으로 부릅니다. 이름은 아미소스 산Amisos Tepesi.

산에서 내려다보는 흑해. 탁 트여진 것이 시원합니다. 그 흑해의 입술과 맞닿아 있는 공원 풍경도 너무 좋고 말이죠. 오른쪽 사진의 좌우 사자상像. 크기가 어마어마합니다. 길이가 24m라고 하니 말이죠. 두 마리의 사자가 지키고 있는 가운데 서 있는 동상의 주인공은 BC 1200년경의 여전사Amazon Warrior입니다.

신화에 의하면 먼 옛날 이곳 삼순은 여인국Land of Amazons이었다고 하는군요. 이 여인국 사람들은 이웃 국가에서 남자를 데리고 와 잘 써서 아이를 낳은 후, 여아女兒면 키우고 남아男兒면 도로 그 아비 되는 남자에게 돌려주었다고 합니다.

여전사 상Amazon Heykeli 확대 모습. 이 여전사의 오른 쪽 가슴이 왼쪽 가슴에 비해 볼륨이 없죠? BC 1세기 경 사람인 그리스의 지리학자요 역사가인 스트라보Strabo가 그 이유를 기록으로 남기고 있습니다.

'활을 쏠 때 오른 쪽 가슴이 방해가 되니 아예 깔끔하게 베어냈다.'

뭔 여자들이, 후덜덜~.

케이블카를 타고 내려갈 즈음. 마침 해가 저물고 있었습니다. 삼순의 바닷가 도로와 주변 마을, 흑해 자락이 어울리는 이 아련한 장면…….

다시 이스탄불로 돌아가기 위해 터미널로 향합니다. 버스 안에서 기사에게, "오토가르!(버스 터미널)"를 외쳤더니 기사가 대답하기 전 승객들이 먼저 고개를 돌려, "다음이야 다음!"을 외쳐주는 삼순의 인정! 터미널에 도착하니 해가 본격적으로 서쪽으로 기울고 있군요. 떠나자니 정말 가슴이 아픕니다.

순진덩어리 소녀 아일린. 활달하고 적극적인 부세, 어린 나이임에도 늠름하기만 한 올자이, 그리고 내 마음의 영원한 천사 부르주. 이제 이 친구들과 작별합니다.

Tip

↘ 현지 언어 중 최소한의 일상용어를 익혀두는 것이 좋다.

↘ 여행지에서 현지의 친구를 만나면 그 친구가 하자는 대로 따르라. 먼저 나서서 이렇게 하자 어디를 가자, 하는 것은 예의에도 어긋나고 그 친구의 마음을 상하게 할 수도 있다. 그저 국으로 조용히 따르는 것이 상책이다.

Turkey
Istanbul
Ⅱ

먼 길을 되짚어 9일 아침 이스탄불로 돌아왔습니다. 숙소에 들어선 내게 하산은 이틀 밤을 어디서 보냈냐며 내가 쓰던 도미토리 침대를 다른 여행객에게 내주었다고 하네요. 내 짐은 방에서 빼내어 보관실에 두고 말이죠. 오늘까지 숙박하는 것으로 방값을 이미 다 주었건만 뭔가 착각한 모양입니다. 얘기 한마디도 없이 훌쩍 삼순으로 출발한 내가 잘못이니 탓할 일 아닙니다. 이만저만했다, 얘기 듣고 난 하산은 이틀 중에서 아침부터 밤까지 온전하게 비운 하루치 방값을 돌려주는군요. 착한 하산. 그나저나 예정대로 하루 더 묶어야 한다고 하자 1인실 밖에 없다며 그것이라도 쓰겠냐고 묻습니다. 1인실이야 아무렴 비싼 방이다 보니 방값은 도미토리의 두 배 반이나 됩니다. 짧은 시간이었을지라도 그래도 정이 들은 곳인지라 발걸음이 쉽게 돌려지지 않습니다. 여기가 좋으니 1인실이라도 그냥 쓸란다, 돈 각오하고 말해 주었습니다. 나를 가만히 쳐다보던 하산, 내게 돌려준 하루치 방값만 도로 내놓으라고 하면서 1인실 방 키를 내줍니다. 지난 2002년 한일 월드컵 때 한국에 왔다가 3년을 눌러 앉았었다는 하산. 그때 한국 사람의 정을 배웠던 것일까요? 하산의 인심에 마음이 훈훈해집니다. 방을 옮기고 나서는 몇 시간을 늘어지게 쉬었습니다. 그런 후 다시 이스탄불을 만나러 나섭니다. 숙소 앞에서 트램을 타봤자 두 정거장 거리, 슬슬 걸어서 갈라타 다리Galata Bridge가 있는 바닷가로 갔습니다.

가는 도중의 슐레이만 사원Suleyman Camii 앞에는 관광에 더위에 지친 사람들이 쉬고 있습니다. 이스탄불, 정말 더워도 너무 덥습니다. 기본이 35도이니까요.

갈라타 다리 쪽으로 가는 육교를 건너 인도에 내려서니 다리 근처에 죽 늘어서서 낚시를 하는 영감님들이 보입니다.

시간은 오후를 넘겨 해를 서쪽으로 떨어뜨리고 있는데도 뜨거운 열기는 여전합니다.

여기는 바로 보스포루스 해협 안 쪽 바다를 가로지르는 갈라타 다리입니다. 이 다리를 넘어가면 신시가지가 되고, 다리를 넘지 않은 아야 소피아 사원의 술탄 아흐멧 거리 쪽은 구 시가지가 됩니다. 다리 밑에는 수많은 식당들이 촘촘하게 붙어있는데 이 먹자 시장을 발릭 에크멕Balik Ekmek이라고 한다는군요. 이곳의 대표적인 먹거리는 고등어 케밥Caballa입니다.

다리의 동쪽은 그늘이 져서 사람들로 북적대지만 이쪽 서편은 아직도 벌겋게 타오르는 해의 열기 때문에 사람이 별로 없습니다. 그 열기를 차단하려고 식당 점원들이 차양을 길게 내리고 있습니다.

어느 한적한 식당 앞에 놓인 테이블에 앉으니 젊은 점원이 후다닥 달려와서는, "웰컴 투 마이 레스토랑~!" 이라면서 싱글벙글 좋아합니다.

뭐이? 마이 레스토랑? 이 식당이 진짜 니꺼 맞으? 장난치고 싶은 생각 가라앉히면서 점잖게 요리나 주문했습니다. 잠시 후 내 테이블에 놓인 고등어 케밥, 먹을 만하더군요.

요란한 장식을 한 배 세척이 정박해 있습니다. 저 배들 역시 고등어 케밥을 파는 선상 식당입니다. 내가 앉아있는 발릭 에크멕 보다는 가격이 비싸다고 합니다.

투어 쉽들이 항구에 몰려 있습니다. 저것도 타 보고 싶지만 이미 경비 초과 지출 상태. 눈물을 머금고 참아야만 합니다.

다시 숙소로 돌아가 땀에 절인 몸을 씻은 후 아야 소피아 사원 근처를 배회합니다. 밤 9시 무렵. 술탄 아흐멧 거리의 한 식당에 들어가 이스탄불에서의 마지막 만찬을 벌입니다.

라키Raki라고 하는 터키 전통술. 아니스Anise라는 향신료가 들어간 술로, 톡 쏘는 맛을 냅니다. 제법 독한 지라 그냥 마시면 안 됩니다. 식당 점원이 원액에 물을 섞어서 대략 35~40도 정도의 도수로 맞춰 줍니다. 첫 맛은 밋밋했지만 마시고 난 뒷맛이 나름 독특합니다. 자주 먹다 보면 홀딱 반하게 될 지도 모르겠습니다. 술꾼은 청탁불고淸濁不考라고, 또 뭘 가리겠습니까?

그렇게 이스탄불에서의 마지막 밤이 조용히 지나고 있습니다. 내일이면 떠난다는 생각. 마음이 무겁습니다. 아야 소피아 야경을 담으려고 하는데도 사진은 내 마음대로 잘 찍혀지지 않는군요. 워낙 고물딱지 카메라이기도 하지만, 애도 심란한지 제대로 초점 잡지 못합니다.

그래~서! 관광 안내 사진으로 아야 소피아의 우아한 밤 자태를 대신해서 보여 드립니다. 참 예쁘죠?

다음 날 아침, 체크아웃 하려는데 이 시간 이후 오후까지 돌아다닐 동안 커다란 배낭이 걱정됩니다. 이 폭염 더위에, 강호동 어렸을 때 정도 근수 되는 이 배낭을, 어찌 매고 돌아다닐 수 있겠습니까? 그렇다고 하루 숙박비의 절반 값만 내는 'Day Use'를 하기에는 돈이 아깝고. 그런 내 번뇌를 눈치 챘는지 하산은 내 말을 듣지도 않고 배낭 내놓으라고 합니다. 맡아줄 테니 다녀오라는 것이죠. "사올~!"을 크게 외쳐준 후 탁심 광장으로 나갑니다. 8시 숙소에서 나와 트램을 타고 갈라타 다리를 건너 신시가지의 타바타쉬Tabatashi에 내렸습니다. 그곳에서 전철로 갈아타고 한 정거장 가면 탁심 광장Taksim Square에 이릅니다.

광장 중심에는 터키 공화국 수립 기념비가 엄숙하게 서있습니다. 탁심 광장은 신시가지의 중심지입니다. 사진 오른 편 위쪽으로 빠지는 이스 티클랄 거리Istiklal Caddesi는 많은 관광객들이 찾는 곳입니다. 그건 그렇고, 숙소에서 아침 식사를 하지 않고 나왔기에 배가 살짝 고파 옵니다. 거리 구경도 식후경. 아침 식사가 되는(출근하는 직장인들을 위해 일찍 여는 듯) 어느 식당에 들어가 간단한 케밥 빵과 터키 요구르트인 아이란Ayran으로 아침 요기를 했습니다. 이 아이란, 정말 맛도 좋고 나그네의 간식으로도 좋습니다.

배를 채우는 동안 어제 밤부터 시작한 두통이 그대로 둘 수 없을 정도로 점점 심해집니다. 아무래도 더위 먹은 모양입니다. 점원에게 이 근처에 약국이 있느냐고 묻자 어디가 아프냐고 되묻네요. 두통이다, 해줬더니 시원하게 고개를 끄덕여주고는 1분도 되지 않아 척 하니 알약을 가져다줍니다. 이런 친절이 다 있나~ 했으나 식사 후 나온 계산서에 약값 1리라가 떡 하니 들어가 있더군요. 그나저나 재미있는 것이, 이스탄불에서는 식당에서도 약을 파는 모양입니다.

식당을 나서서 이 예쁘고 고풍스러운 빨간 전차 튀넬Tünel을 타려고 하는데 지정 토큰을 사야 한다고 합니다. 토큰 밴딩 머신을 찾는 동안 전차가 나를 버리고 휭~ 떠나고 말았습니다. 무정한 놈.

주위 사람에게 전차 시간을 물어보니 20분을 기다리면 조금 전에 갔

던 것이 돌아올 것이라고 하네요. 여기서 잠깐. 가만 생각해 보니 이 시간 이후는 버스 투어를 하는 것이 어떨까, 전차를 기다릴 바에 아예 이스탄불 시내의 주요 유적지를 도는 것이 낫겠다, 그렇게 판단하고는, 다시 전철 타고 트램 타고 숙소 앞 술탄 아흐멧 거리로 달려갔습니다. 투어 버스 출발지가 바로 아야 소피아 사원 앞이기 때문입니다.

버스에 올라 앉아 돌아다니는 동안 이스탄불을 떠난다는 울적한 생각이 스멀스멀 몰려들더군요.

버스 투어의 첫 번째 스쳐 지나가기. 돌마바흐체 궁전Dolmabahce Saray입니다. 술탄 아흐멧 1세의 휴식처로 쓰인 곳. 아타튀르크 케말 파샤가 1938년 운명한 곳이기도 합니다.

갈라타 다리를 건너면 좌측으로 나타나는 갈라타 탑. 저 위에서 내려다보는 이스탄불 전경이 보기 좋다고 하건만 지금 내게는 그림의 떡일 뿐입니다. 버스는 매정하게 지나쳐 갑니다.

투어 버스가 다시 탁심 광장을 통과합니다. 아침에 놓친 이스티클랄 거리 정경. 서울의 명동 거리와 비슷하다고들 하는데 글쎄올시다 입니다. 그저 신시가지를 대표하는 패션 거리일 뿐입니다.

다시 한참 달리는 중에 헤드폰으로 설명이 흐릅니다. 관광객들이 사진을 가장 많이 찍는 곳에 왔다는. 멀리 보이는 다리가 바로 보스포루스 해협을 가로지르는 보가지치 대교Bogazici Bridge.

보가지치 대교에 올라서자 다리 우측 아래에 포실한 마을이 자리하고 있더군요. 마을 정경이 조용하고 넉넉해 보입니다. 길을 따라 바닷가로 가면 오르타쿄Ortakoy 광장(두 개의 첨탑이 아련히 보이는 건물 쪽)이 나온다는데 밤에 찾아가면 여러 가지 먹거리를 접할 수 있다고 합니다. 하여튼 이번 이스탄불 여정에서 놓치는 것이 한두 가지가 아닙니다.

버스는 속도를 내어 다리를 건넙니다. 오퐈 달려~~~.

유럽에서 아시아로 넘어가는 중.

베일러베이 궁전Beylerbeyi Palace. 술탄의 여름 별장 겸 영빈관이었다고 합니다. 베일러베이는 터키 말로 '왕중의 왕'이라는군요.

그렇게 한 바퀴 투어를 마친 버스는 이제 출발했던 곳으로 돌아갑니다. 갈라타 다리 근처의 슐레이만 사원Suleyman Camii을 지나가고 있습니다.

술탄 아흐멧 궁전 뒷편 해안가 쪽에 있는 루멜리 히사르Rumeli Hisar의 성벽.

사실 수많은 유적의 이스탄불을 어느 정도 좀 보겠다, 하려면 최소한 1주일은 필요할 듯합니다. 삼순에 다녀오는 일정 때문에 이스탄불 맛보기는 수박 겉핥기로 끝내야 했습니다만, 어차피 이번 여행은 도시 구경이 아니기 때문에 그리 아쉬울 것은 없습니다.

숙소로 돌아가 배낭을 되받은 후 하산과 군은 악수로 작별을 나눕니다.

메트로 고속버스로 이스탄불에서 아테네까지는 20시간 소요. '허걱~!' 소리가 절로 나옵니다. 또 다시 이코노믹 클래스 신드롬 걱정이 앞섭니다. 그런 사정을 알 리 없는 버스는 하염없이 달리고 또 달립니다. 이스탄불~아테네 코스는 사실 여행 출발 직전에 변경된 것입니다. 원래는 이스탄불에서 배를 타고 산토리니Santorini 섬으로 들어갔다가 그곳에서 다시 배편을 이용, 아테네로 들어가는 것이었죠. 그 계획이 배편 스케줄과 맞지 않아 일정이 뒤틀리게 된 것입니다. 이 여정 중에 아쉬웠던 것은 바로 산토리니 섬이었습니다.

'두구 보자, 산토리니!'

밤 10시 30분경. 터키 국경 검문 중. 모두 버스에서 내린 후 일일이 여권을 검사 받습니다. 검시원은 연신 내 얼굴과 여권을 번갈아 가며 들여다본 후 쾅 도장을 찍어줍니다. 국경을 넘는 동안 세 군데 검문소를 거쳐야 합니다. 그러는 동안 별난 것을 보게 되는 것이, 무슨 모기가 이렇게 많나요? 수천 마리의 모기떼로부터 집중 공격을 받아야 했습니다. 이 모기들, 내가 살고 있는 북한산 옆 자락 삼송리의 특전 모기부대 놈들은 우습게 여길 정도입니다. 이날 밤 이놈들한테 물린 흔적은 일주일 후 소피아에 도착 하고 나서도 남아있더군요. 모기 놈들에게 입국 신고 제대로 한 후 아테네를 향해 달려갑니다.

Tip

↘ 낯선 현지인이 과도하게 친절을 베풀거나 담배를 건네는 등 느닷없이 접근해오는 것은 경계하라. 반드시 좋지 않는 결과가 기다린다. 밤 10시 전후 아야 소피아 앞에서는 다른 나라에서 온 관광객으로 가장해서 접근하는 친구들이 있다. 술집 호객군이다. 택시를 타고 먼 데 있는 술집으로 데리고 가서 바가지요금을 씌운다. 밤이 되면 출몰하는 이들, 조심하라.

↘ 여행 중에 상비약 챙기기는 필수다. 진통제와 해열제 정도는 챙겨두는 것이 좋다. 여행지에서 약국을 찾아야 할 경우, 그만큼 계획된 시간이 어긋나게 되고 현지에서 약국 찾기 또한 우리 동네에서 약국 찾는 것처럼 쉬운 것이 아니다.

↘ 유적은 말한다. “너희 인간들. 천 년 만 년 살 것 같으냐?” 우리는 산다는 것에 겸손해야 할 것이고 세상 살면서 까불지 좀 말아야 할 것이다.

Greece
Athene
I

엄청난 폭염 속의 아테네 여정이 이어집니다.

오후 1시 경. 드디어 아테네Athene 도착. 버스에서 내리자마자 숙소를 찾기 위해 먼저 신타그마 광장Syntagma Plaza, 헌법 광장까지 가야했습니다. 메트로 버스 터미널의 안내원에게 가는 길을 묻자 전철을 타라네요.

전철역 방향을 잡고 걸어가자니 웬 젊은 여자가 나를 쫓아옵니다. 이놈의 인기, 아테네에서도 자제가 안 되네 그랴, 참눼……. 이름, 기즘 달리안Gizem Dalyan. 이스탄불 처녀인데 포르투갈에서 개최되는 어느 Rock Festival을 구경하러 가는 중에 아테네에 들렀답니다. 자기 팔뚝에 수두룩하게 난 모기 물린 자국을 보여주는 것이, 나와 같은 버스를 타고 온 것이더군요. 기즘은 신타그마 광장의 서쪽에 있는 모나스티라키 광장 근처에 숙소를 잡았다고 합니다. 지도를 보니까 내가 묵는 숙소 근처입니다. 그래서 나를 따라왔던 것이었던 것이었습니다. 인기는 얼어 죽을……. ㅡ.ㅡ; 전철 타고 신타그마 광장 역에서 내린 우리는 사진 한 방 찍고는 각자 숙소에 체크인 한 후 오후 3시 아크로폴리스 입구에서 만나기로 했습니다.

숙소에서 짐을 풀고 한숨 돌린 후 찾아간 아크로폴리스. 산 정상의 신전들을 바라보며 기즘을 기다립니다. 약속 시간 10분 경과. 기즘은 나타나지 않습니다. 뭐, 아쉬울 것 없습니다. 늘 그랬듯이 나는 여행 중 만나는 사람과는 'Cool Hi Cool Bye' 주의자이니까요.

기즘을 기다리던 곳은 바로 디오니소스Dionysos 극장 앞이었습니다.

원래 연극쟁이였던 내가 연극쟁이들의 레전드 디오니소스바쿠스 형님을 모른 척 할 수 없죠. 기념사진 한 장 찍습니다.

아크로폴리스로 올라가는 입구는 따로 있었습니다. 내가 지형지물을 제대로 파악하지 못했던 것이죠. 사람들에게 물어서 입구를 찾아가니 마침 매점이 있었고 그곳에서 시원한 딸기 소다수를 사서 마시면서 돌아서는데, 허걱! 기즘이 한쪽에 앉아서 땀을 닦고 있더군요. 왜 이렇게 늦게 왔냐고 째려보면서요. ^^; 미안한 마음에 마시고 있던 음료를 내밉니다.

"이거 마실텨?"

살짝 삐친 기즘은 고개를 젓습니다.

"시져!"

튕기긴, 쥐쥐배.

우리는 먼저 디오니소스 극장으로 올라갔습니다. 극장은 아레나 형태의 무대를 갖춘 훌륭한 공간을 보이고 있습니다. 아직도 이곳에서는 공연을 꾸준히 올린다고 하는군요. 호리존과 좌우 정면에 조명기기들이 매달려 있고 무대 좌우에는 음향 스피커도 있습니다.

엉성하지만, 사진 세 컷을 이어 붙인 극장 전경입니다.

디오니소스 극장을 벗어나 더 위로 올라가니 프로필리아Prophylia가 우리를 맞이하는군요. 이곳은 아크로폴리스에 있는 신전들의 입구입니다. 프로필리아를 거쳐 안으로 들어가면 나이키Nike 신전과 파르테논 Parthenon 신전이 나옵니다.

바라만 보아도 성스러운 느낌이 듭니다. 그 옛날 신들을 경배하고자 했던 고대 그리스 사람들의 숭고함에 깊은 존경이 우러납니다.

신을 경배하는 행위, 그것은 곧 인간의 축제이겠지요. 고대 그리스 사람들은 그야말로 축제 민족이었습니다. 그리스의 신들은 신화작가들에 의해 무수히 각색되면서 대단히 인간적인 모습으로 등장하기에 그 또한 나는 몹시 좋아합니다.

우리 민족도 어느 민족 못지않은 축제 민족이었습니다. 천손 족으로서 하늘을 경배하며, 자연의 이치에 순응하며, 때 되면 제사를 올리는 것을 필두로 해서 함께 어우러져 가무악을 즐겼던 민족. 그렇다면, 그리스 사람들에게는 그 축제의 터가 이렇게 훌륭히 남아있는데 우리에게 남아 전승되고 있는 축제의 터는 어디에 있을까요?

먼 옛날, 고구려에는 거대한 나무를 수신隧神, 동굴 신으로 모셔놓고 큰 제사를 올린 후 가무악을 즐겼던 축제가 있었습니다. 축제 장소는 바로 '수도의 동쪽에 있는 커다란 동굴', 국동대혈國東大穴이었고 말이죠. 이처럼 우리민족의 축제 터는 산, 계곡, 강가, 마을 앞 큰 나무(서낭목) 등 바로 자연 공간 그 자체였던 것입니다. 그러니 아크로폴리스와 같은 신전 공간으로서의 축제 터는 애당초 우리민족의 그것과는 성격이 다른 것이죠.

파르테논 신전입니다. 아크로폴리스 전체가 여기저기 공사 중입니다.

오후의 더위가 너무도 뜨겁습니다. 왜 그런가 했더니 그 이유가 있더군요. 아크로폴리스 산 자체가 대리석. 뜨거운 태양열을 그대로 반사하는 것입니다. 이날 기온은 무려 섭씨 40도였습니다.

신전 구경을 마치고 이제 아크로폴리스를 떠날 시간입니다.

우리는 산을 내려와 플라카Plaka 지역의 상점가에 이르렀습니다. 그 중에서 기즘의 눈이 어느 패션의류 가게에 꽂힙니다. 왜 그렇게 패션에 관심이 많으냐고 물었습니다. 자기가 먹고 사는 일이 바로 패션 제품 Blog 운영이라고 합니다.

플라카 마을의 옛 유적지로 고대의 아고라광장입니다. 아테네에는 각종 신전을 포함해서 이러한 유적지들이 여기저기 흩어져 있다고 합니다. 여기는 현재 출입 통제를 하는 식으로 보호하고 있습니다. 보호라기보다는 방치 같습니다만.

플라카Plaka 지역의 중심지인 모나스티라키 광장Monastiraki Plaza입니다. 광장을 중심으로 상점가와 벼룩시장Flea Market이 골목 안쪽으로 뻗어있고 광장 주변에는 노점상들이 포진하고 있습니다. 광장 중심에는 작은 교회도 있습니다. 땅을 약간 파서 지은 건축 방식이 특이하더군요.

골목길에는 관광용 비히클이 다닙니다. 탑승요금, 만만치 않습니다. 아테네의 물가는 서울보다 비싸면 비쌌지, 과일 야채 빼고는 무엇 하나 만만한 것이 없는 듯합니다.

날은 덥고, 둘 다 점심 식사를 건너 뛴 상태. 지치고 시장하기도 해서 밥부터 좀 먹기로 했습니다. 몇 군데를 둘러보다가 골목길 어느 곳에서 눈에 띈 예쁘장한 레스토랑으로 들어갔습니다.

식사 나오기 전 기즘이 점원에게 '위피' 비밀번호를 달라고 하더군요. 위피가 뭐지? 하고 있는데 번호를 받아들고 휴대폰을 꺼내는 기즘을 보고는 그제야, '아하~ 이 친구들은 와이파이를 위피라고 부르는구나.' 알 수 있었죠. 사실 터키에서부터 알게 된 것이, 유럽의 유무선 인터넷 인프라는 그 용량이나 규모가 우리나라와는 비교하기 어려울 정도로 뒤떨어집니다. 또 돌아다니는 중에 와이파이를 쓰려면 가까운 커피숍이나 레스토랑을 찾아 들어간 후 비밀번호를 받아서 사용해야 합니다(물론 이때는 뭐든 사 먹어야 합니다). 터키도 그러더니 여기 그리스에서도 마찬가지입니다. 그나저나 계산서를 보니 '위피' 사용료 1유로가 들어가 있습니다. 와이파이 문제, 앞으로 제법 불편한 요소가 됩니다.

숙소로 가서 샤워 좀 해야겠다고 하자 기즘은 자기도 그러고 싶다며 일단 각자 숙소로 돌아가서 쉰 후 다시 저녁 8시 30분 모나스티라키 광장에서 만나자고 하네요. 맥주 한 잔 같이 하자며 말입니다.

저녁. 약속 시간에 맞추어 광장으로 향하는 골목길에서 만난 패션용품 가게. 이번 여행길에서 장만할 것 중의 하나가 바로 가방인지라, 가방이 눈에 들어옵니다. 가만히 보니 여성용품 가게구만요. 깔끔 패스~.

골목길을 빠져 나와 뒤를 돌아보자 아크로폴리스 산이 보입니다. 아까 저 곳에서 거의 훈제가 될 뻔했던 것을 생각하니, 에휴으, 끔찍합니다.

다시 들른 모나스티라키 광장. 어두워지는 시간인지라 여기 저기 전등불이 빛을 내면서 관광객들을 유혹하고 있습니다.

모나스티라키 전철 역 입구 주변의 풍경입니다. 많은 사람들이 광장 중앙에 모여 앉아 담소를 나누며 하루가 끝나가는 시간을 지켜보고 있습니다.

고대의 아고라 모습을 아직도 간직하고 있는 이곳은 아테네 여행의 핵심이 되는 곳입니다.

광장에서 사람들 구경하며 10분 정도 기다렸더니 기즘이 환하게 웃으면서 나타납니다. 잠시 쉬고 나니까 이제는 살 것 같다며 수다를 떨고 나서는, "컴온~." 나를 데리고 자기 호스텔로 향합니다. 맥주 마시자면서 왜 자기 호스텔로 가자고 하나? 머리 위로 '?' 부호를 연신 띄우며 따라갔습니다. 기즘은 호스텔 건물 안에 들어가서 그곳 매니저와 짧은 대화를 나눈 후 나를 끌고 거침없이 엘리베이터에 오릅니다. 허걱, 이게 무슨 상황이지?! 그나저나 나는 아직 마음의 준비가 안 되었거등? …… 좁기만 한 엘리베이터 안은 우리 둘의 숨소리만 흐릅니다. 식은땀을 닦으며 슬며시 물었습니다.

"우리 지금, 오디 가는 고냐?……"

게슴츠레한 눈길로 기즘이 속삭입니다.

"……건물 옥상."

엥? 얘가 취향이 좀 이상하네? 엘리베이터가 정지하고 우리는 옥상에 들어섰습니다.

그곳에서 우리를 반겨준 것은 호스텔에서 직접 운영하는 옥상 빠~. 술값이 무척 싸다고 해서 기즘은 나를 이곳으로 데려온 것입니다. 오~, 제우스 신이시여!

옥상 빠의 즐거움은 싼 가격만이 아니었습니다. 바로 황홀한 아크로폴리스의 야경을 마음껏 즐길 수 있었다는 것~!

그렇게 아테네의 밤은 뜨겁게만 흘러갔던 것이었던 것이었슴돠.

Tip

↘ 여행 중 만나는 여인, 그것도 홀로 여행하는 여인에게는 최대한 예의를 갖춰주어라. 쓸데없는 흑심은 아예 꿈도 꾸지 말고. 배려해주고 상냥하게 대하기. 여자 몸으로 혼자 하는 여행, 언제나 두렵고 힘든 것이다. 그런 여인에게 신사도를 발휘하면 훗날의 좋은 추억이 될 것이고, 또 변치 않는 우정도 얻게 된다.

Greece
Athene
II

다음 날 아침 일찍 일어나 다시 모나스티라키 광장에 나가 아크로폴리스 산으로부터 내려오는 신선한 아침 공기를 느껴보고는, 오늘의 일정에 나섭니다.

신타그마 광장으로 가는 도중 만난 길가의 교회. 상당히 유서 깊어 보입니다.

국립 고고학 박물관. 신타그마 광장 전철역으로부터 두 정거장 째인 오모니아Omonia 역에서 하차한 후 대략 15분 정도를 걸어가야 합니다. 이날도 아침부터 찌는데 전철역에서 본 일기예보로는 오늘 최고 기온이 섭씨 43도가 된다고 합니다. …… 이곳이 과연 사람이 사는 곳 맞습니까아~?

먼저 화장실에 들러 여기까지 오느라 질질 흘렸던 땀을 시원하게 씻어낸 후 슬슬 관람을 시작합니다.

문양이 돋보이는 토기 항아리. 그 옛날 저 안에는 분명 맛있는 와인, 가득 채워져 있었겠죠? 요따구 생각에 침샘, 바로 아파옵니다.

고대 올림픽 경기에서 시합을 벌이고 있는 선수들 모습. 당시 선수들은 알몸에다 올리브유를 발랐다고 합니다.

잠시 고대 올림픽에 대한 얘기를 기록 자료를 근거로 하여 정리해 보죠. 학자들은 고대 올림픽의 기원을 크게 두 가지로 봅니다. 첫 번째, 헤라클레스Heracles가 아버지인 제우스Zeus를 찬양하기 위한 제전으로 시작했다는 설입니다. 이 얘기야 뭐, 재미도 없고 그러려니 합니다. 그러나 두 번째 이야기는 자못 흥미롭습니다. 신화에 나오는 엘리스Elis 지방 피사Pisa의 왕 오이노마우스Oenomaus가 딸 히포다메이아Hippodamia에게 청혼하는 자들과 전차 경주를 벌인 것에서 기원이 되었다는 설이 바로 그것입니다. 드라마틱한 두 번째 기원 내력을 살펴볼까요? 왕위에 오른 후 딸 히포다메이아를 얻은 오이노마우스 왕은 훗날 사위에게 죽임을 당할 것이라는 신탁을 받게 됩니다. 사위가 될 사내를 원수로 여긴 왕. 그는 전쟁의 신 아레스Ares, 로마 신화에서는 그를 Mars로 부름에게서 물려받은 갑옷을 입고 불사不死의 명마가 끄는 전차를 타고 경주를 벌여 19명의 사위 후보들을 모조리 죽이고 맙니다. 여기까지는 제법 신화적인 얘기가 되지만, 더 깊은 속으로 들어가면 쓴 웃음이 나오게 됩니다. 실은 자기 친딸인 히포다메이아에게 연정을 품고는 그녀와 근친상간의 관계를 맺고 있었던 오이노마우스 왕. 그런 그가 딸을 다른 사내에게 빼앗기지 않으려고 그 고약한 짓을 한 것입니다. 그냥 막장도 아닌 개 막장 드라마. 딸과의 근친상간. 이것은 훗날 카사노바Casanova의 벤치마크가 됩니다.

한편, 제우스의 손자요 탄탈로스Tantalos, 천상계의 음식을 인간에게 나눠 준 죄로 지옥에 떨어진 말년 팔자 사나웠던 탄탈로스 족의 조상의 아들인 펠롭스Pelops를 사랑하던 히포다메이아는 '뭐 이런 Dog Cake같은 시추에이션이 있나?' 하여 아버지를 없애기 위한 전격 작전을 펼치게 됩니다. 작전명 '펠롭스랑 웨딩마치 올리기'. 그녀는 오이노마우스의 마부 미르틸로스Myrtilos를 몰래 만나 한 가지 제안을 합니다. 펠롭스가 오이노마우스를 물리치도록 도와주면 그에게 하룻밤을 내주겠다는 것. 진작부터 그녀를 짝사랑하고 있던(엄청난 더블 삼각관계 전개!) 미르틸로스와의 은밀한 협정은 다음과 같이 진행됩니다.

"할껴?"

"할껴!"

그는 그녀와의 하룻밤을 위해 오이노마우스의 전차 바퀴 나사를 밀랍 나사로 바꿔 끼겠다고 약속해 줍니다. 이제 히포다메이아는 작전 내용이 담긴 이메일 한 통 작성해서 펠롭스에게 보냅니다. PC방에서 리니지 2 게임 뛰다가 이메일 함을 열어본 펠롭스, '콜~!' 답신을 보내고는 그 길로 오이노마우스를 찾아갑니다. 그렇게 해서 벌어진 오이노마우스 왕과 펠롭스의 전차 경주. 당연히 경주 중 전차 바퀴가 빠지고, 오이노마우스 왕은 펠롭스에게 죽임을 당합니다. 그러자 미르틸로스가 나타나 히포다메이아에게 약속 실행을 요구합니다. 그녀를 손에 넣은 펠롭스, 가만있을 리 없죠. "잔치판 벌이자는데 뭔 도고통 깨지는 소리여?" 하고는 그를 바다에 던져 죽이고 맙니다. 이래저래 지저분한 삼류 치정 드라마입니다. 어쨌거나 저쨌거나, 그렇게 시작한 고대 올림픽은 지금과 같은 단순한 스포츠 행사가 아니었던 게 분명하다고 합니다. 당시 올림픽은 신들에게 인간들의 능력을 선보이는 경연장이었으며, 경기 그 자체가 신들에게 바치는 공물의 성격을 띠고 있었다는 것이죠. 올림픽 경기가 펼쳐진 곳은 올림피아였습니다. 올림피아는 '신성한 제우스 의 숲'이라는 뜻의 알티스Altis 지역에 있는 성역이었습니다. 그리스 신화의 주신인 제우스 신앙의 발원지였던 만큼, 이곳에는 BC 460년경에 지어진 제우스 신전을 비롯하여 그의 집사람 헤라Hera의 신전과 함께 70개 이상의 제단, 각지에서 온 경기자들이 묵었던 게스트하우스, 스타디움, 각지의 도시국가에서 보내온 보물을 모아놓은 보물 전殿, 그리고 영빈관 등이 들어서 있었다고 합니다. 그런 곳에서 제우스 신을 찬양하기 위한 행사로서의 올림픽 경기를 4년마다 개최하는 식으로 BC 776년부터 AD 393년까지의 약 천 년 동안 시행했습니다. 흥미로운 것은, 경기 개막 전후 1개월간은 각 도시국가들 간에 '신성한 휴전'을 맺었다는 것입니다. 그만큼 올림픽 경기는 당시 그리스인들에게는 성스러운 제전이었습니다. 또 올림픽 경기는 그리스어를 쓰는 도시 국가 출신자들에 한해서 참가를 허락했습니다. 경기에는 남자만 출전했고, 여자는 언감생심 얼씬도 못했는데 혹여 남자의 알몸이 그리워서 몰래 참관했다가 걸리게 되면, "어디서 19금 성인물을 생 공짜로……." 붙잡아 끌고 가서는 가차 없이 처벌했다고 합니다. 물론 노예들 또한 경기에 참가할 수 없었고 말이죠. BC 146년, 그리스 지역이 로마의 식민지가 된 후로도 성역은 파괴되지 않았고 올림픽 경기도 지속될 수 있었습니다. 그뿐 아니라 로마 제국의 영향으로 그리스 전역과 로마, 마케도니아에서 온 사람들까지도 참가하는 국제적인 행사로 발전하게 됩니다. 고대 그리스 시대부터 로마 시대까지 유럽 최고의 이벤트로 각광받았던 올림픽 경기. 그러나 그 성스러운 축제에 어두운 그림자가 드리워집니다.

313년 서로마 제국 황제 콘스탄티누스 1세Constantinus I는 동로마 제국 황제 리키니우스Licinius에게 카톡 문자를 보냅니다.

"내 쫌 보자."

로마 호텔 1층 커피숍에서 만난 둘은 신앙의 자유를 명기한 밀라노 칙령을 반포합니다. 그로써 그리스도교가 동서로마 제국의 국교가 됩니다. 칙령 반포 후 세월이 흘러 그리스를 지배하게 된 동로마 제국 황제 테오도시우스 1세Theodosius I. 이교의 신 제우스를 위한 축제를 곱게 볼 리 없죠. 그래서 그는 기어이, "올림픽 시즌 1 끝~." 하고 종을 치도록 합니다. 고대 올림픽은 그렇게 393년 제291회 경기를 마지막으로 쓸쓸한 종말을 맞게 되지만, 근대에 와서 프랑스 쿠베르탱Pierre de Coubertin 남작의 올림픽 재건 주창에 의해 1896년 그리스 아테네에서의, "올림픽 시즌 2 시작~."으로 근대 올림픽의 새 출발이 이루어져 오늘에 이르게 되는 것이죠.

올림포스 12신 가운데 한 명으로 빛과 태양, 이성과 예언, 의술, 궁술, 시, 음악을 관장한 아폴론Apollon.

바다의 신 포세이돈Poseidon. 신전에서 메두사Medusa와 공동 주연으로 야동을 찍어 메두사의 머리카락을 몽땅 뱀으로 만드는 데에 기여한 그 장본인입니다.

이 친구가 제우스인지 헤라클레스인지 헷갈린다고 명판에는 표기되어있습니다. 창을 던지는 자세를 보면 헤라클레스 쪽이 가깝지 않나 싶습니다.

메두사Medusa의 머리를 벤 페르세우스Perseus. 제우스와 아르고스Argos의 왕녀 다나에Danae 사이에서 태어났습니다. 아르고스 왕 아크리시오스Akrisios는 장차 외손자로부터 살해될 것이라는 신탁을 받고는 딸 다나에를 청동밀실에 가둡니다. 평소 이제나저제나 다나에를 넘보고 있던 제우스, 황금비로 변해 밀실에 스며

들어 페르세우스를 낳게 합니다.

이에 왕은 두 모자를 방주에 실어 바다에 버리지만 모자는 에게 해의 세리포스Serifos 섬에 흘러 들어가서 그 곳을 다스리는 폴리데크테스Polydectes 왕의 보호를 받게 됩니다. 다나에를 차지하고 싶지만 페르세우스가 눈엣가시였던 폴리데크테스. 그는 페르세우스로 하여금 메두사의 목을 베어오도록 합니다. 페르세우스는 전쟁의 신 아테나Athena와 전령傳令의 신 헤르메스Hermes의 도움을 받아 하늘을 나는 신발과 자신의 모습을 보이지 않게 해 주는 마법 모자를 얻어 메두사의 목을 베는 데에 성공하죠.

페르세우스는 메두사 머리를 가지고 돌아와 폴리데크테스에게 들이대고는, "자~ 여기를 보시고, 하나 둘 셋!" 해서 그를 돌로 만듭니다. 그 후 어머니 다나에와 함께 아르고스로 돌아간 그는 아크로시오스 왕이 개최하는 운동 시합에 출전, 원반을 던져 할아버지 아크로시오스를 죽입니다. 신탁 실현. 한편, 메두사의 목을 득템한 아테나는 아버지 제우스로부터 물려받은 방패 아이기스Aegis, 이지스에 장착, 불멸 수호 방패로서의 명성을 드높입니다.

로마 초대 황제 아우구스투스Augustus, BC 29 ~ AD 14 재위 입니다. 로마가 그리스를 점령한 후 그의 동상을 여기 저기 세웠다고 합니다. 그나저나 포세이돈이나 제우스나 헤라클레스나 페르세우스나 아우구스투스나, 거 머시냐, 물건 사이즈가, 참, 거시기 만합니다. ㅡ.ㅡ;;

아우구스투스 황제의 청동상. 그래도 이 친구 카리스마 넘쳐나는 모습은 봐 줄만 합니다. 어쩌지 못하는 이 동질감. ㅡ.ㅡv

지혜, 전쟁, 공예의 여신 아테나. 제우스와 바다의 여신 메티스Metis의 딸로, 아티카Attika, 아테네를 포함한 펠로폰네소스 반도 지역를 놓고 삼촌 포세이돈과 한 판 붙어서 승리를 거둡니다. 그로써 아테네의 수호신이 되죠. 여자의 몸으로 해적 출신 포세이돈 엉덩이를 맴매해 주다니. 힘이 아니라 지혜로 물리쳤다는 것이죠. 아테나, 아테네Athene 명칭의 유래가 됩니다.

제우스와 여신 디오네Dione의 딸 아프로디테Aphrodite. 과연 아름답습니다.

큐피드Cupid의 오조준 화살을 맞은 염소뿔의 사나이, 들판과 숲의 신 판Pan이 아프로디테에게 매달리고 있습니다. 이에 썩소를 지어 보이는 아프로디테. 슬리퍼 짝 집어 들고는, “말로 할 때 가라, 응?” 이러고 있습니다. 큐피드도 나서서 말리고는 대신 산山의 요정 시링크스Syrinx와의 소개팅을 주선해 줍니다.

시링크스의 눈도 아프로디테 못지않게 높았죠. 그녀는 판의 시도 때도 없는 스토킹에 지친 나머지, “으이그, 너랑 엮이느니 차라리…….” 하고는 훼까닥 갈대가 되고 맙니다. 시링크스를 못내 잊지 못하는 판. 그 갈대를 꺾어서 피리를 만들어 부릅니다. 오늘날의 팬 플룻Pan Flute. 바로 여기에서 기원합니다. 그리스 어에서 ‘판’은 ‘모든 것’을 뜻한다고 합니다. 예를 들어 ‘범凡 아시아’를 이를 때 ‘Pan Asia’라고 쓰죠?

정의, 질서, 계율의 여신 테미스Themis. 제우스에게서 계절의 여신 호라이Horai들을 낳습니다. 계절의 여신은 모두 셋입니다. 유노미아Eunomia, 질서, 디케Dike, 정의, 에이레네Eirene, 평화. 이 세 여신이 계절 운행을 책임졌다고 하는군요.

질서 · 정의 · 평화. 우리나라 대검찰청이 자기네 상징이라고 우기고 있는 슬로건입니다. 2호선 전철 타고 대검찰청 찾아가서 웃어주고 싶군요.

그나저나 제우스 이 친구, 도대체 손대지 않은 여자가 없습니다. 안방마님 헤라를 두고도 다나에, 메티스, 디오네, 테미스……. 그뿐 아닙니다. 페니키아Phoenicia, 피닉스의 왕 아게노르Agenor의 딸 에우로페Europe, 유럽의 어원를 크레타Kreta 섬으로 납치까지 해서 세 아들을 둡니다. 그 외에도 줄줄……. 여기까지는 백 번 양보하겠습니다(실은, 부럽죠 모. ㅡ.ㅡ;). 개 막장 피사의 왕 오이노마우스도 울고 갈 희대의 사건을 일으키기까지 하니, 타이탄 족의 신이자 작은 엄마인 므네모시네Mnemosyne까지 좌파뜨려서 학예의 신 무사Mousa, 영어로는 Muse. Music과 Museum의 어원를 낳기도 합니다. 징하다 징해.

돌사자입니다. 어찌 보면 비쩍 마른 개 같이 보입니다. 개 같은 놈…….

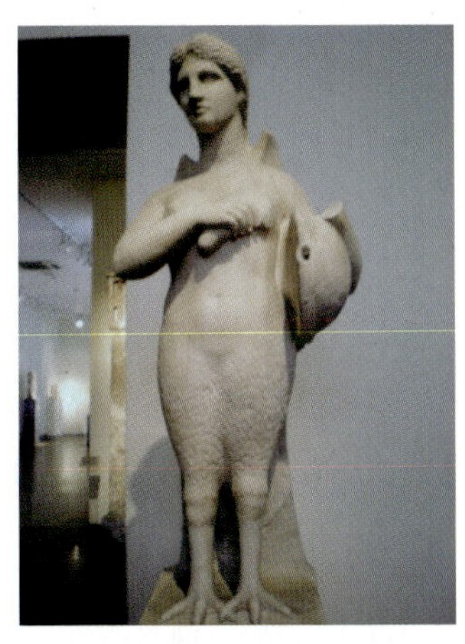

세이렌Seiren, 사이렌 Siren. 자신의 노래로 뱃사람들을 현혹시켜서 홀라당 물에 빠져 죽게 만들었다는 바다의 요정. 얼굴은 여자, 몸은 남자, 하체는 새입니다.

이 박물관에서 인기 높은 '아르테미시온의 말 타는 소년Artemision Jockey boy' 청동상. BC 140년 경 헬레니즘 시대의 유물입니다.

크레타Kreta 섬의 미노타우르스Minotaurs. 크레타 섬 미노스Minos 왕의 부인 파시파에Pasiphae가 낳은 반인반우半人半牛의 괴물. 파시파에는 포세이돈이 잘 키워서 나중에 자신에게 제물로 바치는 데에 쓰라고 보낸 소가 마음에 들어 다른 소를 제물로 바칩니다. 하지만 원산지 표기를 확인한 포세이돈에게 들통이 나죠. 격노한 포세이돈은, "오냐. 정 원한다면 갈 데까지 가보렴." 하고는 파시파에로 하여금 그 소와 포털사이트 검색어 1순위에 오를 사랑을 하게 만듭니다. 그렇게 하여 태어난 미노타우르스. 자라면서 성정 포악해지더니 급기야 사람까지 잡아먹는 등 갖가지 행패를 부립니다. 그러자 골머리를 앓던 미노스 왕은 당대 최고 장인인 다에달루스Daedalus에게 명해서 거대한 미로 궁전 라비린토스Labyrinthos를 설계하도록 한 후 자신이 거처하는 크노소스 궁전 옆에 지어 미노타우로스를 가두고 맙니다. 그로써 미노타우로스는 세상으로부터 격리된 채 외롭게 살아야 했죠.

그 뒷얘기를 조금 더 보태볼까요? 훗날 미노스 왕의 아들 안드로게우스Androgeus가 아테네에서 열린 운동 시합에 출전하여 우승을 거머쥐자 시기심에 찬 아테네 사람들이 그를 죽이고 맙니다. 이에 미노스 왕은 아테네를 침공하여 아테네 왕 아이게우스Aigeus를 굴복시킨 후 3년마다(7년 혹은 9년으로 전해지기도 함) 젊은 남녀 각각 일곱 명씩 미노타우로스에게 제물로 바칠 것을 명합니다. 패전국으로서의 멍에를 뒤집어 써야 했던 아테네. 그러나 언제까지 그 수모를 당하며 살 수는 없었죠. 세월이 흘러 세 번째 재물을 바치게 되었을 즈음, 아테네에는 한 영웅이 등장합니다. 바로 아테네 왕 아이게우스의 아들인 테세우스Theseus가 그 주인공입니다. 그는 미노타우로스를 죽이겠다며 제물로 자원하여 크레타 섬으로 건너갑니다. 영웅은 어딜 가도 눈에 띄게 마련. 이 준수하게 생긴 테세우스를 본 미노스 왕의 공주 아리아드네Ariadne는 일견종정一見鐘情, 첫 눈에 뻐억~ 가고 맙니다. 그녀는 테세우스에게 실이 감겨진 공을 주어 그 실을 풀면서 미로에 들어갔다가 나중에 다시 그 실을 따라 나올 수 있도록 도와줍니다. 테세우스는 실을 풀어가며 미로에 들어가서 미노타우로스를 죽이고는 다시 그 미로에서 잘도 빠져 나옵니다. 그런 후 그는 울며불며 매달리는 아리아드네를 매정하게 뿌리치고 크레타 섬을 탈출하여 무사히 아테네로 돌아갑니다. …… 아니, 일 잘 끝내놓고 여자는 또 왜 울리나 울리길. 쯔쯔쯔.

옛날 원형극장에서 연극 공연할 때 배우들이 썼던 마스크 상입니다.

고고학 박물관을 장시간에 걸쳐 관람한 후 숙소로 돌아갑니다. 실은 민속박물관도 들르고 아테네 대학교, 국립공원에도 들를 계획이었지만 날씨가 살인적으로 덥습니다. 분명코 아테네는 여름 관광지로는 적격이 아닙니다. 모두 포기하고 무거운 심정으로 숙소로 돌아갔습니다. 샤워를 하고 나자 아침부터 땀을 너무 흘렸는지 몸에 기운이 없습니다. 에라, 잠이나 자자. 니들만 하는 거 아니다, Siesta…….

※ 보너스(그리스 신화의 중심 신들인 12신에 대한 요약정리)

그리스 신화의 12신은 크로노스와 그의 여동생 레아 소생의 자식으로 태어난 제우스와 헤라, 이 오누이를 중심으로 제우스의 친형 1명, 친누나 1명, 그리고 제우스의 적손 2명과 서손 6명으로 구성됩니다. 제우스는 본처 헤라를 두고도 숱하게 많은 연인을 거느리고 자신의 누나들과도(심지어 숙모도 포함) 관계 맺기를 밥 먹듯 합니다. 그뿐 아니라 그의 자식인 헤파이스토스와 아프로디테는 부모가 한 짓 그대로 따라한답시고 오누이 사이끼리 혼인을 치르기도 합니다. 그리스 신화, 한마디로 견犬 족보 얘기입니다만, 신화는 신화적 관점으로 봐야겠죠. 재미있는 것은, 제우스와 헤라 사이에서 태어난 적손들보다는 서손들 능력이 더 뛰어났다는 것. 밭(헤라)보다는 씨(제우스)가 좋았다는 얘기로, 제우스의 바람기를 이해할 만한 대목입니다.

1. 남신男神

① 제우스Zeus

그리스 신화의 주신主神. 크로노스Cronos, 계절의 신와 레아Rhea, 대지의 신의 막내아들. 번개와 독수리가 대표적 상징물. 희대의 바람둥이. 로마 신화의 유피테르Jupiter에 해당.

② 포세이돈Poseidon

바다 · 지진 · 돌풍의 신. 제우스의 형으로 돌고래, 물고기, 말, 소가 대표적 상징물. 주로 트리아이나삼지창를 들고 물고기, 돌고래 떼와 함께 긴 머리카락과 수염을 휘날리며 파도를 타고 돌아다님. 성질 급하고 까칠한 성격 때문에 걸핏하면 다른 신들이나 인간들에게 시비 걸어 다투곤 하였다고 함. 조카 딸 아테나하고도 일전을 벌일 정도로(결과, 완패) 나이 들어서도 철이 없었음. 하구한날 싸움질에 하구한날 파출소에 붙잡혀가는 것이 일이었던 깡패 종자. 로마 신화의 넵튜누스Neptunus에 해당.

③ 헤파이스토스Hephaistus

기술 · 대장장이 · 장인 · 공예가 · 조각가 · 금속 · 야금 · 불의 신. 제우스와 헤라의 적자. 불구의 몸에 추남이지만 아내는 사랑과 미의 여신 아프로디테Aphrodite. 다른 신들과 다르게 자력自力으로 크게 성장한 자수

성가 형의 신으로 원래는 불, 특히 활화산에서 분출하는 불의 신이었다고. 그리스의 여러 도시, 특히 아테네에서는 제조와 산업 종사자들에게 숭배되기도 하였음. 세상에서 가장 아름다운 아프로디테(배다른 누이)를 아내로 얻지만 워킹 홀릭 증세로 마누라가 바람 피는 것도 몰랐던 상등품 머저리. 로마 신화의 불카누스Vulcanus, 발칸 반도 명칭이 유래된 말로서 '발칸의 화약고'라는 말이 공연히 나온 것이 아님에 해당.

④ 아폴론Apollon

태양 · 예언 · 광명 · 의술 · 궁술 · 음악 · 시를 주관하는 신. 제우스와 위대한 신의 어머니 레토Leto 사이에서 태어난 제우스의 서자. 월계수와 리라(헤르메스가 선물로 준 것), 활과 화살, 백조, 돌고래가 대표적 상징물. 훤칠하고 준수한 미남으로 묘사되는데 여성 뿐 아니라 남성들과도 사랑을 나누었으니 양성애자 임(원래 고대~근대까지 유럽 사람들은 동성애를 이성애와 마찬가지로 일상적인 문화로 여겼다고 함). 로마 신화의 아폴로Apollo에 해당.

[양성애자의 모델로 아폴론이 남성에 해당한다면 여성에 해당하는 모델은 BC 6세기 경의 사포Sappho임. 유럽 문명의 기원이 된 그리스 문명 중 가장 돋보이는 분야는 바로 문학이었음. 〈일리아스Ilias〉 〈오디세이아Odysseia〉 등을 남긴 서사시의 대가 호메로스Homeros가 그 대표적 주자. 그와 더불어 그리스 문학의 꽃을 피웠던 여인이 바로 사포였음. 그녀는 남편 케르킬라스Cercylas와 시인 알카이오스Alkaios 외에도 자신의 여 제자들과 애정행각을 벌이며 아름다운 연시戀詩를 숱하게 남김. 레스보스Lesbos 섬 출신. 훗날 여성 동성애자를 칭할 때의 레즈비언Lesbian 명칭은

이 레스보스에서 유래됨.]

⑤ 아레스Ares

전쟁의 신. 제우스와 헤라 사이에서 둘째 아들로 태어난 적자. 창, 칼, 방패, 놋쇠 갑옷, 전차, 독수리가 대표적 상징물. 같은 전쟁 신으로 여동생인 아테나Athena는 전략과 방어 위주의 참모 형이었으나 아레스는 광포와 학살, 파괴를 앞세우는 행동대장 스타일이었음. 호전적이고 성질 더러워서 다른 신들로부터 왕따 당하기 일쑤. 전투가 벌어지는 곳마다 네 마리의 군마가 끄는 전차를 타고 나타나 17대 1로 붙자며 무시무시한 소리를 질러 적군으로 하여금 두려움에 떨게 하지만 정작 실전에 들어가면 대부분 시원하게 패배하였다고 함. 한 마디로 개폼만 잡다가 개망신당한 것이니 제씨 집안 적자로서의 전통을 잘 따랐던 것. 일례로, 트로이 전쟁에서는 쓸 데 없이 헥토르 편에 섰다가 그리스 군으로 참전한 아르고스의 왕 디오메데스Diomedes에게 정신없이 두들겨 맞고 개 값도 못 받은 적이 있음. 아레스는 본래 트라키아 지방에서 숭배되었던 신으로 전해짐. 스파르타에서는 주신으로 숭배되어 초기에는 전쟁 포로를 아레스에게 제물로 바치기도 하였음. 로마 신화의 마르스Mars에 해당.

⑥ 헤르메스Hermes

제우스와 마이아Maia, 5월 May의 어원에서 태어난 제우스의 서자. 여행자 · 목동 · 체육 · 웅변 · 도량형 · 발명 · 상업 · 도둑과 거짓말쟁이의 신. 주로 신들의 뜻을 인간에게 전하는 전령 역할을 수행. 비전秘傳의 의미를 해석하는 학문인 Hermeneutics해석학이라는 용어는 이 헤르메스에서 유래(연금술을 일컫는 명칭과도 관련 있음). 원래 헤르메스에는 '건너다'의 뜻이 있어서 교역과 관계가 깊고 죽은 자의 영혼을 사후세계로 안내하는 신으로도 불렸음. 로마 신화의 메르쿠리우스Mercu rius에 해당.

⑦ 디오니소스Dionysos

풍요와 포도주의 신. 축제의 신으로도 불림. 제우스와 테베 왕 카드모스Cadmus의 딸내미 세멜레Semele사이에서 태어난 제우스의 서자. 원래는 12신의 자리에 포함되지 않았으나 화덕의 여신 헤스티아Hestia에게 커미션 주고 12신의 자리를 물려받음. 제우스에게 넘어가 디오니소스를 밴 세멜레. 그런 그녀를 곱게볼 리 천부당만부당이었던 헤라는 한 가지 술책을 만들어 냄.넘 즉 제우스에게 부탁하길, 처음 청혼하였을 때 모습처럼 천둥 치고 번개 불 앞세워 자기에게 와달라고 해놓고는 자기 대신 세멜레로 하여금 제우스를 맞이하게 한 것. 바가지 긁는 마누라 달래줄 겸 옛 정도 한 번 떠올릴 겸 폼 나게 천둥 치고 번개 불 화력 왕창 올려서 나타난 제우스. 그리고, 그렇게 하여 그 자리에서 직화直火 구이로 이승을 뜨고 마는 세멜레. 그러자 제우스는 6개월 된 배내 아이를 살려내어 자기 허벅지에 넣고 잘 꼬매가지고 열 달 채워 세상 빛 보게 하였으니 디오니소스, 하마터면 동사무소에 호적등록도 못할 뻔 했던 것. 로마 신화의 바쿠스Bacchus에 해당.

2. 여신女神

① 헤라Hera

그리스 신화의 최고 여신으로 결혼과 가정의 신. 제우스의 누나이자 아내. 헤라라는 이름의 어원은 그리스어나 인도 유럽어에 속하지 않고 그 이전의 고대어에서 기인하는 것으로 추정. 또한 사모스 섬과 아르고스에는 BC 8세기경에 지은 헤라 신전이 있음. 이는 그리스에서 가장 오래된 신전. 이러한 정황들을 볼 때 헤라는 올림포스 신화가 자리 잡기 전부터 모신母神으로 숭배 받고 있었던 것으로 여겨짐. 헤라는 남편 제우스와의 사이에서 전쟁 신 아레스, 청춘의 여신 헤베Hebe, 출산의 여신 일리티아Ilithyia, 불화의 여신 에리스Eris, 헤파이스토스 등을 생산함. 질투가 심하였기에 제우스와 동침한 여인들과 그들 사이에서 태어난 서자들을 박해하였으니 조선 땅에서 태어나지 않은 것이 천만다행이었을 질투의 화신. 이런 뇬자가 무슨 결혼과 가정의 신인겨? 로마 신화에서는 유피테르의 집사람 유노Juno에 해당.

② 데메테르Demeter

곡물과 수확의 여신. 친동생 제우스의 구애에 못 이겨(못 이기는 척했겠지, 뭘) 봄의 여신인 딸 페르세포네Persephone를 낳음. 계절 변화와 결혼 유지를 관장하는 신으로도 여겨짐. 12신 지정 이전부터 숭배 받고 있었던 것으로 보임. 제씨 집안 여자 아니랄까봐 성질 까다로워서 사람들에게 기분 좋을 때만 풍년이 들게 하였고 뭔가 트릿하다 싶으면 흉년 보따리를 안겨주곤 하였다고 함. 로마 신화의 케레스Ceres에 해당.

③ 아프로디테Aphrodite

미와 사랑의 여신. 제우스와 신의 여왕이요 제우스의 김태희인 디오네Dione의 사이에서 태어난 서녀로, 훗날 배다른 오누이 사이인 헤파이스토스의 아내가 됨. 상록관목, 비둘기, 참새, 백조가 대표적 상징물. 제우스가 거인 족인 티탄Titan 족들과 전쟁을 벌이게 되었을 때 티탄 족을 무찌를 수 있게 해주는 자에게 가장 아름다운 아프로디테를 내주기로 하자 헤파이스토스가 번개라는 무기를 만들어 제우스에게 바쳤고, 이를 이용하여 제우스는 티탄 족들을 신나게 무찌름. 그렇게 하여 맺어진 아프로디테와 헤파이스토스. 그러나 그녀는 결혼 후 대장간 일에 빠져 자기에게 무심해진 남편 몰래 전쟁의 신 아레스와 밀회를 즐기기 시작. 그렇지만 촉새 포세이돈이 이를 헤파이스토스에게 고자질함으로써 둘의 관계는 그것으로 끝. 여전히 몸이 근질거렸던 그녀(지 애비 닮아 바람기 충만)는 아레스 대신 미소년 아도니스Adonis의 전번을 따서 그와 데이트를 즐김. 이에 화가 난 아레스는 멧돼지로 변하여 아도니스를 죽임. 아프로디테를 향한 그의 애정은 끝나지 않았던 것. 여기서 살짜쿵 감동 먹는 아프로디테. 그러나 이 직후 새벽의 여신 에오스Eos가 아레스와 '서로를 알아가는 사이'라며 광 팔고 돌아다니자 배신감에 치를 떨어야 했던(서방 배신한 주제에) 아프로디테. 독이 오른 그녀는 에오스가 사랑하는 모든 남자에게 저주를 내림. 이로써 아레스 뿐 아니라 훗날 숱한 사내들도 개평으로 팔자 더러워지게 됨. 미모만 생각했다가는 큰 코 다칠, 가까이 하기에는 엄청 살벌한 여자, 아프로디테. 로마 신화의 베누스Venus에 해당.

④ 아르테미스Artemis

달 · 사냥 · 야생동물 · 처녀성의 여신. 제우스와 레토 사이에서 태어난 서녀로 아폴론과 남매지간. 곰과 사슴, 활과 화살, 초승달, 토끼가 대표적 상징물. 시녀들과 함께 숲 속에서 사냥을 하며 돌아다니던 야생녀. 그녀의 아름다운 모습은 달빛 아래에서만 볼 수 있었다고 하는데 그때는 산짐승과 초목이 그녀의 미모에 환장된장, 플래쉬 몹 춤을 추었다고 함. 그녀의 주 무기는 오라버니 아폴론 마냥 활이었음. 그녀가 쏘는 화살은 순식간에 목숨을 앗아가므로 희생물에게 아무런 고통도 주지 않는다고 함. 고대인들은 아르테미스를 유방이 큰 여신으로 묘사, 풍요의 신으로 숭배. 노처녀 한이 깊었는지 성질 불같고 복수심 강해서 그녀의 진노에 의해 희생된 사람 숫자가 동작동 국립 현충원 단위였다고. 로마신화의 디아나Diana에 해당.

⑤ 아테나

지혜 · 전쟁 · 직물 · 요리 · 도기 · 문명의 여신. 제우스와 바다의 여신 메티스Metis 사이에서 태어난 서녀로 아르테미스처럼 노처녀 신세. 투구, 갑옷, 창, 메두사의 머리가 달린 방패 아이기스Aegis, 아버지 제우스로부터 물려받음, 올빼미, 뱀이 대표적 상징물. 언제나 투구와 갑옷을 입고, 손에는 창과 방패를 든 무장한 여전사의 모습을 하고 있음. 같은 전쟁의 신인 아레스와는 달리 총명하고, 이성적이고, 순결하여 사람들에게 은혜를 많이 베풀며 영웅들을 수호. 아테네의 수호 여신으로 '아테네'라는 명칭의 어원이 됨. 제씨 집안 여자들 중 그나마 성질 좋은 규수였음. 로마 신화의 미네르바Minerva에 해당.

숙소에서 쉬고 있는데 내 모바일 폰이 띵~ 하며 와인 잔 부딪히는 소리를 냅니다. 기즘으로부터의 문자. 호스텔에서 알게 된 걸들하고 하루 종일 돌아다니다가 이제야 숙소에 도착했다면서 오늘 저녁 시간 괜찮은지 묻습니다.

"왜에?"

"웅……, 같이 저녁밥 념념하고 나서 오픈 에어 극장에 같이 갈깡?"

기즘의 간지러운 유혹에 마음이 흔들립니다. 급 고민. 조금 있다가 슬슬 제우스 신전 정도 들른 후 렘베티카 클럽Rembetica Club을 찾아가 그리스 노동자들의 음악을 즐기고 싶었습니다. 그 후에는 리카비토스 언덕Lykavittos Hill에 올라가 아테네의 마지막 밤 야경을 즐기려 했고 말이죠. 그렇지만 기즘을 만나면 그 일정 모두 포기해야 합니다. 저녁이 다 되어가는 시간. 여전히 40도 가까운 온도에 머물고 있는 이 고약한 더위. 오만 가지가 귀찮아졌습니다. 게다가 오늘 밤 기즘은 아테네를 떠나니, 마지막으로 함께하는 시간이 되겠죠.

"음……. 오키!"

그렇게 다시 만난 우리는 먼저 저녁 식사를 해결할 식당을 찾았습니다. 문득 기즘에게 한국 음식을 맛보여 주고 싶어지는 마음. 근처 한국식당(마침 기즘 만나러 가는 길에 눈에 띔)에 데리고 가서 요리를 함께 나누어 먹었습니다. 기즘, 맛있다고 박박 다 긁어 먹네요.

이제 에무르Emrou 거리를 통해 다시 모나스티라키 광장으로 향합니다. 오픈 에어 극장이 광장 너머 어딘가에 있다고 하더군요.

에무르 거리의 코코넛 음료 판매 걸. 코코넛 음료는 한 잔에 1유로. 한 잔 사 마실까 했는데 기즘이 영화 시간 늦겠다며 그냥 가자고 보챕니다. 하여튼 누구 하나 데리고 다니면 이래서 귀찮은 것이죠오~.

뮤직 박스 버스킹 플레이어가 영업하러 이동하고 있군요.

모나스티라키 광장에 들어서니 8인조 밴드가 흥겨운 연주를 하고 있습니다.

오픈에어 극장은 지도에도 표시가 없어서 찾기가 힘듭니다. 길가 좌판 상인들에게 물어도 몇 사람 외에는 모두 모른다고 합니다. 안다고 길을 알려준 사람들도 하나같이 방향이 제 각각입니다. 영어가 아쉬운 아테네 사람들.

어찌어찌 하다가 어렵게 찾아낸 오픈에어 극장. 표 끊는 대기실에 붙어있는 옛날 영화 포스터들입니다. 제임스 딘과 숀 코너리, 클라크 게일, 비비안 리 등이 보입니다.

그 외에도 알 파치노를 비롯한 고전 배우들의 포스터가 여기저기 붙어있는 것으로 보아 이 극장은 옛날 영화들만 상영하는 곳인가 봅니다.

각자 맥주 한 병씩 챙긴 우리는 자리에 앉아 홀짝 거리면서 그리스 판 대한 늬우스(옛날 것)를 봅니다. 알아들을 리 없는 헬라어, 그저 그림만 볼 뿐이죠.

극장 구조를 보면, 높은 나무들이 약 200평정도 넓이의 오픈 공간 사방에 둘러쳐져 있고(한쪽은 매점과 화장실 시설 갖춤) 스크린은 앞 쪽 나무들 사이에 설치되어 있습니다.

오늘의 상영 영화는 마릴린 먼로와 제인 러셀이 주연한 1953년 영화 〈신사는 금발을 좋아해 Gentlemen prefer blondes〉 입니다.

이 영화에서 처음 선 보인 먼로의 걸음걸이 자세는 제법 독특했습니다. 발을 내 딛을 때마다 반대편 어깨를 앞으로 툭툭 치듯 내밀며 걷는 자세. 먼로 워킹입니다. 이 걸음걸이 자세는 섹시하면서도 당당한 모습이 돋보여서 먼 훗날 경기에 임하는 리듬체조 선수들에 의해 다시 재연됩니다. 손연재 선수도 그렇게 걸어서 입장하죠?

머리에는 든 것 없는('유럽'을 어느 나라 이름으로 알고 있을 정도) 로렐라이Loreley역의 마릴린 먼로Marilyn Monroe. 뇌쇄적인 저 표정. 당대의 문화적 아이콘이 되었던 그녀의 자태……. 그야말로 마릴린 먼로는 20세기 최고의 엔터테이너였죠.

나는 어째 멍청해 보이는 백치미의 마릴린 먼로보다는, 활달한 도로시Dorothy 역을 맡은 제인 러

셀Jane Russel에게 마음이 더 갑니다.

관람 후 기즘과 나는 극장 앞에서 마지막 기념사진을 찍습니다.

이제 아크로폴리스의 야경을 등진 채 극장을 떠나 터덜터덜 모나스티라키 광장으로 내려갑니다.

내려가는 도중 길가 좌판의 기념품에 눈이 가는군요. 그 중에서 작은 투구가 마음에 들어 맨 오른쪽 것을 샀습니다.

기즘이 자기 숙소에 맡겨둔 짐을 찾아 나온 후 우리는 신타그마 광장 근처에 있는 공항버스 정류장으로 향했습니다. 밤 10시. 기즘은 떠나갔습니다. 버스 위에까지 짐을 올려다 준 내게 볼따구 뽀뽀를 묻어주고.

그렇게 Cool Bye를 하고 나서 나는 아테네에서의 마지막 밤을 혼자 즐기기로 합니다. 술도 팔고 요리도 파는 그리스 전통 식당인 타베르나Taverna에서 무사카Mousaka라고 하는 그리스 전통 음식과 함께 말이죠. 무사카와 더불어 대표되는 요리가 있는데, 스블라키Souvlaki라고 하는 것이 있습니다. 이것은 양고기와 소고기 꼬치구이에 토마토와 양파가 곁들여진다고 하네요. 이날 밤 스블라키는 패스합니다.

맥주를 마신 후 그리스 전통 술 우조Ouzo를 주문했습니다. 터키의 전통 술 라키Raki와 똑같습니다. 수백 년 동안 오스만투르크 제국의 지배를 받아야 했던 그리스. 지금의 그리스 사람들에게 있어서 선조들이 이룩해내었던 찬란한 고대 문화는 어쩌면 말 그대로 먼 옛날의 이야기일 수도 있습니다. 이민족에 의해 지배당한 그리스의 슬픈 이천 년 역사를 보면 그렇다는 것입니다. 마케도니아의 BC 4세기~BC 2세기, 로마 제국과 동로마 제국의 BC 2세기~1453년, 오스만투르크 제국의 1453년~1830년……. 지금의 사회 문화를 보면, 가장 최근에 그리스 땅을 지배했던 오스만투르크 제국 당시의 것들이 더 일반화되어 있는 듯합니다. 그렇게 공유 문화가 많아도 이 두 나라는 견원지간입니다.

Tip

↘ 여행 중 낯선 이와의 만남은 소중한 추억이 된다. 하지만 너무 정을 주는 것은 서로 불편해진다. 그러니 Cool Hi Cool Bye가 좋다.

Greece
Athene
Ⅲ

아테네를 떠나야 하는 날. 이 여름의 아테네 방문은 그리 성공적이지는 않는 듯합니다. 비상식적인 더위로 인해 많은 코스를 생략해야 했기 때문입니다. 그 대신! 떠나기 전에 확실하게 건질 것이 있습니다. 그것을 위해 국회의사당으로 달려갔습니다.

신타그마 광장 위쪽으로 난 대로를 건너면 그리스 국회의사당이 나옵니다. 아직 아침 9시 전. 사람들이 별로 없습니다. 한 가족이 보여주는 행복한 장면에 같이 스며들어 봅니다.

아빠가 자기 어깨에 모이를 얹어놓자 비둘기들이 그 어깨에 앉아 모이를 먹습니다. 그 모습에 와이프와 개구쟁이 딸내미가 깔깔댑니다.

아이가 눈에 넣어도 안 아플 정도로 참 귀엽게 생겼습니다.

자, 이제 9시 정각이 다가옵니다. 그러자 슬금슬금 관광객들이 하나 둘씩 모여듭니다. 저기 서있는 군인 보이죠? 이 친구가 바로 이 국회의사당의 위병입니다. 이곳에서는 매 시간 정각마다 위병교대의식이 거행됩니다. 내가 이것만큼은 확실하게 본전 뽑겠다고 아침부터 팔 걷어 부치고 나선 겁니다. ㅡ.ㅡ^

이러고 나서는 데에는 이유가 있습니다. 현재 덕수궁 대한문 앞에서 행해지는 서울의 대표적 관광 상품 중 하나인 왕궁수문장교대의식. 1996년 첫 해 첫 사업의 연출을 내가 맡았었습니다. 당시 이 일을 추진하면서 고생이 막심했더랬죠. 조선왕조의 궁궐 수문장 교대의식은 원래 있지도 않은 것이었으니까요. 왕조실록이나 국조오례의 등을 아무리 뒤져도, 흔적이라고는 그저 '위장이 때가 되면 수십 명을 데리고 가서 교체했다.'라는 내용만 있을 뿐이었습니다. 그런 상황에서 외부의 유사 이벤트를 벤치마킹해야 했는데, 버킹엄 궁전 위병 교대의식, 모스크바 광장 레닌 묘 위병 교대의식, 그리고 이 그리스 국회의사당 위병교대의식이 그 대상이었던 것입니다. 그렇게 시작해서 궁리에 궁리를 한 끝에 억지 창작으로 만들어낸 것이 바로 오늘날의 덕수궁 왕궁수문장 교대의식입니다. 있지도 않았던 것을 꾸며낸 것, 나는 희대의 구라쟁이요 역사의 죄인이겠지요. 어쩌다 덕수궁 앞을 지나칠 때면 내가 만든 교대 동선과 구령이 여전히 시연되고 있습니다. 기분 묘합니다. 아무리 내가 만들어 낸 자식이라고 해도 마냥 좋을 리 없죠. 다시 기회가 주어진다면, 거품은 최대한 걷어내고 보다 '조선적'인 의식을 만들고 싶고, 또 얼마 전 그런 구상을 지면을 통해 발표한 적도 있습니다. 어쨌든, 그때 그렇게 처음 내 머리 속에 들어왔던 것이 바로 이 그리스 국회의사당 위병 교대의식이었기에 오늘 이렇게 16년 만의 실제 만남을 가져보려고 한 것입니다.

시간이 되니 멀리서 교대병들이 보무당당히 걸어옵니다.

교대병들이 와서 제자리에 세팅하는 동안 드디어 쉬러 가게 되었다고 신이 난 두 명의 위병들도 교대 세팅에 들어갑니다.

천천히 걸으며 각자 반대편(대각선 방향)으로 이동해 갑니다. 걸을 때는 절도 있게, 그리고 천천히 걷기. 이 교대의식의 관전 포인트입니다.

세 명의 교대병이 교대를 위해 기다리고 있던 자리에서 출발합니다.

기다리고 있는 위병들을 향해 척척 나아갑니다. 이 친구들의 걸음걸이는 평상 속도입니다.

한 명은 뒤로 빠집니다. 이 친구의 역할은 교대병을 데리고 오고 또 데려가는 임무만 수행합니다. 즉 교대의식은 각각 두 명씩이 한 개 조가 되어 두 개 조로 시행됩니다.

교대를 위해 두 명의 교대병이 정해진 동선대로 움직이기 시작합니다. 교대병들은 계단 위로 올라서면서부터는 앞의 위병들처럼 매우 느린 동작으로 걷습니다.

이제 양 쪽 선수들끼리 눈길을 나누고는 본격적으로 교대에 들어갑니다.

임무를 마치고 돌아가는 위병들이 먼저 빠집니다.

겉으로는 여전히 근엄한 표정을 짓고 있지만 속으로는 신나죠. 이제 쉬러 가니까요.

이제 세 명은 쉬러 갑니다.

근무 인수한 위병들. “이제부터 우리는 죽었다~.” 속으로 복창하며 각자의 위치로 움직입니다.

출발. 너는 너대로 나는 나대로~.

척, 척, 척……. 이때도 당연히 느리게 걷습니다.

각자 자기 초소로 가는 중.

제자리 서고 나서는 마치 발을 털 듯 큰 소리를 내며 한 쪽 발로 바닥을 칩니다.

차렷~.

살짝 거총했다가~.

총을 내리고 부동자세로 들어가면 그것으로 교대 의식이 끝납니다. 이제부터 이 친구가 새 위병이 되어 임무를 수행합니다.

아침부터 찝니다. 얼마 지나지 않아 위병의 옷이 벌써 저렇게 땀으로 젖어 듭니다. 오늘도 섭씨 41도를 찍는다고 합니다.

좌우 한 쌍의 근엄한 위병들.

길 건너에서 바라보는 국회의사당과 위병들의 모습입니다. 이렇게 원을 풀었으니 마음 추스르고 발걸음을 돌립니다.

지금부터 기차역으로 달려가서 그리스 북부 도시 테살로니키로의 새 여정을 시작합니다.

Tip

↘ 또 다시 새로운 곳을 향해 떠난다는 것. 며칠 동안 들었던 정은 마음에 담아 두고 가볍게 새 걸음을 내딛도록 하라. 여행 중에는 앞으로의 여정만 생각하라. 여행 되돌아보기는 그 여행 모두 끝났을 때가 더 아름답다.

↘ 마음에 맺힌 것을 푼다는 것. '내려놓기' 이다. 내려놓을 때마다 우리는 마음의 부자가 된다. 물론 그 '내려놓기' 가 너무도 힘든 것이지만.

Greece
Thessaloniki
Trilofos

아테네에서 기차를 타고 북쪽으로 향합니다. 그렇게 6시간 정도 달린 후 오후 4시 10분에 도착한 곳이 테살로니키Thessaloniki. 성경 말씀 〈데살로니가 전서〉가 쓰인 곳.

기차역에 도착해서 숙소 주소를 확인해보니까 뭔가 이상합니다. 내가 예약한 호텔이 있는 곳, 트릴로포스Trilofos. 테살로니키 시내의 어느 동네가 아니라 아예 버스를 타고 교외로 빠져나가야 하는 시골 마을이라는 군요. 그것도 두 번이나 갈아타는 노선……. 8번 버스로 이케아Ikea까지 40분 소요. 여기서 트릴로포스 행 88A 버스로 환승. 소요시간 30분. 총 소요 시간 1시간 10분(중간 환승 대기 시간 포함하면 대략 1시간 30분). 그리 먼 거리는 아니지만 버스가 털털 수준이라 그렇게 시간이 걸리는 것입니다. 처음부터 숙소 선정에 잘못이 있었습니다. 정확한 위치를 확인해야 했습니다. 숙소 측에서도 이런 사정 일체 얘기하지 않았던 것, 한 사람이라도 투숙객을 잡으려 했겠죠. 문제는 또 있습니다. 다음 날 소피아로 가는 차편을 알아보니, 기차는 아예 없고 아침 8시에 출발하는 버스만 있답니다. 그렇다고 하루 더 묵을 수는 없습니다. 소피아에서 묵을 숙소, 이미 투숙 날짜 정했고 방값까지 지불했기 때문입니다. 내일 아침 8시 버스 타고 소피아에 가려면 아침 6시에 숙소에서 출발해야 합니다. 뭔가 그리스는 나와는 인연이 좋지 않구나, 하는 생각이 몰려듭니다. 그렇게 난감해하고 있는 중에 생각의 반전이 이루어집니다. 도심보다는 시골 마을이다……. 이스탄불과 아테네에서의 복잡했던 일정들과 대비. 그러자 시골마을로 마음 급 기울어지기 시작합니다. 그래! 테살로니키의 시내 관광은 과감하게 포기하고 시골 마을 풍취를 이참에 즐겨보자고~!

생각 정해진 고로 머뭇거릴 것 없습니다. 기차 역 광장 옆에 있는 직행버스 정류장으로 뒤도 안 돌아보고 달려갑니다.

무사히 이케아에서 88A 버스를 갈아타고 트릴로포스로 향했습니다. 버스는 우리나라 90년대 초 마을버스 수준이라 에어컨은 보이지도 않고 승차감은 정말 꽝입니다. 날은 더워 땀은 줄줄 흐르고 달리는 중에 덜컹거려대고……. 말이 아닙니다. 그래도 이상하게 불평은 나오지 않습니다. 아무런 일 없다는 듯 버스 공간에 속해있는 다른 사람들을 보니 나도 마음이 느긋해지고 맙니다. 그런데……. 그렇게 달리다가, 진짜 큰 문제가 생깁니다. 내 실수겠지만 버스 기사가 너무 일찍 나를 내려준 것입니다. 트릴로포스 마을에 내려줄 것이 아니라 트릴로포스에 있는 포 시즌스Four Seasons 호텔 앞이어야 했던 것이죠. 기사는 트릴로포스라는 말만 듣고 마을 어귀에다 훌러덩 내려준 것입니다. 버스에서 내리니 마침 아이스크림 가게가 보입니다. 주인아주머니에게 호텔 위치를 물었더니, 호텔은 이 마을에 있지 않고 조금 떨어진 곳에 있다며 외길을 따라 한 10분만 걸어가다 보면 길가에 나올 것이라고 알려줍니다.

“다음 버스는 언제 오지요?”

“한 시간 후에나 올 텐데요…….”

별 수 없이 걸어야 합니다.

까짓 것 10분쯤이야, 하며 방향을 잡고 포장도로를 걸어가는데 아무리 걸어도 그저 휑뎅그렁 왕복 2차선 시골 길만 이어집니다.

그나저나 주위 풍경은 또 왜 이렇게 훌륭한가요? 전형적인 시골인데도 마을은 뭔가 내공이 넘칩니다.

10분 정도 걷다가 겨우 눈에 띈 길 가 집 한 채. 마침 아주머니 한 분이 대문 안으로 보이기에 호텔 위치를 물었습니다. 거의 다 왔으니까 1km만 더 가라고 합니다. 1Km라…….

등에 멘 배낭은 점점 무거워지고 이 폭염에 몸은 늘어지기 시작합니다. 이를 앙 물고 걷지만 여전히 호텔은 보이지 않습니다. 이제는 길 가의 집들마저도 시야에서 사라졌습니다.

그런 길을 뻘뻘거리며 걸었습니다. 30분이나! 1km라고? 그리스에서는 그 1km가 이다지도 긴 거리냐?……. 터덜터덜 걷는 중에 이런 생각이 듭니다.

'맞는 길이든 틀린 길이든 그 길은 어차피 내가 가야 할 길이다. 그것이 바로 나그네 길 아니겠느냐? 가다 보면 도착하겠지.'

이 여행을 시작할 때 나는 여행 중의 화두를 한 가지 정한 것이 있습니다.

'상불원천 하불우인上不怨天 下不尤人 - 위로는 하늘을 원망하지 말고 아래로는 다른 사람을 탓하지 말자.'

나는 한 달에 걸친 7월의 이 여행 동안 내내 이 화두를 곱씹었더랬습니다. 이제 마음을 고쳐먹고, 지금부터는 힘든 걸음이라도 이 생각만 하면서 한 걸음 한 걸음 옮깁니다.

그렇게 걷는 중에도 딴에는 주변 풍경을 연신 감상합니다. 아무리 보아도 아름다운 곳.

어쩌다 승용차가 한두 대씩 지나갑니다만, 한결 같이 히치하이킹을 거부하는군요. 내가 무슨 강도로 보일 리도 없고, 웬 인심들이 이런가 싶습니다. 아마도 이곳에는 히치하이킹 풍속이 없나 봅니다.

그렇게 땀 뻘뻘 흘리며 걷고 또 걸어서 찾아간 호텔. 방에 들어가 짐은 침대에 던져 놓고 샤워부터 했습니다. 시간은 저녁시간을 넘기고 있지만 그래도 주변 산책도 하고 이곳의 시골 정취 느껴봐야 하지 않나 싶어 방을 나섭니다. 프런트 맨에게 갈 만한 곳을 묻자 아까 버스에서 내린 곳이 트릴로포스 마을이고, 여기에서는 그곳이 가장 가깝다, 다른 곳은 남쪽 방향의 에게 해Aegean Sea, 그리스 어로는 아이가이온 펠라고스 Aigaion Pelagos를 낀 다운타운이 있지만 그곳은 버스를 타도 20분 정도 걸린다, 설명해 주는군요. 시간도 늦었을 뿐더러 여기까지 와서 또 무슨 다운타운 타령이겠습니까? 노선버스 운행이 가뭄에 콩 나듯 하는 식인지라, 별 수 없이 눈물 머금고 콜택시를 불러서(다시 걸어간다는 건 끔찍합니다) 아까 버스에서 내렸던 마을로 나가기로 합니다.

그렇게 다시 들른 트릴로포스 마을. 한마디로 전원 마을입니다. 핑크색 집은 마을에 있는 유일한 문화 공간, DVD 대여점.

역시 마을의 유일한 술집. 피자 배달까지 합니다. 문득 건물 2층으로 가는 시선. 얼래? 이런 시골 마을에 태권도 도장이 다 있네?! 그리스의 2000년 시드니 올림픽 금메달리스트인 태권도 영웅 무르초스 선수를 생각하니, 그럴 만도 하겠죠.

무르초스 외에도 니콜라이디스 알렉산드로스라는 2004년 아테네 올림픽 태권도 은메달리스트 또한 영웅 대접을 받는다고 하죠. 태권도는 그리스에서 대단한 인기를 얻고 있는 것만큼은 분명해 보입니다.

이 저녁 시간, 마을 사람들은 현관 밖에 몰려 앉아 쉬고 있습니다. 집 앞을 지나치는 내 모습이 신기한 듯 마냥 쳐다보네요. 눈이 마주칠 때 고개 인사를 보내면 환한 웃음으로 받아주고 어떤 이는 손까지 흔들어줍니다. 집들은 크면서도 예쁩니다.

어느덧 서녘으로 해가 넘어갑니다. 이제 호텔로 돌아가야죠.

처음 버스에서 내려서 길을 물었던 아이스크림 가게에 들렀습니다. 다시 나를 본 아주머니, 호텔은 잘 찾았느냐, 묻습니다. 고생 좀 했다고 하니까 웃습니다.

아주머니는 호텔로 가는 버스(그 악몽의 88A 버스)를 타려면 20분 정도만 기다리면 된다고 살뜰하게 알려줍니다. 버스 기다리는 동안을 위해 아이스크림 하나 주문했더니 가게 앞 인도에다 테이블과 의자까지 차려 줍니다. 앉아서 먹으며 기다리라는 것이죠. 친절하기도 합니다. 버스가 와서 올라타자 아주머니는 남편과 함께 가게 밖으로 나와 내게 손을 흔들어줍니다. 시골 인심은 어디를 가도 마찬가지죠, 그 훈훈함.

버스에서 내려 호텔에 도착. 저 멀리 에게해는 어둠에 묻혀가고 있고 시내의 점점 불빛은 반딧불처럼 흩어져 있습니다.

호텔 내부에 있는 편의 공간. 수영장이 너무 예쁩니다. 아까 호텔을 출발할 때는 아리따운 걸들이 아슬아슬 비키니 차림으로 이곳에서 신나게 놀고 있었건만 이제는 모두 보이지 않고 나 혼자만 이 적막함 속에 덜렁 들어서 있습니다. 잠자리에 들기 전, 풀장에 있는 야외 빠에서 맥주와 저녁 요기용 안주를 시켰습니다.

맥주야 평범하지만 안주로 나온 치즈 샐러드 모음, 아주 훌륭했습니다. 게다가 아테네에 비해서 가격도 무척 쌉니다.

수영장 옆 안락의자에 앉아서 초롱초롱 별빛 아래 시골 호텔에서의 고요함에 빠져듭니다. 일주일을 정신없이 싸돌아 다녔으므로 지금쯤 몸은 많이 피곤한 상태. 이날의 요족한 쉼은 좋은 운기조식이 되었습니다. 테살로니키 시내보다 이곳에 오게 된 것이 더할 나위 없이 좋았습니다. 다음에는 며칠 요량 잡고 이곳을 다시 찾아와 쉬어가고 싶다는 생각, 마구 듭니다.

그렇게 트릴로포스 시골 마을의 포근한 밤은 깊어만 갔습니다.

다음 날 아침 일찌감치 호텔을 출발, 다시 테살로니키 기차역에 도착했습니다. 역 오른 쪽에 있는 버스 터미널에서 소피아 행 버스 티켓을 끊은 후, 환전소를 찾으려 역 대합실로 향하는데 광장 택시 기사들이 지나가는 나를 보고 묻습니다.

"헤이~! 멕시칸?!"

허 참, 어디서 새 뒤집어 나는 소리를 내고 있으. ㅡㅡ^ 내 몰골이 그렇게 정체성 없어 보이냐? 앙?

"콜롬비안?!"

대답 없이 지나치자 또 외칩니다. 휴우~. 성질 꾸욱 참고 고개를 가로로 저어주니 이번에는 목청껏 더 큰 소리로 묻습니다.

"인디언?!"

이 물건들을 그냥 확!

"암 코리안!!"

그렇게 받아 쳐주니 이제는 함성이 입니다. 잉? 웬 함성?…….

대합실 안내 센터에서 불가리아 돈인 레바 환전소를 묻자 이 근처에는 아예 없다고 합니다. 밖으로 나와 택시 기사들에게 다가가 물었습니다. 덩치 좋은 한 친구가 나서서 알려주네요. 내가 타고 가는 버스 기사에게 환전할 수 있다고. 환율도 좋다며 말이죠. 오호~ 그래?

덩치 친구, 조르쥬입니다. "니 머리가 길어서 인디언인줄 알았징." 어쩌고 하며 아까의

장난을 변명하더니, 페이스 북 한다며 친구 먹자고 합니다. ……어딜 가도 이놈의 인기! ㅡ.ㅡ

아침 8시. 비록 몸은 버스에 실었지만 내 모바일 폰에 내장되어 있는 그리스 가수(한때 문화부 장관까지 한) 헤리스 알렉시우Heris Alexiou의 〈기차는 여덟 시에 출발 하네 To Traino〉를 들으며 소피아를 향해 떠나갑니다.

그리스 불가리아 국경 도착. 검시원이 버스에 올라와 여권을 거두어 갑니다. 잠시 후 도장이 예쁘게 찍힌 내 여권이 돌아오고 말이죠.

그렇게 다시 달려 11시 쯤 드디어 불가리아에 진입하게 됩니다. 길가의 해바라기 밭이 덤덤한 구릉과 함께 넓게도 펼쳐져 있습니다.

Tip

↘ 나그네는 길을 묻지 않는 법. 길을 떠나기 전 현지 관련 정보를 최대한 확보해서 여정 계획을 세워라. 그래도 현지에 가서는 길을 잃을 수 있다. 그렇다면, 그 헤매는 길도 나그네의 길이니, 즐겨라.

Bulgaria Sofia I

7월 14일 오후 1시 50분 소피아에 도착했습니다. 버스에서 내리기 전, 버스 기사에게 환전을 부탁했지만 자기는 환전하는 기사가 아니라고 하네요. 그렇다면 환전 실패. 결국 환전소를 이용할 수밖에 없게 되었습니다. 그래 봤자 얼마나 손해 보랴 하면서 버스를 내려서는데 도착 시간을 미리 통보 받은 민박집 주인으로부터 때마침 전화가 왔습니다. 급시우及時雨. 민박집 주인은 일일이 좋은 정보를 전해주더군요. 우선, 터미널에서 민박집 오는 방법은 짐도 있을 테니 버스보다는 택시가 편할 것이라고 합니다. 택시비도 15분 정도 달리는 것으로 쳐서 깍해야 우리 돈 3,000원 정도랍니다. 이 정도면 부담 없죠. 그리고 택시 탈 때 조심할 것은 반드시 OK택시를 이용하라네요. 짝퉁 택시들이 많은데 그런 택시를 타면 바가지요금 물게 된다며, 택시 문짝에 973-2121 전화번호가 적힌 택시를 타라고 합니다. 그 다음으로 내가 궁금했던 것, 부다페스트 가는 기차 편과 환전소를 아주 상세히 안내해 줍니다. 티켓은 미리 예약하는 것이 좋다, 기차역은 버스 터미널 바로 옆에 붙어있으니 찾기 쉽다, 환전소도 역 내에 있다, 등등. 상큼한 통화를 마치고는 콧노래 흘리며 기차역으로 달려갔습니다. 그렇게 들어선 역 대합실. 웬 영감님이 어디서 나타났는지 착 옆에 달라붙습니다. "무엇을 도와드릴까요?" 하면서 자기 왼팔의 완장을 보입니다. '안내'라고 쓰여 있고 자기는 여기서 일하는 사람이라고 하는군요. 안심하고 환전소가 어디에 있느냐고 물었죠. 그러자 덥썩 내 팔을 잡고는 환전소로 데려다 줍니다. 환전소에서는 70유로를 주고 144레바를 받았습니다. 돈을 챙긴 후 환전소를 나왔습니다. 그런데 영감님이 기다리고 있습니다. 친절도 하셔라……. 이번에는 부다페스트행 티켓은 어디서 사느냐고 묻자 국제선 티켓 창구로 가야 한다며 또 팔을 이끕니다. 티켓 확보 완료. 그렇게 미션을 끝내고 돌아서는데 이 영감님, 내 코앞으로 손을 내미네요. 돈을 달라는 것입니다. 상황 파악. 이 영감님은 역 직원이 아니라 이런 식으로 용돈을 버는 것이었습니다. 이 좁디좁은 역 대합실 공간 내에 내가 환전소와 국제선 티켓 창구를 찾지 못할 것도 아니었건만 직원을 사칭해서 자기의 서비스를 받게 하고는 돈을 요구한다……. 아무리 영감님의 친절이 고맙더라도 이것은 교묘한 속임수. 그 친절 또한 대가를 바라고 행한 진정성 상실의 그것.

"미안합니다."

목례를 올리며 정중히 거절하자 영감님은 싱긋 웃고는 두 말 없이 돌아가더군요. 그깟 돈 한 푼이 뭐가 아깝다고 내가 이렇게까지 하나 싶어 영감님께 미안한 마음이 듭니다. 성격 때문입니다. 옳지 않은 것과는 타협을 잘 하지 못하는. 이런 내 성격이 불편하다 싶어 언제인가 스스로 한탄하며 쓴 시가 있습니다.

臨事求完整 임사구완정
對人分正邪 대인분정사
上闤扔打乖 상환잉타괴
安會德來坐 안회덕래좌

일에 임하여 완벽만을 찾고
사람을 대함에 옳고 그른가만 따지며
세상에 나아가 융통을 일껏 외면하니
어찌 덕이 있겠나

착잡한 심정으로 택시에 올라타니 기사가 어디서 왔느냐고 묻습니다. “코리아.” 그러자, “오우~. 휸다이!” 하며 운전대의 현대 마크를 보여주네요. 음, 내가 탄 택시가 현대 차였군…….

숙소 도착. 내부는 겉보기와 달리 매우 깨끗하더군요. 동네 또한 조용한 것이 소피아의 외곽 지역이라 그런 모양입니다. 주인 젊은이는 내게 텅 빈 2인용 방(예약한 것)을 내 줍니다. 내가 머무는 동안 민박집에는 더 이상의 여행객이 오지 않아 혼자 방을 쓰는 행운을 누릴 수 있었습니다. 그런데 조금 이상하다 싶은 것이 있습니다. 날은 엄청 더운데 택시 탔을 때 내가 창문 연 채 스치는 바람으로 땀 식히는 것을 보면서도 택시 기사는 에어컨디셔너를 틀어줄 생각을 하지 않았고, 이 민박집에도 선풍기만 돌고 에어컨디셔너는 아예 없습니다. 왜냐고요? 다른 물가는 싼데 전기료와 기름 값은 비싸다는군요, 불가리아는. 이스탄불과 아테네의 열탕에 이어 이제는 소피아의 무더위와도 한바탕 격전을 치르게 생겼습니다.

샤워 후 숙소 앞에서 버스를 타고 시내로 나가 먼저 찾아간 곳은 발칸 일대의 명문 학교, 소피아 대학교입니다. 소피아 대학교는 학교 건물이 시내 곳곳에 분산되어 있다고 하는데 이곳은 본관이라고 합니다.

정문은 닫혀있고, 건물 옆으로 돌아가자 버스 정류장에 두 여학생이 보입니다. 분명 이 학교 학생들이겠지 싶어 학교 출입문 위치를 물었습니다. 이 친구들, 낼름 앞장서서 나를 안내해 주네요.

두 학생을 따라 학교를 둘러보기 시작합니다. 학교 안에는 넓은 운동장 같은 공간은 없습니다. 그저 강의를 하는 건물들만 있습니다.

학교 구경 마치고 다음 코스인 알렉산더 네브스키 사원으로 향합니다.

사원 가는 도중에 공원이 있고 공원에서 두 사람을 만났습니다. 체리를 따서 봉투에 담고 있던 영감님과 그리스에서 왔다는 유학생. 영감님은 나를 보고는 얼른 다가오라고 손짓합니다.

가까이 가자 놀랍게도 체리가 아주 풍성하게 열려있더군요. 맛도 제법입니다. 요것들로 술 담그면 얼마나 좋을깡?……. 예전에 즐겨 담가 마셨던 보리수 열매 술이 생각나면서 이내 입안에 침이 고입니다아~.

어디서 왔는지 묻고는 아주 다정하게 대해주시던 영감님과 작별한 후 공원 너머 보이는 알렉산더 네브스키 사원으로 걸음을 옮겼습니다.

사원 주변에는 아주 단정한 모습의 건물들이 늘어서 있더군요.

알렉산더 네브스키 사원Monastery Alexander Nevski입니다(옆모습).

정면입니다. 이 사원은 네오 비잔틴 양식으로 지어진 것으로, 발칸반도에서 가장 규모가 크다고 합니다(5천 명 집회 가능).

물론 아름답기로도 터키의 블루 모스크나 아야 소피아 모스크에 뒤지지 않죠. 1877년, 러시아는 오백 년 동안 오스만투르크 제국의 지배에 처해있던 불가리아를 해방시켜주기 위해 불가리아 독립전쟁에 뛰어듭니다. 이 전쟁을 주도한 사람은 당시 러시아 황제Zar였던 알렉산더 2세Alexander II였습니다. 2년간에 걸친 전쟁 끝에 오스만투르크 군이 발칸 반도에서 물러남으로써 불가리아는 감격적인 광복을 맞이합니다. 그 후 불가리아 사람들은 이 전쟁 중 전사한 20만 러시아 군인들의 영혼을 기리기 위해 이 사원을 세웁니다. 1882년에 착공, 1924년에 완성되었죠. 사원 명칭은 당연히 조국 광복의 구세주인 알렉산더 네브스키(알렉산더 2세의 이름)로 정했고 말입니다. 제2차 세계대전 당시에는 독일과 동맹을 맺었다가 소련의 침공을 받아 결국 소련의 위성국가로 전락한 적도 있지만, 그래도 불가리아 사람들은 여전히 러시아를 은인의 나라로 여깁니다.

아무리 보아도 아름다운 건물.

내부 입장. 성스러운 기운이 돕니다. 내부의 벽 여기저기에 성화들이 펼쳐져 있습니다. 러시아와 불가리아의 유명화가들이 그렸다고 합니다.

개운한 심정으로 밖에 나와 사원을 배경으로 한 컷 찍고 나니 마침 종탑에서 두 사람이 종을 번갈아 치기 시작하는데 그 소리가 너무나도 그윽합니다. 은은히 퍼져나가는 그 종소리에 소피아도 눈을 감고 기도를 올리는 듯 사방이 조용합니다.

사원 근처 공원에는 공예품 벼룩시장이 있더군요.

이제 벼룩시장을 벗어나서 시내 중심 쪽으로 향합니다.

국립극장이라고 해서 반갑게 뛰어갔더니, 이날은 공연이 없다고 하네요. 된장 타불…….

국립극장 근처의 노천 카페테리아.

국립극장을 지나 조금 더 걷자 나타난 거리. 일대가 화려하다 싶은 것이, 이곳은 젊은이들이 많이 오는 거리라고 합니다. 고풍스러우면서도

귀여운 트램이 거리를 누빕니다.

불가리아에 가면 꼭 먹어봐야 할 것, 요구르트. 요놈은 길가 가게에서 산 것인데 딸기 소스와 함께 먹게 되어 있습니다. 맛, 정말 좋더군요! 이렇게 맛있는 요구르트는 처음 먹어봅니다.

요구르트, 하도 맛있어서 두 개나 사서 먹은 후 힘을 내어 걷습니다. 지금부터 내가 갈 곳은 CD 판매점. 찾을 것이 있습니다.

내가 찾는 것은 바로 불가리아 전통 음악을 세계적인 음악으로 재창조해 낸 딥 포레스트Deep Forest의 최근 음반이었습니다. 하지만 절판. 컴퓨터 검색으로 나온 것은 그들의 초기 음반뿐이었죠. 이것조차도 없다고 하네요. 성질 오릅니다. 별 수 없죠. 집에 있는 것들이나 끼고 살아야 하겠습니다. 딥 포레스트는 포기하고 이제 다른 것을 수색하기로 합니다. 지중해 권역과 발칸 지역의 음악 중에 폴리포니Polypony라고 하는 장르의 민속 노래가 있습니다. 목청을 떨어서 음절 끝부분을 바이브레이션으로 부르는, 다성多聲 형식이 특징입니다(멜리스마Melisma 창법이라고 함). 수백 년 간 이 지역을 지배했던 오스만투르크 제국 문화의 영향을 받은 것이죠. 폴리포니 음악은 10세기에서 15세기에 이르러 네덜란드와 로마를 중심으로 발달한 교회 전례 음악으로도 불립니다. 313년 밀라노 칙령 덕분에 박해에서 벗어난 그리스도교는 본격적으로 전례 음악을 개발하기 시작합니다. 이때 시리아나 팔레스타인 등 소아시아 지역의 동방 음률, 즉 다성 음악이 큰 도움이 되었고, 그리스도교 공인 전례 음악인 4세기의 암브로시아 성가Ambrosian Chant, 6세기의 그레고리우스 성가Gregorian Chant 제정에도 영향을 끼칩니다. 그렇게 동방의 폴리포니 양식이 유럽 문화의 근본이 된 그리스도교에 안착한 것입니다.

한편, 십자군 전쟁 이후 실업자 신세로 전락한 기사들 중 일부는 스스로 음유시인이 되어 귀족에게 고용된 채 작곡이나 노래 등의 재예를 팔며 살아갑니다. 이때도 오스만투르크 제국의 영향에 의해 동방의 음률인 다성 음악이 개입하지 않을 수 없었을 것입니다. 왕실과 귀족을 위해 읊어졌던 음유시인들의 노래. 이들의 노래는 점차 시민들에게도 전파되기에 이릅니다. 그로써 장구한 세월 동안 교회 울타리 안에서만 울려 퍼졌던 '음악'이 드디어 세상을 향해 박차고 나올 수 있었고, 그렇게 정착 계승된 유럽의 세속 음악에서 오늘날 폴리포니의 원형을 찾을 수 있는 것입니다. 주로 남성 중창으로 불리면서 거룩하고 아름다운 교회 음악의 특징을 여전히 간직하고 있는 폴리포니. 발칸의 불가리아 폴리포니는 어떤 스타일일까요? 찾아서 들어봤습니다. 하지만 불가리아의 폴리포니는 주로 여성 중창 음악이고 또 뭔가 탁 하고 마음에 와 닿지가 않습니다. 아마도 애달프도록 서정적 감성이 돋보이는 코르시카Corsica 폴리포니와 비교가 많이 되어서 그런 모양입니다.

기운 빠진 상태로 CD판매점을 나와 배나 채우자고 괜찮을 만한 식당을 찾았습니다. 사람들이 이곳을 찾아가라고 하더군요. 이름은 디바카 펍 레스토랑 Dhbaka Pub Restaurant.

주문한 요리는 돼지고기 요리입니다. 치즈 맛이 들어간 감자 으깬 것이 Baked Pork와 궁합이 잘 맞습니다.

빈속에 밥 먹으면 속 버리는 법. 생맥주 한 잔으로 목을 틔운 후 불가리아 전통 술 실벤스카 페를라Slivenska Perla를 곁들였습니다. 이 술은 터키 술 라키의 일종이라고 합니다. 이 술에도 오스만투르크 제국의 영향이 남아있나 봅니다. 그런데 그렇게 잘 마시고 잘 먹고 난 후 계산서를 받아 든 내 손이 부들부들 떨리더군요.

"아니, 왜 이렇게 싼 거야, 웅?!"

두 눈 꿈적꿈적 재차 삼차 들여다봐도, 돼지고기와 불가리안 치즈, 생맥주에 페를라 한 잔 모두의 값이 겨우 10,000원 정도! 신이시여, 과연 이것이 내가 먹은 요리값 입니까?……. 불가리아라는 나라, 물가가 아주 착합니다 그려~! 물론 전기료와 기름 값은 비싸지만.

Tip

↘ 불가리아에 가면 요구르트를 즐겨라. 그 맛, 두고두고 잊지 못할 것이다.

↘ 불가리아는 어느 곳이든, 크고 번듯한 레스토랑, 두려워 할 것 없다. 가격 왕 착하다.

↘ 다만 소피아의 한인 민박집은 극소수이고 다른 나라의 한인 민박에 비해 다소 비싼 편이다. 차라리 유스호스텔을 찾는 것이 좋다. 추천할 만한 곳 중 하나, '호스텔모스텔'.도미토리 룸 1박에 15레바(10,000원 정도) 이내이니 매우 싼 편이다. 소피아는 작은 도시라서 혹여 숙소가 외곽에 위치했다 해도 크게 불편하지 않다. 버스가 없으면 택시를 타도 웬만한 곳이면 그 요금, 부담 없는 수준이다. 호스텔에서는 자전거를 임대해 주기도 하니 그것을 타고 다녀도 훌륭한 교통수단이 된다.

Bulgaria
Sofia
II

전날 밤, 아주 달게 잠을 자서 그런지 아침 컨디션이 제법 좋습니다. 민박집에서 내주는 아침밥을 챙겨먹고는 소피아 이틀 째 여정에 나섭니다. 소피아 중심지는 그리 넓지 않아 시내에 한 번 들어가면 설렁설렁 걸음으로도 충분히 돌아다닐 수 있더군요. 물론 교외로 빠져볼까 했지만 민박집 주인 왈, 그곳에 연고가 있어서 하루 묵을 수 있다면 몰라도 그렇지 않다면 그리 좋은 추억은 만들기 어려울 것이다, 라고 하네요. 일정 문제도 있고 해서 시내 쪽만 집중하기로 합니다.

이 날의 첫 코스는 바냐바쉬 사원Banya Bashi Mosque입니다. 이곳 역시 네브스키 사원과 마찬가지로 오스만투르크 제국의 흔적이 살짝 보이는 네오비잔틴 양식의 건축물입니다.

바냐바쉬 사원을 지나 조금 더 가니 관공서 건물들이 늘어서 있고 그 안쪽에 예쁘게 생긴 교회가 나오네요. 성 조지 교회Church Rotunda St. George. 이날이 마침 일요일이라서 교회에 사람들이 몰

려있습니다. 예배라도 보았나 싶어 가보았습니다.

오호~, 결혼식이 있었네요! 이 조용한 일요일 아침의 아름다운 결혼식이라……. 마침 막 혼례가 끝난 모양으로 신랑과 신부가 교회 밖을 나섭니다. 교회 입구에는 아마도 가족과 가까운 친지들만 참석했는지 한 30명 안쪽의 사람들만 보이는지라 한 눈에 봐도 아주 조촐한 혼례식이었습니다. 이런 결혼식이 더 아름답지 않나요? 우리나라 졸부 혹은 졸부 흉내를 못 내어 안달하는 인간들의 거대 결혼식을 생각하면 참 한심합니다. 그 사람들, 최소 1천명 이상의 많은 하객이 온 것을 뻐겨대겠지만, 이 말을 들려주고 싶군요.

"정승 댁 개가 죽으면 문상 가고, 정승이 죽으면 발길을 끊는다."

멋지게 생긴 사내와 아름다운 여인이 새 인생을 시작하는 순간. 신부 뒤에 있던 신부 친구가 부케를 던지기 시작합니다. 부케는 작은 사탕들이어서 아이들이 신나라~ 하며 주워 챙깁니다. 나라고 가만히 있을 수 없죠. 후다닥 한 개 챙겼습니다. 톡 쏘는 민트 향이 나는 맛이었습니다.

혼례가 마쳐지고 친지들과 담소하는 시간인 듯해서 교회를 나왔습니다. '너희는 좋겠다만, 이 나이 되도록 홀로 외로이 사는 나는 이게 뭐냐? 내 팔자야…….' 헌금 털 걷힌 목사처럼 구시렁거리며 교회 건물 옆에 있는 카페에 앉아 커피 한 잔으로 서글픔을 달래봅니다. 그런데 방금 전의 신랑 신부가 내 앞을 지나갑니다. 그리고는 근처에서 사진 촬영을 하더군요. 지금 내 가슴 속에는 오뉴월 장마가 퍼부어지고 있거늘, 이 인간들 이뻐게 봐줬더니, 밖에까지 나와서 내 염장을 질러대고 있습니다. 으그…….

남들 다 가는 장가, 꼭 갈 테다~! 작심 새기면서 교회를 벗어나 한적한 곳을 걷자니 뭔가 심오한 기운이 느껴지는 곳에 이르게 되었습니다.

괴테Johann Wolfgang Von Goethe 연구소가 소피아의 한적한 곳에 자리하고 있네요. 괴테 하면 『파우스트』이지만 내게는 『젊은 베

르테르의 슬픔 Die leiden des jungen Werthers』이 더 직결됩니다. 내 청춘의 한 점이 되었던 샤를롯데Charlotte. 잠시 건물 앞에 서서 내 옛 시절을 잠시 돌아보았습니다. …… 한 때는 불같이 타올랐던 그 청춘, 어디로 갔을까요? 중년 사내의 입에서는 그저 한숨만 나옵니다. 그런 심정 다독거리면서 괴테 형님께 경의를 표한 후 발걸음 돌립니다. 다시 큰 길로 나가니 날이 더워지기 시작합니다. 예상했듯, 소피아도 아테네 못지않은 폭염의 도시입니다.

국립 박물관을 찾는 길을 몰라 헤매던 중에(지도가 불가리아 어로 되어 있어서) 길가의 택시 기사에게 다가갔습니다. 또 다시 나는 길을 묻는 나그네가 되고 만 것이죠. 그런데 그 택시 기사가 바로 이 아주머니입니다. 이런 드레스 차림으로 운전을 하다니! 우리나라 택시 기사 아주머니들도 이런 커스튬으로 택시를 몰면 얼마나 좋을까아요오? 이 아주머니, 마땅한 지도도 없이 돌아다니는 내 모습이 안 되어 보였는지, 낼름 트렁크를 열고는 지도 뭉치를 꺼내 내게 필요한 지도를 하나 뽑아 주며 일일이 길을 알려주네요. 국립 박물관뿐만 아니라 이것저것 설명해 줍니다. 사랑시러븐 아줌띠.

국립박물관에 들어섰습니다. 불가리안의 옛날 생활용품들입니다. 전단을 들여다보니 전시행사 제목이 〈트로이온Troyon, 소피아의 동쪽에 있는 주요 도시 중 하나 전통축제〉였고 전시품은 모두 그곳의 토산품들이라고 합니다.

이 의상들. 트로이온 전통 축제 때 마을 사람들이 입고 나서는 복식이라고 합니다.

가면과 의상, 괴기스러우면서도 축제적인 맛이 물큰 느껴집니다.

가면. 사람들은 축제 때 가면 쓰기를 좋아합니다. 유럽 사람들에게는 이탈리아의 베니스 가면축제, 피렌체 가면축제 등이 널리 사랑 받고 있다면, 우리에게는 탈놀음이라는 가면극이 있죠. 우리의 탈놀음은 크게 보아 전국적으로 15개가 전승되고 있습니다. 특정 전승 지역에 한정되지 않은 채 한때는 만주 땅까지 휩쓸었던 남사당놀이를 비롯, 함경도 북청 사자놀음(이것은 김이사부 장군이 울릉도를 점령할 때 커다란 사자 상을 썼다는 것에서부터 시작된 것으로 벽사 의미가 있음), 황해도 봉산탈춤, 은율탈춤, 강령탈춤, 해주탈춤, 강원도 강릉관노가면극놀이, 경기도 송파산대놀이, 양주별산대놀이, 경상도 안동하회별신굿놀이, 수영야류, 동래야류, 통영오광대놀이, 고성오광대놀이, 가산오광대놀이 등이 있습니다. 경상도 탈놀음의 명칭은, 낙동강 동쪽 지역에서는 야류, 그 서쪽 지역에서는 오광대놀이로 불립니다. 서울에도 본산대놀이라는 것이 있었지만 맥은 끊긴 것으로 보입니다. 우리의 가면극에는 현실폭로와 풍자, 호색, 웃음, 탄식 등이, 아주 진하게 버무려져 있습니다. 이것을 하나로 뭉뚱그리면 바로 '웃어넘긴다'가 될 것입니다. 현실의 고통, 삶의 괴로움을 한바탕 웃어젖힘으로 잊고자 했던 조상님들의 지혜가 담겨있는 것이죠. 가면은 또 무슨 의미일까요? 그것은 바로 '현실의 나로부터의 벗어나기'라고 할 수 있겠습니다. 가면을 씀으로써 나를 숨긴다는 것이 아니라, 가면을 씀으로써 진정한 자아를 발현하는 것. 축제, 그것은 진정한 자아들의 어울림이요 잔치인 것입니다.

마침 전시 코너 한 곳에 특별한 동영상이 상영되고 있었습니다. 바로 트로이온 지역 주민들의 축제 재현 모습입니다. 한 출연진의 허리에 매달린 커다란 방울이 인상적입니다. 사람들은 전통의상에 가면을 쓴 채 큰 방울('거대함'과의 정신적 교류를 통한 풍요 기원 등의 의미)을 울리며 춤을 춥니다. 이런 형태는 스위스 우어내쉬Urnasch 고장의 크로이세사당패 축제에서도 보이는 것으로 아마도 중부~동부 유럽 쪽 지역의 전통 유형인 듯합니다.

이제는 전통 공예품들이 내 눈길을 사로잡습니다.

국립박물관을 나와 얼마쯤 길을 걷다 보면 대통령 관저가 나옵니다.

그리고 근엄하게 서있는 두 명의 위병. 이 친구들도 교대의식을 보여주려나 싶어서 한참을 서 있었습니다. 아주 약을 올리려는지 꿈쩍도 않더군요. 에라, 그냥 갈란다, 하고 돌아서려는데 그제야 이 친구들이 움직입니다. 그럼 그렇지, 니들이 언제까지고 얼음땡으로 서 있기만 하겠어, 어디?

기대감 빵빵. 얼른 폼 나게들 움직여 보렴. 마른 침 한 번 삼키고는 그렇게 괭이 쥐 노려보듯 하고 있었죠. 그런데 이 친구들, 대 여섯 걸음 앞으로 나왔다가 도로 제자리로 돌아갑니다. 그런 후 다시 빳빳 자세를 취하고는 그것으로 끝~! 하고 맙니다(아마도 경직된 다리를 풀려고 그랬던 듯). 이 인간들이 증말……. 내가, "허~!" 소리를 내며 어이없어 하자 오른쪽 위병사진이, "풉~." 웃음을 터뜨립니다. 위병 웃는 것, 처음 봅니다 그려. 쉐리가 쪼옥 빠져가지고…….

싱거운 친구들을 뒤로 하고 다시 걸음을 옮겨 고고학 박물관으로 향합니다.

대통령 관저에서 그리 멀지 않은 곳에 위치한 고고학 박물관.

AD 11~12세기경의 석판 유물. 쌍두 독수리Double Headed Eagle와 공작새.

AD 2~3세기 경 유물인 이시스Isis 두상. 고대 그리스, 로마, 특히 이집트에서 최고의 여신으로 숭배되었습니다. 대개 유럽 문명의 기원은 그리스에서 찾습니다만, 그리스 문명의 시작으로 보는 크레타 문명이 BC 3000년경부터 시작된 것에 비해 이집트 문명의 시작은 BC 6000년을 헤아리죠. 이집트의 문명과 신화, 그리스에 영향을 주지 않을 수 없었겠죠?

그리스 신화에서 제우스가 최고의 신이라면 이에 비견되는 이집트 최고의 신은 아툼Atum, 낮의 명칭은 Ra입니다. 이런 얘기도 있습니다. 원래 제우스는 천공天空의 신을 일컫는 인도 유럽어 디우스Dius에서 나온 말이니만큼 창조신이요 태양신으로 추앙받았던 아툼에 비해서는 등급이 조금 빠진다는. 어쨌든, 아툼은 우주를 쪼개 여섯 개의 세계를 인간에게 선사합니다. 즉, 천공, 창공, 대기, 대지, 물, 지하 세계, 이렇게 말입니다. 이 중에서 천공을 관장하는 신 누트Nut와 대지를 관장하는 신 게브Geb가 이 이시스를 낳습니다(누트와 게브는 원래 오누이 사이였다는군요. ……

으응?). 이시스는 친 오라버니인 풍요의 신 오시리스와 결혼(보자보자 하니, 이 집안도 그리스 신들 못지않은 견 족보를 자랑합니다)하여 왕권 수호의 신 혹은 창공의 신이 되는 호루스를 낳습니다. 그렇게 떵떵거리며 잘 살고 있던 어느 날, 남동생인 모래 폭풍의 신 세트Seth가 그녀의 남편 오시리스를 갈가리 찢어 죽이자(친동생이자 시동생이 친형이자 매부를 죽였다……. 집구석 참 잘 돌아가죠?), 그 흩어진 시신을 고생고생 끝에 찾아내어 고이 묻어줍니다. 그런 슬픔 속에서도 그녀는 아들내미 호루스를 온갖 위험으로부터 지켜내면서 잘 길러내죠. 그로써 이시스는 현모양처의 롤 모델이 되어 최고의 여신으로 숭배 받게 된 것입니다. 이시스를 신으로 숭배하는 신앙은 훗날 이시스 교라는 비교秘教로까지 발전하게 됩니다. 고대 그리스 사람들은 이 이시스를 헤라, 혹은 아프로디테와 동일하게 여기기도 했고 말이죠.

이것은 구석기 시대 유물입니다. 고기를 잘라낼 때 쓰던 칼인 듯합니다.

신석기 시대의 돌도끼와 투박한 모양의 토기.

이곳 불가리아에서도 이런 토우 문화가 있었군요. 외형은 차이가 크지만 삼순에서 봤던 것, 혹은 우리 신라 때의 토우와 어느 정도 유사성이 있어 보입니다.

투구야 그렇다 쳐도 이 못 신은 고구려 장수들이 애용했던 병장기였는데, 그 옛날 불가리아에서도 이런 것이 쓰였습니다. 학자들은 불가리아 민족을 돌궐족투르크의 한 부류로 보고, 지금의 국명 '불가리아' 또한 돌궐어 '부골'에서 나왔다고 합니다. 돌궐어는 몽골어와 선비어의 복합체로 봅니다. 몽골어가 어떻고 선비어가 어떻고 하는 것은 알지도 못하고 알 바도 없지만, '부골'을 몽골어로 풀면 '불 Bul + 고르 Gar'가 된다고 하는군요. 우리말에도 여기에 해당하는 명칭이 있죠. 바로 '부락', '고을'

입니다. 정리해 보면, 불가리아 민족은 돌궐족을 조상으로 두는 아시아계이고, 국명 불가리아는 부락고을의 뜻을 가지고 있다, 이렇게 됩니다. 그런 즉, 옛 불가리아 사람들은 고구려와 동맹을 맺어 대당 연합 전선을 형성하기까지 하였을 정도로 서로 긴밀한 관계였기에 저 못 신의 존재, 따지고 보면 놀랄 일은 아니죠.

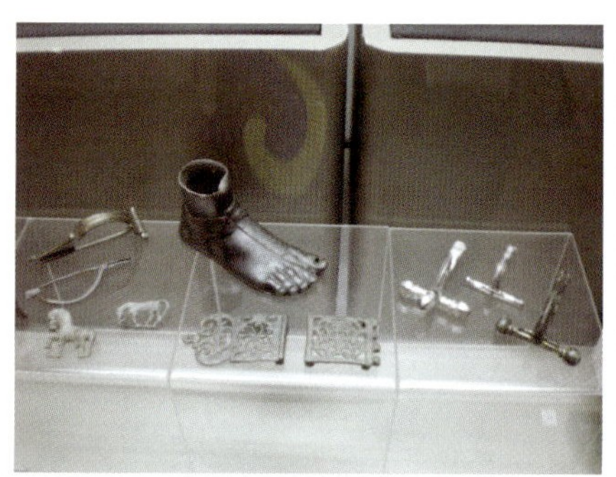

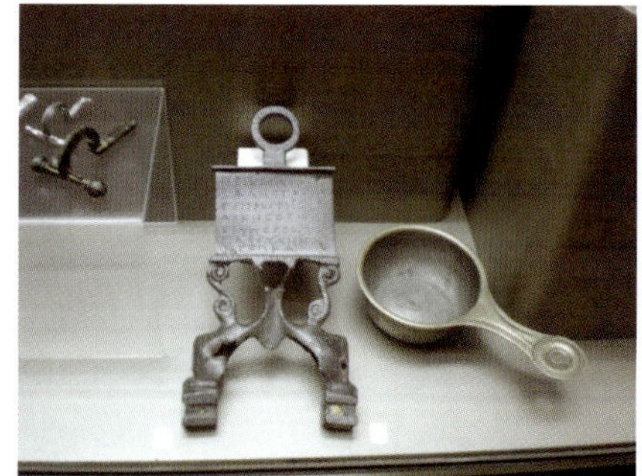

섬세한 청동 제품과 장신구들. 고대 불가리아 사람들(돌궐족)의 높은 문명을 엿볼 수 있습니다.

아침에 좋다고 느꼈던 컨디션만 믿고 너무 걸었나 봅니다. 제법 피곤하더군요. 오늘은 초저녁까지만 돌아다니다가 젊은 친구들이 많이 모여 있는 술집에 들러 맥주 한 잔 마시고는 일찍 숙소에 들었습니다. 그 동안 밀린 사진 파일 정리도 해야겠고 말이죠.

Tip

↘ 여행은 가면 쓰기다. 속박에서 벗어나 진정한 자아를 찾아 나서는 길.

Bulgaria
Sofia
Ⅲ

다시 하루가 지나 소피아에서의 마지막 날. 민박집에다 배낭을 맡긴 채 시내로 나갑니다. 부다페스트 행 기차는 늦은 오후 시간 것으로 예약했었죠. 하루를 더 벌게 되었으니 소피아의 마지막 날, 더 즐겨야죠.

숙소가 있는 마을의 버스 정류장에서 9번 버스를 기다립니다. 버스는 언제 올지 모르겠고 그저 마을 정경에만 한 눈 팔고 있습니다. 오래된 Flat 아파트 베란다에 이런 저런 화초들이 넘쳐나네요.

마을 모습입니다. 한적하고 조용하기만 한 정경. 그런 감상을 즐기고 있자니 버스가 옵니다.

버스를 타고 시내로 나가 네브스키 사원 근처에서 내렸습니다. 보행자 전용 도로인 노란색 길을 걷다 보면 국회광장Narodno Sobranie Square이 나옵니다.

광장 중심의 근엄한 동상. 동상 주인공이 바로 오스만투르크 제국으로부터 불가리아를 해방시켜준 러시아 황제 알렉산더 2세입니다.

광장 주변에는 대통령 관저를 비롯해서 여러 개의 관공서 건물들이 늘어서 있습니다. 소피아는 마치 조용한 규방 아씨 같은 느낌을 줍니다. 어디를 가도 조용하기만 합니다.

소피아 광장(구 레닌 광장)에 우뚝 서있는 지혜의 여신 소피아.

담배꽁초 하나 보이지 않을 정도로 깨끗한 거리. 마치 소 혀로 쏴악 씻은듯하더군요.

이제 아테네와 로마 다음으로 유럽에서 가장 오래된 도시 소피아를 떠날 시간이 다가옵니다. 이곳은 아무래도 더운 여름보다는 눈이 나리는 겨울에 오는 것이 더 좋을 것 같다는 생각이 듭니다. 내 마음에 아련하게 들어온 소피아와 이제 작별을 고합니다.

숙소에다 맡긴 배낭을 되찾아서 기차역으로 향합니다. 소피아 중앙역은 오래된 청사라 노선에 맞는 플랫폼을 찾는 것도 몇 번이나 둘러보며 찾아봐야 합니다. 이제는 불안해서 해당 플랫폼을 찾았어도 그곳에 서있는 기차가 과연 베오그라드(그곳에서 부다페스트 행 기차로 환승)에 가는 것이 맞는지 역무원들에게 두 번 세 번 확인한 끝에 기차에 올랐습니다. 밤새 달려야 하는 고로 내 자리는 4인용 침대칸입니다. 짐을 선반에 올려놓고 자리를 잡자 한 쌍의 젊은 커플이 들어와 맞은 편 자리를 잡고 짐을 풉니다. 둘은 캐나다에서 온 대학생들이라고 하는구만요. 그나저나 날은 덥고 기차는 출발할 생각을 않습니다. 한 시간이 지났는데도 움직일 낌새가 없습니다. 역무원에게 왜 이렇게 출발하지 않느냐, 묻자 돌아오는 답, 원래 여기는 이렇답니다. 늦으면 어떠냐, 언젠가는 출발한다, 그러니 기다려라, 만사태평입니다. 답답해서 내일 아침 6시 30분에 베오그라드에서 부다페스트 행 기차로 갈아타야 하는데 걱정된다, 하니까 늦지 않을 것이니 염려 말라고만 합니다. 죽어도 미안한 표정은 보이지 않습니다. 불안한 마음, 계속 이어지고 말이죠.

어렵사리 출발한 기차는 터덜터덜, 우리나라 옛날 비둘기호를 떠올리도록 느리게만 달립니다. 방에는 선풍기조차 없어 푹푹 찌기만 하고요.

가끔씩 스치는 간이역들. 이슬라스Izlaz역과 키스쿠날라스Kiskunhalas역. 역사 모습들이 어째 쓸쓸합니다만, 간이역이라는 이름 자체가 시적인 맛이 있지 않습니까?

지금 기차가 달리는 철로는 옛 독일의 3B 정책Berlin~Byzantium ~Baghdad를 잇는 철도 부설로 발칸 반도, 아나톨리아 반도, 페르시아 만을 군사적 경제적으로 수중에 넣으려던 정책에 의해 만들어진 '오리엔탈 특급 열차' 노선 중 소피아~베오그라드~부다페스트 구간에 해당합니다. 오래된 철로라서 그런지 이제는 '특급'이라는 말이 무색할 정도로 느리게만 달립니다. 그렇게 달리는 기차는 어느덧 어두워지는 하늘과 하나가 되어갑니다.

차창 밖을 내다보는 중에 문득 잭슨 브라운Jackson Browne의 〈Load out and Stay〉를 듣고 싶어졌습니다. 떠돌이 밴드의 애환을 다룬 애틋한 가사.

"여러분, 부탁이니 우리가 부르는 노래를 더 듣고 가 주세요. 까짓 것 노래 좀 더 들어준다고 뭔 일 나겠습니까? 여러분은 여기 여러분의 마을에서 푹 자고 일어나면 그만이지만 우리는 이 밤을 타고 또 다시 머나먼 곳으로 간답니다. 그러니 제발 조금만이라도 더 있어주세요. 어서 그러겠다고 하세요…….”

나도 역시 이 도시 저 마을을 다니면서 그곳 사람들에게 노래를 들려주는 인생일 것입니다. 왔다가 훌쩍 가는 인생살이. 그래도 조금만이라도 더 있고 싶고 조금이라도 더 무엇인가를 더 들려주고 싶어 하죠. 그러나 사람들은 냉정히 자리를 떠나 각자의 집으로 돌아가고 홀로 남은 내게는 어두운 고독만이 남게 될 뿐. 자, 내 다음 행선지는 어디인가? 베오그라드이던가, 부다페스트이던가? 어디면 어떠랴, 어차피 그곳이 그곳인 것을. 노래 가사가 자꾸만 머릿속을 헤집습니다. Oh, want you stay just a little bit longer…….

더위에 시달리다가 까무룩 잠이 들었습니다. 그리고 날이 밝았습니다. 아침 6시. 베오그라드 역입니다. 다행히 기차 환승 시간 전에 도착해서 다행입니다.

이곳에서 나는 하룻밤 친구 캐서린Catherine과 존John, 두 친구와 헤어집니다. 밤새 한 방에서 함께 지냈다는 인연으로 두 친구는 내게 따뜻한 작별 인사를 건네주네요. 자, 이제 이 커플은 베오그라드 관광을 시작할 것이고 나는 부다페스트 행 기차로 환승할 것입니다.

환승 시간이 남아있어서 역사를 빠져 나와 주변을 기웃거려봅니다. 역 앞은 광장이라고 하기에는 미안할 정도로 좁습니다.

역 앞 정경입니다. 베오그라드, 조촐한 도시 같습니다. 이 도시가 발칸의 화약고로 불렸다는 것이 맞나 싶을 정도입니다.

환승 기차를 타고 다시 부다페스트로 향합니다. 아직은 세르비아 땅. 다리를 가로지르며 창 밖을 내다보니 강이 흐르고 있네요.

기차가 달리던 중 제복 입은 여자가 나타나서 여권을 검사하고는 도장을 찍어줍니다. 드디어 헝가리 땅에 들어선 모양입니다. 달리는 기차 안에서 밖을 내다보니 구름 머금은 하늘이 쾌청하게 보입니다.

남쪽나라 그리스에는 해바라기 밭이 많더니만 북쪽의 이곳은 드넓은 평원에 옥수수 밭만이 광활하게 펼쳐져 있습니다. 한적한 차창 밖 경치. 시선은 거기에 머무르지만 마음속으로는 다음 여정지 부다페스트에 대한 상상이 어지럽게 이어집니다.

Tip

↘ 숙박비를 절감하는 방법에는 두 가지가 있다. 첫째, 현지인을 미리 사귀어 놓아라. 그래서 그 사람에게 신세를 지는 것이다. 둘째, 밤기차를 타라. 밤 새워 달려 목적지에 도착하는 것으로 하룻밤 숙박비가 훌륭하게 세이브 된다.

↘ 그대의 하늘에도 구름 몇 점 정도는 뿌려놓아라. 결점을 품을 때 그 인생은 더 완벽해 보일 것이다.

Hungary
Budapest
I

동켈레티푸 Keletipu 역에 도착해서 전철을 타고 데약 광장Daek Plaza 역에서 내리자 숙소로 가는 길이 훤히 보입니다. 사거리 우측으로 난 길을 조금만 걸어가면 예약한 숙소가 나옵니다.

길 가 건물의 웅장함이 벌써부터 나그네 마음을 설레게 합니다. 숙소 찾는 마음이 앞서서 이 건물이 성 이슈트반 성당이라는 것도 모른 채 지나치고 맙니다.

숙소에 도착했습니다. 내가 유럽 코스를 뛰는 동안 만났던 숙소들 중에서 가장 훌륭했던 '부다 민박'. 강추입니다. 이곳에서는 투숙하면서부터 재미있는 일이 일어납니다. 도미토리로 안내 받은 후 짐을 푸네, 땀에 쩐 옷과 빤쮸 양말을 빠네, 샤워를 하네, 머리를 말리네, 어쩌고 하며 꼼지락 거리는 중에, 같은 방에 투숙하고 있던 네 명의 젊은 친구들이 풀어내는 웃지 못할 상황을 목도합니다. 이 친구들, 진작부터 술을 마시고 있던 차라 점점 취해서 열심히 떠듭니다. 딱 보니 두 명은 회사원으로 출장 나온 듯하고 두 명은 학생입니다. 어이없는 것이, 이들이 술 마시며 열띠게 나누던 대화 내용이 뭔고 하니 바로 한국 프로야구입니다. 이역만리 먼 곳 부다페스트에까지 와서 웬 한국 프로야구에 열을 올리는 것인지.

보기에 한심할 뿐입니다. 이런 친구들과 즐거운 마음으로 한 방을 쓸 수 있을까 내심 찝찝해 하는데 주인 남자가 눈치채고는 센스 있는 배려를 해 주네요. 나더러 비어있던 2인실을 쓰라는 겁니다. 돈도 더 받지 않고 말이죠. 지화자~!

숙소는 넓고 무엇보다도 화장실(샤워 룸 포함)이 여러 개입니다. 화장실이 딸랑 하나인 숙소는 아침마다 쟁탈전이 벌어지죠. 새 옷으로 갈아입고 긴 머리 휘날리며 숙소 밖 문을 열고 복도로 나서니 바로 사진 속 장면이 눈에 들어옵니다. 건물 안 모습은 가운데 공유 공간을 둔 채 층층을 빵빵 돌면서 집들이 붙어있는 모습입니다. 무엇인가 느낌이 옵니다. 어디서 본 공간 같습니다. 그렇습니다. 바로 명작영화 〈글루미 선데이Gloomy Sunday2000년 발표, 독일 영화〉에서 일로나Ilona와 격정적인 사랑을 나누는 안드라쉬Andras 집과 너무 비슷합니다.

자보 레스토랑 주인 자보Zabo와 그의 애인 일로나 앞에 등장한 아마추어 피아니스트 안드라쉬. 자보는 식당 내에서 손님을 위해 연주할 사람을 찾고 있었고, 일로나는 안드라쉬의 피아노 연주 솜씨에 반합니다. 그렇게 자보 레스토랑에 취직하게 되는 안드라쉬. 그리고 그를 사랑하게 되는 일로나의 뜨거운 마음. 그러나 안드라쉬는 자보에 대한 죄책감으로 번민에 빠집니다. 그러던 어느 날, 식당이 파한 후 일로나는 자보에게 안드라쉬의 방으로 따라가겠다고 하고는 그와 함께 사라집니다. 처음부터 일로나의 마음을 알고 있었던 자보. 그렇지만 그는 일로나를 진심으로 사랑하기에 그녀를 안드라쉬와 절반씩 소유하기로 작정합니다. 안드라쉬를 따라간 일로나. 그러나 여전히 자보 때문에 괴로워하는 안드라쉬. 그것을 눈치 챈 일로나가 슬픔에 빠져 방을 뛰쳐나가자 안드라쉬는 곧 그녀의 뒤를 따라 나갑니다. 그때 그 장면이 흐르는 공간이 바로 이 컷에 담긴 공간과 너무 흡사합니다. 서둘러 뛰어나간 안드라쉬는 일로나를 붙잡고는 격렬한 키스를 나누죠. 그리고 그날 밤, 일로나와 안드라쉬는 서로 하나가 된다는…….

한편, 이때 안드라쉬가 작곡해서 식당에서 연주한 곡(실제는 1930년대 그 당시 어느 무명 연주자가 만든 것이라고 함) 〈글루미 선데이〉가 손님들로부터 큰 사랑을 받게 됩니다. 그뿐 아니라 비엔나의 레코드 제작사와 계약까지 맺고는 라디오 방송을 타게 되면서 유명해지기 시작합니다. 그렇지만 이 곡에는 치명적인 문제가 있습니다. 곡풍이 너무 우울하다는 것. 그래서 이 음악을 듣고 나서 자살하는 사람들이 급증합니다. 단순하면서도 애절한 선율, 그리고 자살 열병으로 뒤덮이는 유럽 전역. 결국 이 음악은 금지되는 운명에 처합니다.

이 음악은 미국으로까지 건너가서는 그곳에서도 자살 열병을 퍼뜨립니다. 샌프란시스코에서는 이 음악을 듣고 금문교에서 뛰어내려 자살한 사람이 무려 백 명이 넘는다고도 하는군요.

숙소 밖 길에서 마주친 우체부. 헝가리의 우체통이 참 재미

있게 생겼습니다. 우체부가 우체통 밑에 바랑을 대고 편지들을 꺼내어 사라집니다. 누군가에게 엽서 한 장 쓰고 싶다는 생각, 불현듯 밀려듭니다.

마침 저녁 즈음이라 일단 요기부터 해야겠습니다. 민박집 주인이 추천해 준 식당을 찾을 수 없어 그저 큰 길 안 쪽 골목을 어슬렁거리다 보니 고풍스러운 레스토랑이 눈에 띕니다.

안으로 들어가 자리를 안내받은 후 창문 너머를 내다봅니다. 조용하고 예쁜 골목길 정경. 나그네의 마음을 그윽하게 만들어주는군요.

주문해서 나온 요리는 헝가리 전통음식인 보뤼파프리카스 하시 갈루스카발Borjupaprikas Hazi Galuskaval(왠케 긴겨? 주문하다가 굶어 디지겄눼……)입니다. 돼지고기에 감자, 야채 무침입니다. 아주 맛이 좋습니다. 물론 헝가리를 대표하는 전통음식으로는 굴라쉬Goulash(각종 야채를 넣고 끓인 스프 + 빵)라는 것이 있지만 그것은 점심 끼니 때우는 정도의 가벼운 음식입니다. 요리에 와인 한 잔까지 곁들이니 기분이 늘어지네요. 나는 여행 기간 내내 아침과 점심은 대충 때우거나 주로 치즈로 간단하게 해결했지만 저녁 요기만큼은 현지의 음식을 먹자고 작정을 했더랬습니다. 현지 음식 맛보기는 여행의 즐거움 중 하나이니까요.

촉박한 밤 시간. 어쩔 수 없이 택시를 잡아타고 밤 야경을 즐기기 위해 겔레르트 언덕Gellert Hegy Hill으로 향합니다. 지금 건너가고 있는 다리가 바로 세체니 다리Szecheny Lanchid입니다.

겔레르트 언덕에서 내려다보는 듀나 강과 세체니 다리. 황홀한 야경에 넋이 나갈 지경입니다. 세체니 다리가 가로놓여진 강이 바로 듀나Duna, Danube 혹은 Donau의 헝가리 명칭 강이고 강 왼쪽이 부다, 그 오른쪽이 페스트입니다. 부다와 페스트가 만나서 부다페스트가 된 것이죠. 오래 전 따로따로 존재했던 두 도시가 근세에 와서 통합되었다고 하는군요. 세체니 다리 왼 쪽 밝게 빛나는 건물은 내일 찾아가 볼 어부의 요새

Fisherman's Bastion, 체코 어로는 할라스바스티야 Halasz bastya입니다. 희한한 것이, 이날 저녁부터 날씨가 무척 쌀쌀해졌다는 것. 엊그제 내린 비 때문인 것 같다며 이곳 사람들도 왜 그러는지 모르겠답니다. 어제까지 그 절절 끓던 소피아와 기차 칸에서 그렇게 고생했던 것이 믿을 수 없을 정도입니다. 아무튼 겔레르트 언덕은 야경을 제대로 즐기지도 못할 정도로 너무 춥기에 오래 머물지 못하고 덜덜 떨면서 언덕 아래로 내려갑니다.

언덕 아래에서 어렵게 각도 잡아 줌 인으로 찍은 어부의 요새 정경. 내일 만날 생각에 벌써부터 가슴 두근거립니다.

세체니 다리를 도로 건너와서 강 맞은편에서 바라본 부다 왕궁입니다. 저곳도 내일을 기약합니다.

엥겔스 광장Engels Tere에 들어서니 아까 낮에 스쳐지나갔던 성 이슈트반 성당Szent Istvan Bazilika이 보입니다.

건물 위쪽에 쓰인 글자. 'EGO SUM VIA VERITAS ET VITA'. 이것은, 'I am the way, the truth, and the life. 나는 길이요 진리요 생명이라.' …… 요한복음에 나오는 구절이라고 합니다. 여기도 다시 와야 하니 내일은 발 품 열심히 팔아야겠습니다.

대학생들이 많이 찾아와 맥주를 마시며 담론을 즐기는 곳으로 유명한 데약 광장Daek Plaza. 나도 좀 끼어들어볼까 하다가 대신 야외 매점에서 맥주를 사 마시며 그곳 젊은 알바 걸에게 말을 걸었죠.

알바 걸 이스터 도브로시Eszter Dobrosi. 이 친구로부터 전해 받고 싶은 정보가 있었습니다. 내가 찾는 음악을 구할 수 있는 CD 가게. 고맙게도 제법 소상히 알려주네요.

숙소로 가는 길, 어느 레스토랑 앞에 앉아 있던 동양인과 서양인이 섞인 한 무리가 내게 손짓을 보냅니다. 별 수 없죠. 여기서도 맥주 한 잔 하기로 합니다. 하여튼 술 마시다가 여비 다 까먹습니다~.

Tip

↘ 현지의 전통 음악을 찾아서 음미해보기, 그곳 문화를 이해하는 길이 될 수도 있다.

Hungary Budapest Ⅱ

다음 날. 아침부터 구름이 하늘을 옅게 가리고 있군요. 오늘의 여정은 어부의 요새에서부터 시작합니다.

세체니 다리를 건너 어부의 요새 입구에 이르니 마차시 교회Matyas Templom가 먼저 눈에 들어옵니다.

15세기 후반 헝가리의 성군이었던 마차시 왕이 결혼했다 하여 그의 이름을 붙인 교회. 여기서 결혼식을 두 번이나 올렸다는군요. 마차시 왕은 인본주의 정책을 널리 펼쳐 동유럽의 르네상스를 주도했다고 합니다.

지붕을 보면 모자이크 식으로 처리한 것이 특이해 보입니다.

교회 앞에 세워진 삼위일체 탑. 한때 유럽을 휩쓸었던 흑사병에서 살아남은 사람들이 만든 것으로 삼위일체는 성부, 성자, 성령을 의미합니다.

마차시 교회를 벗어나서 듀나 강 쪽으로 가면 어부의 요새가 나옵니다.

건국 천 년을 기념하기 위해 1899년에서 1905년 사이에 지어진 어부의 요새. 19세기 당시 동유럽에서는 민족해방운동이 일어납니다. 헝가리도 합스부르크 왕가의 삼백 년 지배에서 벗어나고자 시민군을 중심으로 똘똘 뭉쳤죠. 이 당시 시민군이 부다 왕궁을 지키고 있었고, 듀나 강 어부들은 이곳에서 제국 군대가 강을 건너오는지 감시했습니다. 어부의 요새라는 명칭은 그런 연유로 지어졌다고 합니다. 요새 건물에 솟아있는 7개의 첨탑 지붕은 헝가리를 건국한 마자르 7부족을 상징합니다.

어부의 요새에 서있는 이 동상의 주인공은 헝가리를 건국한 초대 국왕 성 이슈트 반 1세Szent Istvan I. 건국 후 헝가리에 기독교를 받아들여 교황 그레고리오 7세Gregorio VII로부터, "예쁘기도 하지~." 칭찬과 함께 '사도왕'이라는 작위를 받았다고 합니다.

며칠 전의 폭우로 황토색을 띠는 듀나 강. 독일~오스트리아~체코~슬로바키아~헝가리~유고슬라비아~불가리아~루마니아~우크라이나를 거쳐 흑해로 빠지는 동유럽 최대 장강長江입니다.

세체니 다리 왼 쪽으로 시선을 돌리니 강 건너 국회의사당 건물이 위엄을 보이고 있고, 그 왼 편 저 멀리에서는 듀나 강물이 도도히 흘러내려오고 있습니다.

어부의 요새에서 듀나 강변 경치를 즐긴 후 이제 부다 왕궁 쪽으로 향합니다.

건물 사이 골목 안쪽에 있는 작은 빠의 간판이 눈에 들어옵니다. 예쁘다 싶어 들여다보니 메두사 얼굴. 이스탄불에서 만난 이 친구, 아테네를 거쳐 여기까지 나를 쫓아오고 있군요.

이 차는 언제 적 모델인지 모를 정도로 상당한 고전의 덕을 보이는 차입니다. 오래된 시절의 Public Car였지 않았나 싶군요. 앙증맞을 정도로 귀엽습니다.

어부의 요새에서 왕궁에 가려면 대통령 관저를 지나쳐야 합니다. 대통령 관저라고 위병이 있고, 이 친구들도 관광객을 위해 살짝 뭔가를 보여줍니다.

그렇지만 지켜보고 나니 허망합니다. 자기들끼리 자리만 맞바꿉니다~. 새로 위병들이 와서 교대하는 것이 아닌 이쪽저쪽 자리 바꾸기라니. 뭐, 교대 타임은 따로 있어서 지금은 요정도만 보여준 것이겠지만, 다리나 풀겠다고 잠깐 앞으로 나왔다가 도로 제자리로 돌아가던 소피아 대통령 관저의 위병들과 매 일반입니다. 싱겁기 그지없는 것이, 소금만 있었으면 여기저기 푸욱 절여주고 싶더군요.

대통령 관저를 지나 부다 왕궁 입구로 들어왔습니다. 입구 바깥쪽을 바라보면서 오른 쪽으로 시선을 돌리면 큰 새 한 마리가 위용을 뽐내며 앉아있습니다. 청동상으로 만들어진 이 새는, 헝가리 건국의 아버지인

마자르 부족의 수장 아르파트Arpad를 낳았다는 전설의 새 룰루Lulu입니다. 큰 칼을 발로 쥐고 있습니다.

부다 왕궁은 13세기에 세워진 것이라고 합니다. 이 왕궁이 어떻게 세워졌느냐, 당시 유럽 땅을 뒤흔든 일대 사건과 연계됩니다.

때는 13세기. 중앙아시아 초원에서 발현한 칭기스 칸의 몽골 군은 전 세계를 상대로 맞장 뜨면서 차곡차곡 나라들을 컬렉팅해 나갑니다. 이때 몽골 군의 제2차 서정西征에 총사령관이 되어 15만 대군을 이끌고 유럽 정벌에 나선 무지막지 용감무쌍한 자가 있었으니 바로 칭기스 칸의 장남 주치의 아들내미 바투입니다. 바투는 일단 볼가 강을 건너 불가리아 지역의 킵차크 대초원을 손에 넣습니다. 그 후 러시아의 맹주인 블라디미르 수즈달 공국Vladimir Suzdal 公國의 유리 2세Yuri Dolgoruky II에게 항복을 요구하나 유리 2세는 콧방귀 세차게 날리며 일언지하 거절합니다. 이에 분기탱천한 바투는 모스크바와 수도인 블라디미르를 불태워버리는 처절한 응징을 가한 후 끝내 유리 2세를 붙잡아 죽이고 맙니다. 탄력 받은 바투, 키예프Kiev, 오늘날의 우크라이나 지역 대부분의 공국들을 차례차례 무너뜨림으로써 러시아 지역을 통합합니다. 이때 몽골 군은 순순히 항복을 하지 않았다는 이유를 들어 상상을 초월할 정도로 무자비하게 러시아 인들을 도륙내고 맙니다. 이렇게 러시아가 참혹하게 정벌 당했다는 소문은 삽시에 유럽 전역으로 퍼져나갔고, 이후 바투는 유럽인들에게 '공포의 타타르'의 대명사가 됩니다.

* 유럽에서는 타타르족이라는 명칭을 중앙아시아와 투르크 계 유목 기마민족을 아우르는 통칭으로 사용. 타타르족은 몽골족과 같은 계열의 달단족인 바, 고대의 훈족흉노을 같은 조상으로 둠.

바투의 이런 초토화 전술은 그의 사촌 몽케훗날 몽골제국의 4대 칸가 몇 년 후 서남아시아의 이슬람 국가인 아바스Abbas 왕국을 점령할 때도 구사되었습니다. 무하마드 왕이 다스리던 호라즘Khwarezm 왕국을 무너뜨린 몽케는 바그다드의 아바스 왕국에 항복 권유 사신으로 자신의 동생 훌레구를 보냅니다. 그러나 바그다그의 칼리프왕는 훌레구에게 꿀밤 한 대 먹인 후, "한 번만 더 까불면 엉덩이 맴매한다?" 하고는 추방시키고 맙니다. 이에 몽케는 훌레구로 하여금 대병을 이끌고 바그다드를 침공하도록 합니다. 그 결과, 칼리프 뿐 아니라 왕국의 군인들, 바그다드 시민 등 총 8만 명이 대학살 당했던 것이죠.

한편, 러시아 완전정복을 마친 바투는 이제 본격적으로 유럽 정벌에 나서게 되니, 4세기경 정복자 아틸라Attila가 이끄는 훈족의 대 침공 이후 두 번째로 일어난 동양인의 서양 정벌 역사가 바야흐로 전개됩니다. 바투는 일단 폴란드를 거쳐 독일 쪽으로 진공로를 정합니다. 그러나 군대의 일부를 폴란드로 진격시킨 후 자신은 물꼬를 남쪽인 헝가리로 틀어 정신없이 닥공해 들어갑니다. 이 당시 헝가리 지역을 다스리던 왕은 벨라 4세Bela IV. 이 이름도 예쁜 벨라 왕은 겁도 없이 에스테르곰Esztergom 이라는 곳에서 맞서다가 숨도 못 쉬도록 얻어맞고 무너집니다. 그렇게 패전한 벨라 4세는 용감무쌍하게 부다로 도망쳐 와서 부다 언덕에 왕궁을 세웁니다. 이것이 바로 부다 왕궁이 된 것이죠. 이후 마차시 왕 시절에는 왕궁 건물이 르네상스 스타일로 튜닝되어 오늘에 이르고 있습니다. 지금은 역사박물관, 국립박물관, 국립도서관으로 쓰이고 있고 말이죠. 하필 이날은 휴관이라고 해서 내부 관람은 하지 못했습니다. ……아오 짱나~. ㅡㅡ^

합스부르크 제국(당시 오스트리아와 헝가리의 통합)의 군사 전략가인 사보이 공작 오이겐 Prinz Eugene de Savoy.

프랑스 태생인 그는 당시 프랑스 왕 루이 14세Louis XIV에게 중용되지 않자 오스트리아로 귀화하여 군인이 됩니다. 그 후 헝가리를 침공한 오스만투르크 제국의 군대를 물리치는 등 17세기 유럽의 4대 명장으로 숭앙 받습니다. 동상은 그의 대 오스만투르크 승전을 기념하기 위해 세운 것입니다.

왕궁 내부 관람을 못하게 되었으니 그저 성벽 위에 올라 강 쪽만 연신 바라봅니다.

하늘은 꾸물꾸물, 바람은 살랑살랑. 비라도 오려는지 날씨가 어수선하구만요.

오른쪽으로 고개를 돌리니 어제 밤에 올라가 개 떨듯 했던 겔레르트 언덕이 보입니다.

이제 왕궁을 떠나기로 합니다. 왕궁에서 내려가려면 다시 어부의 요새로 가서 트램을 타는 방법과 왕궁 아래에 난 경사 길을 걸어서 내려가는 방법, 두 가지입니다. 돈 들이는 것보다 천천히 걷는 것이 좋죠.

듀나 강 정경을 훑으면서 슬슬 내려가고 있습니다.

경사 길은 어부의 요새 쪽으로 흘러갑니다. 길을 따라 걷다 보면 이렇게 생긴 트램이 나타납니다. 트램 레인 위로는 작은 육교가 놓여있고, 그곳에서 강 쪽으로 고개를 돌리면 세체니 다리가 제대로 보입니다.

듀나 강의 풍경을 더 멋들어지게 만들어주는 유람선.

걷고 또 걸어서 세체니 다리를 건너 트램 정류장에 도착했습니다. 정류장에서 강 건너 편의 부다 왕궁을 보니 어제 밤에 보았던 정경과는 사뭇 다른 웅장한 자태를 보이고 있습니다.

트램을 타고 중앙시장Vasarcsarnok으로 갔습니다. 부다페스트에서도 시장 구경, 당빠 해얍죠.

먹거리 중에서 토까이Tokaji 와인 한 병 샀습니다. 큰 병 짜리가 4,000원 정도로 무척 쌉니다. 맛도 훌륭하고요. 내일, 데브레첸에 가서 마리아나를 만나 같이 마실 생각에 벌써부터 기분 흐드러집니다.

룰루루~ 콧노래 흘리며 다시 트램 타고 바찌Vaci 거리에 도착. 거리에 들어서서 걷다가 만난 작은 마트. 그런데, 잉? 웬 빨간 고추가 이 패션 거리에 버젓이 내걸려 있네? 헐~.

페스트 지역의 명동 거리 정도 되는 바찌 거리. 다리도 쉴 겸, 노천카페에 앉아 와인 한 잔 마시자니 계산서가 생뚱맞게 무려 20,000원 가격으로 찍혀 나왔습니다.

'뭬이?!'

황당한 기분으로 계산서를 노려보고 있자니, 웨이터가 허겁지겁 달려와 미안하다며 머리를 숙입니다. 한 병 값으로 계산서를 끊은 것입니다. 겉으로는 우아한 미소로 괜찮다며 개폼 잡았지만 속으로는 을매나 후달렸는지, 에혀~. 안도의 한 숨을 내쉬며 남은 와인을 아주 맛나게 마셨지요오.

바찌 거리를 벗어나 엥겔스 광장에 다시 들렀습니다. 만나야 할 것이 있죠. 바로 어제 밤 눈도장 찍어두었던 성 이슈트반 성당.

성당은 초대 국왕 이슈트반 1세를 기리기 위해 1851~1906년 사이에 세워졌다고 합니다. 부다페스트의 성당들 가운데 최대 규모로, 8천 5백 명 수용이 가능하다고 합니다. 그렇다면 5천 명 수용을 자랑하는 소피아의 알렉산더 네브스키 사원보다는 분명 한 수 위입니다. 전형적인 네오로마네스크(위에서 내려다 볼 때 십자가 형상을 띤 구조) 양식 건물로, 건물 자체 높이는 86m, 돔 외부 십자가까지는 96m. 이것은 마자르족이 이 지역에 자리 잡은 896년을 의미한다는군요. 근대에 들어서 이 성당이 세워진 것에는 정치적인 이유가 있습니다.

헝가리 정부는 당대의 유명 화가였던 쥴러 벤추르Gyula Benczur로 하여금 성화를 그리도록 합니다. 그리고 이 성화는 천 년 전 헝가리를 건국한 이슈트반 1세1000~1038년 재위가 자신의 왕관을 성모 마리아에게 바치고 있는 장면을 담게 됩니다. 이것은 무슨 의미이냐, 그동안 동양계 이민족으로 왕따 취급받았던 마자르 족이 당당히 유럽의 일부가 되었음을 대내외에 공표한다, 는 것입니다.

입장 시간이 아닌지 문이 닫혀 있어서 내부 구경은 하지 못했습니다. 아쉬운 마음이야 왜 없겠습니까만, 가만히 생각해보니 이런 식으로 모든 교회를 만날 때마다 일일이 들여다 볼 필요가 있을까 싶습니다. 각각의 역사나 모양이야 다르겠지만, 그 원형 크게 다를 리 없죠. 조금은 까다로운 내 성격, 나는 '획일'을 거부합니다.

이제 다음 행선은 헝가리의 음률을 만끽할 수 있는 음반을 사러 가는 것입니다. 어제 데약 광장의 이스터로부터 얻어들은 정보를 바탕으로 CD 가게를 찾아 다녔습니다. 그렇지만 쉽게 나타나지 않네요, 이것들이. 소피아에서 실패한 것, 부다페스트에서까지 포기할 수는 없습니다! 부다페스트의 장점 중 하나로, 시내 곳곳에 인포메이션이 설치되어 있다는 것, 이미 파악해 두었더랬죠. 아랫입술 당겨 문 채 인포메이션 센터에 들어가 이런저런 음악을 찾는데 괜찮은 CD 가게를 소개해 달라고 했더니 가까운 곳 한 군데를 알려주네요.

찾아간 곳은 바로 여기입니다. 교회 구경보다는 이런 행보가 더 재미있습니다, 나는.

내 요청을 듣고 가게 점원이 힘들게 찾아내 준 메세칭카Meszesinka 음반. 테스트 리스닝을 시작하는 순간 그 자리에서 기절하고 싶어졌습니다. 내 오랜 버릇. 원하던 음악을 찾았을 때 쓰러질 정도로 행복해 하기.

바로 헝가리 전통 음률을 컨템퍼러리 스타일로 바꾼 음악으로 내가 그토록 목메어 찾던 스타일의 음악입니다. 소피아에서의 상심을 한 방에 달래주는 이 음악. 그저 행복하기만 합니다아~!

CD를 품에 안고 날 것 같은 걸음으로 숙소를 향하는 중에 오페라하우스가 나타납니다. 그러나 이미 메세칭카에 마음 빼앗긴 터라 그저 시큰둥하게만 여겨집니다.

다음 날, 나는 오전 오후 시간을 혹시 또 만나게 될 좋은 음악을 기대하며 하염없이 시내를 방황했습니다. 결과는 별 소득이 없었다는 것. 그저 거리 구경만 실컷 한 셈입니다. 날씨는 여전히 꾸물꾸물합니다. 데악 광장에 들렀더니 오후 시간인지라 한가합니다. 이스터에게 고맙다는 인사를 하려 했지만 매점은 아직 문을 열지 않은 상태. 잠시 광장에서 숨 좀 돌렸다가 숙소로 돌아가서 그동안 찍어놓고 정리하지 않은 사진 파일들을 컴퓨터로 정리했습니다. 그렇게 시간을 때운 후 숙소를 떠났습니다. 이제 데브레첸Debrecen으로 가야 할 시간.

부다페스트에는 기차역이 두 개가 있습니다. 국제선용 켈레티Keleti 역과 국내선용 뉘가티Nyugati 역. 숙소로부터 전철로 10분 거리의 뉘가티 역을 찾아가서 데브레첸 행 기차에 올라탔습니다. 이제 착한 여인 마리아나를 만나러 갑니다.

Tip

↘ 관광은 눈으로 보는 것이 아니다. 마음에 담아가는 것이다. 충분히 마음에 담아가려면 사전에 현지의 역사를 잘 알아두어라.

Hungary
Debrecen

마리아나Marianna가 사는 데브레첸은 부다페스트에서 160km 떨어져 있는 곳입니다. 이 정도 거리면 넉넉잡고 2시간이면 되려니 했지만 그게 아닙니다. 3시간이나 넘게 달려야 했습니다. 철로가 오래 된 것이라 기차가 빨리 달릴 수 없다는 것입니다. 그래도 언젠가는 도착하겠지 하며 책을 본다, 창 밖 경치를 훑어본다, 하며 데브레첸으로 향합니다.

데브레첸 역에 도착. 마리아나는 플랫폼에까지 들어와서 나를 기다리고 있더군요. 그런데 자전거를 끌고 나왔습니다. 며칠 전, 다리를 크게 다쳐서 자전거를 지팡이 삼아 끌고 다닌다네요.

역사 건물이 참 소박합니다.

역 앞 모습입니다. 버스도 트램도 대체로 낡았고 도시 풍경도 좀 오래되어 보입니다. 인구 20만 명이 채 안 되는 작은 도시 데브레첸.

마리아나는 우리 둘을 픽업해 줄 친구 한 명이 또 올 것이라며 잠시 기다리자고 합니다. 역 광장 한 쪽에 마침 커피 파는 가게가 있어서 가게 앞 파라솔에 아래에 앉아 커피 한 잔 마시며 마리아나와 이런저런 이야기를 나누었습니다. 이제 나이 스물아홉 된 학교 선생. 무척 조용하고 얌전한 마리아나. 잠시 후 전화가 왔고 오기로 한 친구는 오지 못하게 되었답니다. 마리아나는 캠핑카가 예약되어 있는 캠프촌으로 가자고 하면서 난감한 표정이 됩니다. 다친 다리 때문입니다. 캠프촌은 역으로부터 자전거로 약 20분 걸리는 곳에 있는 야외 마을. 자전거를 가지고는 버스를 탈 수 없습니다. 할 수 없이 택시 기사에게 물어봤더니 자전거는 트렁크에다 실어줄 수는 있는데 대신 왕복 요금을 요구합니다. 그 금액이 바가지요금임에 틀림없습니다.

2,000포린트. 우리 돈으로 10,000원입니다. 그 돈, 내가 먹고 죽는 것이 낫죠. 우리는 그냥 자전거를 타고 가기로 했습니다.

내 다리, 폼으로 있는 것이 아니죠. 훌러덩 자전거에 올라타서 핸들을 잡고서는 뒤에 타라고 했더니 마리아나, 수줍은 듯 미소를 머금으며 올라탄 후 내 허리를 붙잡습니다.

"직진~." "오른 쪽~." "왼 쪽~." "다시 직진~."

마리아나의 육성 네비게이션에 맞추어 우리는 해 저물어 어두워져 가는 데브레첸의 교외를 소풍 나온 기분으로 천천히 달렸습니다.

캠프촌에 도착했습니다. 이제 어둠이 쏟아지는 밤 9시(사진은 밝게 나오고 있지만 실제는 별이 슬슬 나오고 있을 정도로 어두운 밤입니다 지금이).

마리아나에 이끌려 들어간 카운터 하우스에서 프런트의 젊은 친구가 하루 밤 숙박비로 요구한 금액은 7,500포린트. 으응? 마리아나가 예약한 값보다 비싸네?……. 의아해하고 있자니 마리아나가, '에헤~ 이 친구가…….' 하는 표정으로 척 나섭니다. 그리고는 주인 되는 사람을 찾아 말을 나눕니다. 나야 할 일이라고는 뒷전에서 속으로, "마리아나 홧팅~."

응원 보내는 것 밖에 없죠. 잠시 후, 만면에 웃음 띠며 마리아나가 돌아섭니다. 가격이 5,000포린트로 내려갔습니다. 우리 돈으로 13,000원이나 깎은 것입니다. 룰루루~.

내가 하룻밤 잠을 잘 캠핑카입니다. 너무 귀여워서 환호성을 내자 마리아나는 흡족한 듯 미소 짓습니다. 내 것 외에도 주변에 여러 대가 있었고 그 중 두 대에는 이미 사람들이 들어 있더군요.

마리아나는 하우스 식당에다가 식사를 1인분만 시켰습니다. 자기는 배부르다며 말이죠. 내 돈을 세이브 해 주려는 배려입니다. 그렇게 나온 요리는 레초. 새콤한 것이 맛이 좋습니다. 테이블에 올라온 요리, 양이 제법 되어서 결국 둘이 나누어 먹게 되었습니다. 우리는 내가 준비한 토카이 와인을 나누어 마시며 이야기 꽃을 피웠습니다.

식사 후 마리아나는 다리가 아픈데도 불구하고 캠프촌 구역 안에 있는 수영장 쪽으로 나를 안내해 주었습니다. 우리는 수영장 가에 앉아 이야기를 이어갔습니다. 아무도 없는 조용한 그 곳, 우리 둘 머리 위로는 밤하늘의 수많은 별들만 초롱거리며 빛나고 있었죠.

밤 10시가 넘은 시간. 마리아나는 나를 자기 할머니 집에 데려가고 싶어 했으나 거리도 멀고, 혼자 다시 캠프촌을 찾아오는 것에 자신이 없다 싶어 사양할 수밖에 없었습니다. 마리아나도 그것을 이해하고는 내 볼에 뽀뽀를 묻혀준 후 자전거를 몰고 사라졌습니다. 내일 아침 기차역에서 다시 만나기로 하고 말이죠. 오늘 밤, 함께 있었던 시간은 짧았지만 개의치 않습니다. 그렇게 마리아나를 보내고 난 후 캠프촌 하우스에 가보니 주인과 종업원들은 이미 어디로 갔는지 보이지 않습니다. 주위에는 적막만이 흐릅니다. 이런 고요함. 샤워 후 캠핑카에서 나와 밤하늘을 다시 올려다봅니다. 참 아름다운 밤. 마리아나는 내게 이런 것을 선사하고 있습니다. 고맙고 아름다운 여자. 혹시 별의 마음을 품고 사는 건 아닐까 싶습니다. 데브레첸에서 함께 자전거 탄 것, 토까이를 나누어 마신 것, 수영장에서 다정한 얘기를 나눈 것……. 이 정도면 아마도 오래오래 갈 아름다운 추억이 되지 않을까요?

이제 잠자리에 들 시간입니다. 캠핑카 내부, 제법 훌륭하죠? 이제 입고 있던 옷들은 모두 벗은 채 남은 와인을 마십니다. 그야말로 세상의 속박을 몽땅 벗어 던지는 기분으로 말이죠.

마리아나를 생각하며 잠이 들었습니다. 그리고 아침 5시. 눈을 뜨자 창밖으로 막 해가 떠오르고 있네요. 서둘러 샤워를 한 후 밖으로 나오니 안개가 살포시 번지고 있습니다.

하우스 종업원들도 아직은 출근 전인지 기척이 없습니다. 체크아웃이 따로 없는 방식인지라 그냥 짐 챙겨 들고 캠프촌을 나섰습니다. 이제부터 마을 구경을 하기로 하고 말이죠.

자, 나에게 꿈결 같은 하룻밤을 주었던 캠프촌아, 안녕.

캠프촌 입구를 나서자마자 아름다운 마을 자태가 펼쳐집니다.

마을 구경 잘 하라고, 어제까지 흐렸던 날씨가 눈부시도록 화창합니다.

배가 고파 와서 뭔가 사먹어야겠다 싶어 가게를 찾았습니다. 이 마을 유일의 구멍가게라고 합니다. 몇몇 주민들이 아침 식사용 빵을 사가더군요. 그래서 일찍부터 문을 연 모양인지라 덕분에 나도 빵을 살 수 있었습니다. 280포린트, 우리 돈으로 1,400원 정도 들어서 산 빵과 물. 아침 식사로 훌륭하죠.

너무 조용한 마을, 너무 예쁜 집들 구경 실컷 한 후 버스 타고 기차역으로 나가 마리아나를 다시 만났습니다.

마리아나는 이 아침, 또 하나의 감동을 내게 줍니다. 나를 위해 샌드위치 두 쪽과 비스킷을 만들어 온 것입니다. 토마토도 있고요. 마리아나의 따스함에 마음이 녹습니다.

샌드위치 하나를 꺼내어 먹어보니 빵 사이에 생선이 들어있더군요. 서디니아라는 생선이라고 하는데 비린내가 조금 났습니다. 그래도 맛있게 먹어야죠. 그런 내 모습에 마리아나는 행복한 미소를 지어 보입니다. 기차 시간이 되어 헤어질 때 나는 다리가 불편한 마리아나에게 먼저 돌아가라고 했습니다. 아쉬운 표정을 짓던 마리아나는 자전거를 천천히 타고 가면서 네 번이나 나를 돌아봅니다. 안녕, 별처럼 착하고 맑은 마리아나.

여행 중에서 가장 긴장되는 때는 약속한 사람을 만날 때와 그 사람과 헤어질 때인 듯합니다. 만남의 긴장이 같이 있어 기뻐짐의 긴장이라면 헤어짐의 긴장은 다시 혼자되어 슬퍼짐의 그것이겠지요. 여행 중 어쩌다 만나는 인연쯤이야 Cool Hi Cool Bye로 털어버리면 그만이지만, 알고 지내던 친구와의 헤어짐은 늘 가슴 눅눅하게 만듭니다. 비손틀라타스라 Viszontlatasra 잘 있어, 마리아나.

다시 도착한 부다페스트. 켈레티 역으로 이동해서 비엔나 가는 기차표를 사야 합니다. 이곳에서는 국제선 기차 타는 것이 참 번거롭습니다. 무엇보다도 국제선 창구 여직원들의 무뚝뚝한 태도가 문제입니다. 도무지 티켓에 대해 설명을 해주지 않습니다. 이것 때문에 많은 여행객들이 불만을 말합니다. 내 경우도 티켓을 보니 출발 시간도 좌석 번호도 차량 번호도 없습니다. 있는 것은 오직 라인 넘버 뿐. 일일이 물어야 그제야 오후 3시 10분에 탈 것, 좌석은 아무것이나 오케이, 출발 전에 기차 라인 넘버가 모니터에 뜬다, 라고 대답합니다. 한창 실랑이를 하고 나와 플랫폼의 벤치에 앉아 있으려니까, 창구에서 티켓 끊을 때 내 뒤에 있던 젊은 독일 여자 둘이 내게 와서 성질 끊는다고 투덜댑니다. 시스템은 터키나 그리스 불가리아보다 훨씬 잘 갖추었는데 문제는 소프트웨어입니다.

그러든지 말든지, 어쨌거나 저쨌거나, 이제 내 마음을 축축하게 만들었던 헝가리를 떠나 오스트리아 비엔나로 건너갑니다.

Tip

↘ 여러 나라를 방문하는 장기 여행 코스 중에는 일주일 정도 단위로 한 번씩 한적한 곳을 찾아가 머물러 보라. 여행의 또 다른 맛이 우러나온다.

↘ 여행은, '어디를 가느냐?' 도 중요하지만 '누구를 만나느냐?' 도 그 못지않게 중요하다. 소중한 추억은 사람으로부터 생긴다. 민박집에서 만나는 친구들 중 간혹 '어디 어디를 다녀왔고 어디 어디를 갈 것이다.' 라는 것으로 스스로 대견해 하는 친구들이 있다. 한심하다. 'Where' 라는 Spec 보다는 'How' 라는 Depth가 중요한 것이다.

Austria
Vienna
I

늦은 저녁 시간 비엔나 서西역Westbahnhof에 도착했습니다. 역에 도착하자마자 기차 칸에서 미처 처리 못한 생리 현상을 해결하기 위해 역내 화장실을 찾았습니다. 사용료를 받습니다. 그것도 50센트 유로나. 공짜로 화장실 쓰는 우리나라가 최오입니다. 그나저나 나는 입석을 써서 50센트를 냈지만 주로(?) 좌석을 쓰는 여자들은 더 받지 않을까 무척 궁금해지더군요오. 미션 해결 후 역에서 3일짜리 비엔나 카드Vienna Karte를 구입합니다. 이것 하나면 3일 동안은 버스든 트램이든 전철이든 무료 승차가 되고 박물관 궁전 등 입장료도 할인 혜택을 받죠. 차량에 올라가면 셀프 체크 기계에다 대고 찍으면 됩니다. 물론 이 조차도 필요 없을 정도로 역무원이나 기사가 일일이 검사하지 않습니다. 그 대신 어쩌다 날짜 시효가 지난 카드로 몰래 올라탔다가 랜덤 방식으로 하는 조사에 걸리면 수십 배의 벌금을 물어야 합니다.

U3 전철을 타고 스테판스 광장Stephans Platz 역으로 향했습니다. 그곳에서 숙소가 있는 케플러 광장 역으로 가는 U1 전철로 환승해야 합니다. 그런데 케플러 광장Kepler Platz 역으로 가는 U1 공사 중이라 전철 운영을 하지 않으니, 일단 밖으로 나가 슈베덴 광장Schweden Platz 역으로 가서 U4 노선~U1노선을 이용하라는 역무원의 안내. 뭐가 이렇게 복잡하게 돌고 도나~!

구시렁거리면서 밖으로 나와 광장 쪽으로 나서는데 보기 듬직한 건물 하나가 나를 반깁니다.

슈베덴 광장 역을 바라고 걷던 중에 만난 스테판스 성당Stephans Dom. 그 동안 보아왔던 성당 건물들과는 뭔가 느낌이 달라 보입니다. 대단한 고딕 양식의 건물입니다.

마차들. 부르주 아일린과 함께 삼순의 흑해 바람 마시며 쿠르틀루스 거리를 마차 타고 달렸던 생각, 내 가슴을 마구 헤집습니다.

그나저나 슈베덴 광장 역으로 가는 길이 헛갈립니다. 그래서 비엔나 시민으로 보이는 젊은 친구에게 다시 길을 물었습니다. 그러자 가는 곳이 어디냐고 되묻습니다. 케플러 광장 역이다, 했더니, 슈베덴 광장 역으로 가서 U4 노선 타지 말고, 차라리 반대 방향으로 한 정거장 거리에 있는 칼츠 광장 역에 가서 U1 노선을 직접 타면 한 방에 쉽게 갈 수 있다, 이렇게 알려주네요. 기특한 것.

칼츠 광장으로 가는 도중 만난 국립오페라극장. 유럽 3대 오페라 하우스 중 하나로 그 당당한 자태를 자랑하고 있습니다.

칼츠 광장 역에서 전철을 타고 어렵사리 찾아간 민박집 비엔나 S. 이곳에서 나는 황당한 밤을 보내야 했습니다. 일단 예약한 도미토리에 들어가니 나 말고 네 명이 묵고 있는데 원래는 이것이 4인실입니다. 나까지 포함해서 이제 다섯 명이 되었습니다. 내가 뜨악한 표정을 짓자 이층 침대 두 개 사이의 공간 바닥에다 매트리스를 깔아주네요. 일정이 중복되어서 그러니까 오늘 하룻밤만 임시로 이렇게 참아달랍니다. 여기까지는 뭐 어떠랴 싶었습니다만, 그 다음부터가 가관입니다. 샤워 실에서는 욕조 안에 들어가서 하도록 하고 절대 바닥에 물 튀지 않게 해야 한다, 빨래는 할 수 없으니 돈 내고 맡겨라(속옷 양말까지도), 응접실에 딸랑

한 대 있는 컴퓨터는 밤 11시 이후 일체 사용할 수 없다, 응접실 휴식 또한 밤 11시 이후 불가다(조용해야 함), 현관 열쇠는 보증금 40유로를 줘야 내 줄 수 있다, 숙소는 밤 11시 이전에 들어와야 한다…….

숨이 막힙니다. 결국 아주머니에게 내일 아침 일찍 방을 빼겠다고 했습니다. 나중에 듣게 된 얘기로, 이런 식으로 통제가 심한 곳은 대부분 불법으로 운영하는 곳이랍니다. 같은 건물 안에 들어있는 이웃들에게 불편을 끼치게 될 경우 신고가 들어가고, 그러다 보면 큰돈의 벌금을 물게 된다는 것이죠.

다음 날 아침, 이 어이없는 곳을 탈출해서 다른 곳을 찾아갔습니다. 까치네 민박. 서역으로부터 걸어서 10분 거리에 있습니다. 이곳 할머니는 너무 친절해서 좋았습니다. 고통과 압박에서 해방된 민족~. 할머니는 비엔나 코스를 시간대별로 소상히 알려줍니다. 아주 훌륭한 가이드입니다. 이날의 첫 번째 코스. 칼렌베르그Kahlenberg 산입니다. 포도밭이 넓게 둘러쳐져 있는 낮은 산인데 정상에서 비엔나의 도시 전경을 내려다 볼 수 있다고 합니다. 내려오는 길에는 산 아래 동네인 하일리겐슈타트Heiligenstadt에 들러서 베토벤이 살던 집도 가보기로 합니다. 그 후에는 시내 여기저기, 그리고 늦은 저녁에는 요한슈트라우스 극장에서의 연주회 감상. 가는 차편과 방법을 자세히 들은 후 길을 나섰습니다.

전철, 버스를 몇 번이나 환승하면서 어렵게 도착한 칼렌베르그 산 정상. 멀리 비엔나 시 전경이 보입니다.

정상 아래에는 포도밭이 드넓게 펼쳐져 있어서 보는 이의 마음을 취하게 만드는구만요.

정상에 있는 기념품 가게와 카페들. 알록달록한 것이 예쁩니다.

이제 칼렌베르그 산을 떠나 시내로 향합니다. 버스가 산 아래 하일리겐슈타트 마을을 지나칠 때 베토벤 형님을 보고 갈까 하다가 이 시간 이후의 시내 스케줄과 저녁때의 연주회 관람을 생각하니 시간이 빠듯할듯합니다. 내일 다시 오기로 작정하고는 내쳐 시내로 향했습니다.

시내에서 제일 먼저 찾아간 곳은 비엔나 대학교입니다.

독일 어 권에서, 그리고 오스트리아에서 가장 규모가 큰 대학교. 유럽에서는 세 번째로 오래된 대학교. 1365년 합스부르크 왕가에 의해 설립되었다가 중세의 종교개혁 당시 쇠락, 18세기 마리아 테레지아Maria Theresia 여왕에 의해 부활하는 등의 굴곡을 거친 유서 깊은 학교입니다.

학교 안으로 들어가 보았습니다. 실내는 조용하고 엄숙하기까지 합니다. 우리나라 대학교 복도들은 과연 이곳만큼 조용할까요?

건물 안에 정방형 공원이 있고 그늘 쪽에는 학생과 교수들이 곳곳에 모여 앉아 담소를 나누고 있네요. 밖에 있는 동그란 스탠드 테이블에서는 사람들이 짧은 얘기를 나눌 때 기대어 선 채 얘기를 나눕니다.

테이블과 의자, 스탠드 테이블과 파라솔. 날 덥고 햇볕 뜨거운 시간인지라 지금은 사람들이 그다지 보이지 않지만, 이곳 학생과 교수들은 대화 문화를 좋아하는 듯합니다. 즉, 수시로 어울려 자기들의 의견을 주고받는 것이죠. 그런 모습을 떠올려보니 역시 유서 깊은 학교의 면모이다 싶습니다.

학교에서 만난 친구들입니다. 자유분방해 보이는듯하지만 아주 예의 바르고 정중하더군요.

학교를 벗어나자 근처에서 음악소리가 들립니다. 찾아간 곳은 필름 페스티벌 행사장.

야외에서 치르는 필름 페스티벌. 아직 영화 상영 시간이 아니

라 영화를 즐기지는 못하겠지만 내부를 구경하기로 합니다.

저 멀리 대형 스크린이 보이고 그 너머 건물이 바로 어제 보았던 스테판스 돔 성당입니다. 스크린 쪽 방향 좌우에는 맥주 카페들이 빼곡히 들어찼습니다. 벌써부터 마시고 취하는 사람들도 제법 많습니다.

필름 페스티벌 행사장을 떠나 시 청사 부근에 있는 호프부르크 극장 Hofburg Theatre을 만납니다. 무대 의상을 갖춘 직원이 티켓 안내를 하고 있군요.

잠시 또 걷자니 이번에는 수려한 전통 양식의 외관을 자랑하는 시 의사당 건물이 나옵니다.

이런 멋진 의사당에서 일하는 비엔나의 시 의원들은 매너 좋기로 유명하다고 합니다. 이에 비교되어 떠오르는 생각. 오늘도 땀을(개기름일 수도) 좔좔 흘리며 국가를 위해 열심히 맹투 중일 우리의 여의도 국견(네 글자의 명칭을 급하게 부른 거심. 다른 의도 절따로 없음) 분들. ……순간적으로나마

여행 분위기 잡쳐지눼 떠그럴.

겨우 기분 달래며 걷다가 만난 폴크스 극장Volks Theater. 여기는 또 뭘까요? 작습니다. 민속 공연물 위주의 극장일까 싶었는데 밤에는 재즈 연주도 하는 곳이라네요. 귀가 솔깃했지만 오늘 밤은 다른 스케줄이 있으니…….

아쉬운 발걸음을 뒤로 하고 발길을 돌립니다. 필름 페스티발과 폴크스 극장 공연 관람이 마음에 걸리지만, 얘들까지 소화하려면 하루가 더 소요될 텐데, 그러자면 생각지 않은 비용이 더 들것이며 비엔나 이후의 오베르트라운 숙소 예약 문제가 어렵게 됩니다. 어제 잘못 든 민박집 문제만 없었다면 어젯밤 얘들을 만날 수 있었는데, 참 아쉽습니다.

웅장한 자태를 자랑하는 비엔나 박물관(자연사 박물관). 그 맞은편의 국립 박물관(미술사 박물관). 공사로 인해 이날은 휴관이라 비엔나 박물관만 관람했습니다.

옛 비엔나 땅에서 한 가닥 했을 친구들. 명색이 자연사 박물관이다 보니 기껏 보고 가는 것이 이 친구들입니다.

동물원(?) 구경 자알 마치고 나오자 박물관 왼쪽 대각선 방향으로 호프부르크 왕궁이 보입니다. 가 봐야죠, 저기도.

호프부르크 왕궁의 정문 도착. 이제 안으로 들어갑니다.

13세기 초에 건립되어 합스부르크 왕가에 의해 백 년을 거쳐 증축된 호프부르크Hofburg 왕궁. 15~16세기에 지어진 구왕궁과 19~20세기에 지어진 신왕궁으로 나뉩니다. 이곳에는 현재 대통령 집무실, 국제회의장, 박물관, 미술관 등이 있고, 세계에서 가장 오래되었다는 스페인 승마학교Spenish Reitschule가 있다고 합니다.

건물 위, 두 날개를 펼친 채 황금 왕관을 받치고 있는 저 독수리의 위엄. 합스부르크 왕가의 찬란한 영광을 보여주고 있습니다.

건물 앞의 청동상은 부다 왕궁에서도 보았던, 오스트리아 군대를 이끌고 오스만투르크 군대를 격파한 사보이 공국의 오이겐 공작입니다.

신왕궁 앞 헬덴 광장Helden Platz. 멀리 보이는 청동상은 카를Erzh erzog Karl 대공입니다. 신성로마제국 황제 레오폴드 2세Leopold II의 셋째 아들로 이탈리아와 남독일 연합군을 이끌고 나폴레옹에게 패전의 쓴맛을 맛보여주기도 했던 용장입니다. 하지만 바그람Bagram 전투에서 결정적 패배를 당한 후 사령관 직에서 해임되고 맙니다. 이 헬덴 광장은, 1937년

11월 히틀러가 30만 명의 군중을 집결시켜놓고 제3제국과 오스트리아와의 합병을 코털 날리면서 선언한 곳이기도 합니다. 광장 너머 건물은 구 왕궁으로 현재 미술관이 들어서 있습니다.

화려한 왕궁. 복작대는 관광객들. 헬덴 광장 정원 잔디밭에 드러누운 채 발끝 너머로 그 모습을 바라봅니다. 잠시 이탈해 보는 이 느긋함.

궁 한 쪽에 세워진 괴테 상입니다. 소피아에서는 괴테 연구소를 보았고 비엔나에서는 동상을 만납니다. 유럽 사람들이 널리 기리는 대 문호 괴테. 천 년 유적의 영광은 인간의 한계를 들려주지만, 백 년 영웅의 지혜는 인간의 위대함을 일깨워주는 것이겠죠.

왕궁을 벗어나 그라벤 거리 Graben Strabe로 나서니 재미있는 공연 포스터들이 눈에 띕니다. 그 중에서 괴테의 파우스트! 매우 강렬합니다. 오른 쪽 위로

는 해학적으로 그려낸 셰익스피어William Shakespeare의 〈십이야 Was Ihr Wollt〉 포스터도 살짝 보입니다.

이제 저녁 연주회를 기다리며 시내를 어슬렁거립니다. 이곳은 캐른트너 거리Kerntner Strabe. 시간은 오후 6시 경. 예고에도 없는 장대비가 쏟아지기 시작합니다. 부다페스트에서의 비 징조가 이곳 비엔나에서 실현되는군요.

그나저나 이게 얼마 만에 보는 비란 말입니까? 너무 반가웠지만 빗줄기가 제법 세어서 급한 대로 건물 처마를 찾아 비를 그읍니다.

비를 피하고 있는 어느 건물 쇼윈도우 앞. 문득 코 끝에 매달리는 처량한 기분. 오냐, 이것도 기념이다, 사진을 직찍하고 보니 웬걸, 쇼 윈도우 안에 붙어있는 컨셉 광고 사진에 젊은 여자가 한쪽 가슴을 훤히 까 보이고 있습니다.

……재수 좋은 놈은 머슴을 살아도 과부댁에 팔려가는 것이죠오~. ^^

비는 소나기였고 곧 그쳤습니다. 이제 요한 슈트라우스 극장을 향해 캐른트너 거리를 벗어납니다.

연주회가 있을 요한 슈트라우스 극장으로 가는 길은 결국 찾지 못하고 헤매게 되었습니다.

길에서 만난 어느 젊은 친구에게 극장가는 길을 물어 설명 들은 방향으로 발걸음을 옮기자 극장 뒤편으로 들어가는 길이 나옵니다. 가는 길에는 호수 공원이 있더군요. 오리 떼가 평화롭게 놀고 있습니다. 공원을 지나 극장 뒷마당에 들어서면 금빛 장식으로 요란스러운 요한 슈트라우스 동상이 보입니다.

이곳이 바로 오늘 내 저녁 프로그램이 기다리고 있는 요한 슈트라우스 극장입니다.

거금 50유로를 들여서 관람하는 모차르트 요한 슈트라우스 연주회.

공연은 실내 앙상블 악단 규모의 연주단과 소프라노, 테너, 그리고 무용수들로 꾸며집니다. 수석 바이올리니스트이자 이 악단의 리더인 영감님이 제법 유머 넘치게 공연을 이끌고 있습니다.

인터미션 시간. 2층 넓은 테라스로 나와 샴페인 파티를 잠깐 즐깁니다. 저녁 하늘은 먹장구름으로 뒤덮여 있지만 그 하늘 아래 이곳은 우아한 고전 음률이 흐르고 있습니다.

공연은 정말 좋았습니다. 많은 박수가 쏟아지는 커튼 콜 타임. 그리고 성공적이었던 오늘의 일정. 비엔나의 홍취를 흠씬 느낄 수 있었기에 마음 넉넉해집니다.

숙소로 돌아가는 길. 트램에 올라타고 보니 한국 학생들이 단체로 앉아있네요.

"학생, U6 전철을 타야 하는데 가까운 전철역 어디 있는지 혹시 알아요?"

라고 유창한 우리말로 물었더니 너 댓 명이, "와~!" 하며 외칩니다. 아니 왜에?……. 의아해하고 있는 중에 한 친구가 이렇게 외쳐서 결정적으로 나를 휘청거리게 만듭니다.

"한국 사람이다!"

테살로니키에서는 멕시칸에 콜롬비안, 아메리카 인디언으로 오해를 받았고, 부다페스트 어부의 요새에서도 그림 그리는 젊은 여자로부터 또 다시 인디언으로 오해를 받았거늘, 비엔나에 와서까지 같은 대접을 받습니다. 이 친구들도 말을 안 해서 그렇지 나를 인디언으로 생각했겠죠. 아무리 새까맣게 탄 얼굴에 머리 좀 길다 해도 그렇지, 이눔들아~!

샌프란시스코에서는 머리에 꽃을 꽂아야 한다면, 비엔나에 가면 모차르트 초콜릿을 먹으라는 말이 있습니다. 숙소 앞 웨스트반호프 전철역 지하 매점에서 산 비엔나 산 와인에 모차르트 쪼꼴레또. 궁합이 좋더군요. 요것들과 함께 달콤한 비엔나의 두 번째 밤을 보냈습니다.

Tip

↘ 현지에 유명 대학교가 있으면 한 번쯤 방문해 보는 것이 좋다. 학교 구경도 좋고 학생들과 대화를 나누는 것도 좋은 여행 프로그램이 된다. 젊은이들과 대화는 그 나라 그 사회의 오늘과 내일을 이해하는 데에 도움이 된다.

↘ 비엔나에 가면 모차르트에 빠져보라.

↘ 늘 되돌아보고 또 되돌아보라. 내가 과연 내 본연의 모습으로 살고 있는지를. 백 년 인생, 타인의 모습이 절반이다.

Austria
Vienna
II

이제 합스부르크 왕가의 여걸 마리아 테레지아의 궁전, 쇤부른Schonbrunn을 방문합니다.

아침. 비가 올 것만 같은 날씨입니다. 날은 선선할 정도로 더위가 가셔져 있습니다. 그런 싱그러운 아침 기분을 느끼며 웨스트반호프 전철역 근처에서 58번 트램을 기다리는데 갑자기 배에서 신호가 옵니다. 음……. 아침에 이미 격전이 있었건만, 밥 먹고 나서 블루베리 알 들어간 요구르트를 디저트로 두 컵이나 마신 것이 재고품 대 방출에 기여하고 있는 것입니다. 어쩌겠습니까, 별 수 없이 미션 해결 들어가야죠. 전철역 지하도로 내려가 화장실 찾기 시작. 그러나 주변에 화장실 사인보드는 그 어디에도 보이지 않습니다. 배 쪽에 촉을 보내 간을 보니 조만간 사태가 일어날 듯합니다. 그러나 겉으로 억지 여유 보이면서 앞 쪽으로 걸어가자 한참 동안 보이지 않던 사인보드가 보입니다. 오른쪽을 가리키고 있는 화살표. 오냐. 우회전한 후 다시 직진. 사인보드가 또 다시 사라졌습니다. 어쭈? 잠시 두리번두리번. 슬그머니 나타나는 사인보드. 에스컬레이터를 타고 위로 올라가야 한답니다. 요놈 봐라?……. 올라갔습니다. 2층 홀. 오만 가지 표시가 그려져 있지만 화장실 표시는 보이지 않습니다. 허 참. 이때쯤 갑자기 배에서 만만찮은 신호가 옵니다. 아직은 때가 아니다, 자중할지니~! 기합은 넣지만 식은땀은 스멀스멀. 그나저나 내가 부르다 죽을 화장실은 어디에 있는 거냐고오~! ㅡ.ㅡ;; 그렇게 후달리는 중 앞쪽 끝에 사인보드가 보입니다. 이놈아, 그 동안 우리 사이 좋게 지냈잖느냐. 그런데 오늘은 왜 이렇게 속 썩히뉘?……. 비비적거리며 직진. 그리고 갑자기 휑해지는 주위. 사인보드 이 녀석, 또 증발했습니다.

하, 증말……. 혈압 오르기 시작합니다. 다리는 괄약근을 피봇Pivot 삼아 배배 꼬이고 머리에서는 현기증까지 일어나고. 게다가 이제는 숨도 제대로 쉴 수 없습니다. 조상님 네여, 어찌하여 머나먼 만리타국에서 이 시련을 겪게 하나이까~. 혼미해지는 정신. 그러나 여기서 무너질 수는 없죠! 그러다가 겨우 왼쪽 어스름한 곳에서 겨우 사인보드를 찾아냅니다. 나를 가지고 놀아라, 이 웬수야……. 사인보드를 향해 다가가니 드디어 오른쪽 코너에서 실체를 드러내는 WC!!!! 조자룡이 조조 군에게 쫓기다가 장판 교에서 장비 만난 것보다 더 반갑습니다! 그나저나 이제부터가 중요합죠! 괄약근에 초정밀 밸런스와 힘 조절 유지, 호흡 조절 각별 유념. 그렇게 슬로우 모션 동작으로 화장실 입구 도착. 그러나 또 다시 악마의 흉소가 나를 기다립니다. 유료 사용 표시. 흑……. 이 시련의 구렁텅이 속에서 동전 찾는 데에 1분이나 소요. 이제 내 눈은 귀신들도 기겁하는 김완선 눈이 되어 뒤로 넘어갑니다. 그리고 이어지는, 더는 참기 어렵다는 위험 신호! 제발 한 순간만 더 참아다오~! 아리아 칸타타가 비명이 되어 솟구쳐 나옵니다. 수전 증세를 참아가며 동전을 투입구에 넣고 가까스로 화장실 진입 성공, 그리고 문 열고 변기 앞에 서는데 성공! 그런데 된장 타불! 문을 밀치고 들어서는 순간 단테의 지옥 편 세계가 눈앞에 펼쳐져 있습니다아~. 먼저 푸고 간 놈의 뒤 흔적이 너무 개판인 것입니다. 지옥 마왕 루치페르가 사흘은 즐겨 두들겨 팰 놈 같으니. 이 촉박한 상황에서도 미학적 가치를 따지며 눈앞의 상황에 개탄을 마지않습니다. 다시 마이클 잭슨의 Moon Walking으로 Back. 그 자세에서 발목만 좌우로 돌려 옆 칸으로 횡보 이동. 그렇게 겨우 옆 칸 변기 점령~! 그와 함께 바지 빤츄를 한방에 내리면서 와다다다~!……. 박력 넘치는 사운드 내며 대사

치르는 중에 밖에서 두어 놈이 키득거립니다. 이놈들아, 니들 나라 음식 먹고 그분 강림시키고 있는 중이다, 뭡냐? 그렇게 일을 끝내고 나니 내 괄약근을 다시 보게 됩니다(그게……, 들여다봤다는 것은 아니고요~). 이제 내 든든한 수호천사에게 경의를 표한 후 휘파람 불며 화장실을 나서는 순간, 허걱! 남자 화장실에서 설치는 청소부 아주머니는 비엔나에도 있습니다 그려~!

상큼한 발걸음으로 찾아간 쇤부른 궁전. 이곳의 주인공은 마리아 테레지아Maria Theresia입니다.

18세기 초반, 유럽에는 두 개의 왕가가 지배자로 군림합니다. 부르봉Bourbon 왕가와 합스부르크Habsburg, 매의 성이라는 뜻 왕가. 두 가문을 놓고 보면 당연히 합스부르크 왕가가 더 큰 위세를 떨쳤습니다. 부르봉 왕가는 프랑스 지역 정도만 다스렸지만 합스부르크 왕가는 나머지 영토, 즉 대부분의 유럽을 지배했으니까요. 그런 가문에서 카를 6세Karl VI의 딸로 태어난 마리아 테레지아. 그녀 위로는 오빠가 하나 있었습니다. 장차 왕가를 이어 받아 유럽을 호령하게 될 왕자. 그러나 운명의 여신은 왕자 대신 그녀에게 손짓합니다. 왕자가 어린 나이에 죽고 마는 것이죠. 그러자 아버지 카를 6세는 왕가의 전통을 깨고 상속권을 딸 마리아에게 물려줍니다. 그녀의 남편 로트링겐Lothringen, 오늘날의 프랑스 로렌 공국의 영주 프란츠 슈테판Franz Stephan은 신성로마 제국 황제 자리에 앉히고 말입니다. 물론 실권은 마리아에게 쥐어주는 것 잊지 않았죠. 그렇게 해서 합스부르크 왕가의 영광은 계속 이어지게 됩니다. 이때 마리아 테레지아가 거느리게 되는 자리를 보면, 신성로마 제국 황후요 합스부르크 왕가 영토 소유권을 그대로 물려받은 오스트리아의 대공이요, 헝가리와 크로아티아의 여왕 겸 보헤미아의 여왕, 파르마 여공. 이렇게 됩니다. 혼자 통반장 다 해먹은 것입니다.

쇤부른은 아름다운 우물이라는 뜻이라고 합니다. 궁전답지 않은 소박한 느낌. 원래 16세기 중엽 신성로마 제국 황제 막시밀리안 2세Max imilian II가 이 지역을 매입한 후 동물원을 짓도록 하였다가 식물원까지 갖춘 것이, 이 쇤부른 궁전의 시작입니다. 이후 오스만투르크 제국의 침략으로 궁전이 파괴당하지만, 다시 레오폴드 1세Leopold I에 의해 복구 되어 훗날 마리아 테레지아에 의해 로코코 양식으로 변신을 하게 된 것이죠.

비가 나립니다. 단아한 궁 모습과 어우러지는 이 조용한 비가 마치 눈물 같다는 감상적인 생각. 눈물도 여러 가지 있죠? tear글썽, wail통곡, sob흐느끼기, cry엉엉.

지금 나리는 비는 이 친구들과는 거리가 있는, 소리 없이 흐르는 눈물,

weep 같습니다.

복잡한 방식으로 운영하는 궁내부 투어. 촬영 금지는 아니었지만 그다지 사진으로 남길 만한 것은 없어서 패스했습니다.

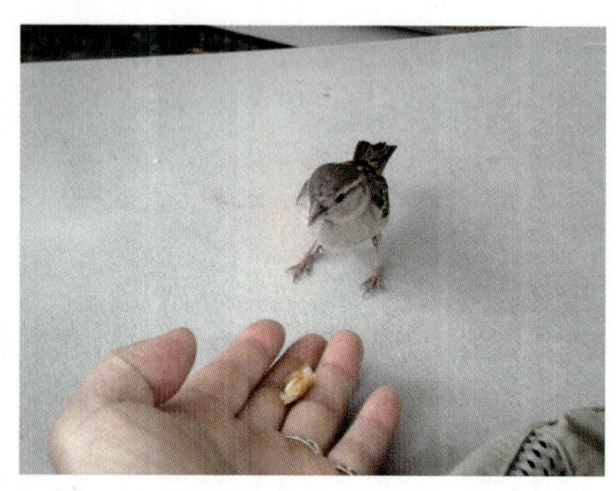

투어 후 궁 왼편에 있는 야외 카페에서 카푸치노 한 잔에 빵을 먹고 있노라니 참새 한 마리가 툭 나타나 쓰윽 째립니다. 보고 있자니 조막 돌만한 것이 어이가 없습니다.

인심 써야죠, 어쩌겠습니까? 이놈들, 기다렸다는 듯이 와락 달려드네요. 그런데 정확하게 빵 부스러기만 쪼아 먹지 절대 내 손가락은 건들지 않습니다!

내 뒷자리에 앉아 있던 분들입니다. 얼마 전에 은퇴했다는 피터 코벳Peter Corbett 씨 부부로, 런던에서 살고 있다고 합니다. 부인되시는 분의 이름은 플렌Flanne. 이번에 딸내미 결혼식 때문에 비엔나에 왔다고 합니다.

명함을 주고받으며 이러 저런 얘기를 나누던 끝에 내 직업을 알고는 사위 직업과 비슷하다며 더 친하게 대해주더군요.

궁전 앞뜰을 돌아다니는 비히클입니다. 타보고 싶었지만 이 역시 비용 만만치 않습니다.

궁전 오른 쪽을 돌아가니까 더 좋은 곳이 나옵니다. 공연히 돈 쓰고 궁내부를 구경했다 싶습니다. 커다란 정원이 넓게 펼쳐져 있습니다.

이곳에서 우연히 만난 일본 학생들입니다. 서울 이화여대에서 유학 중이라고 하네요. 기부끼와 요코. 넵튠Neptune 분수대 앞에서 함께 포즈를 취해봤습니다.

넵튠은 해왕성을 칭하는 이름이지만 로마 신화에서는 바다의 신으로 한 자리 차지하던 친구입니다. 그리스 신화에서는 포세이돈이 이와 동격이죠. 과거 비엔나가 속했던 신성로마 제국은 로마가 포함된 서로마 제국을 계승하였기에 동로마 제국 영역의 그리스 신화 대신 로마 신화에 영향 받은 모양입니다.

진기한 식물들로 꾸며진 정원을 지나면 궁 뒤편으로 야트막한 산이 나옵니다. 산 중턱에서 궁 후원을 바라보니 너무 광활해서 어째 썰렁합니다. 아기자기 하면서도 운치가 넘치는 우리네 창덕궁 후원과는 비교 많이 됩니다.

야산 위에는 또 이런 연못과 건물이 있습니다. 마리아 테레지아의 여름 별장이라는 말이 딱 어울립니다.

궁 구경을 끝내고 정문을 나서자 이런 퍼포먼스 버스킹이 시연되고 있더군요. 동전 떨어뜨려주고 나서 기부끼에게 카메라를 건네준 후 포즈를 잡는데 웬 소녀가 뒤에서 자꾸 장난을 치네요.

마치 동상인양 꿈쩍도 않고 있다가 돈을 주면 사내가 가만히 허리를 숙여 인사를 하고는 다시 원래 자세로 돌아갑니다.

어제 허탕 친 것이 마음에 걸리는 베토벤 형님 댁 방문. 쇤부른 이후의 시간이 딱 맞아 떨어집니다. 저녁 비행기로 비엔나를 떠나야 한다며 서둘러 시내 관광 쪽으로 방향 잡은 기부끼, 요꼬 두 친구와 헤어진 후 하일리겐슈타트 마을로 향합니다. 쇤부른 궁전 앞에서 58번 트램 타고 웨스트반호프 역 하차, U6 전철 타고 일곱 개 정류장 간 후 U4 전철로 환승, 그리고 한 정류장 가서(종점) 내려가지고 38A 버스로 갈아타기. 헉헉…….

마을에 도착해서 베토벤 하우스로 들어가는 골목길을 찾습니다.

큰 길을 두어 번 오르락내리락 한 끝에 간신히 찾아낸 골목어귀. 하여튼 길 잃고 헤매는 데에는 이제 도가 텄습니다.

골목 안에 작고 예쁜 카페가 있습니다. 저녁 시간, 이 마을에 있는 여러 카페들은 실내악 라이브 연주를 들려주면서 칼렌베

르그 산에서 나온 와인을 제공한다고 합니다. 그러나 나는 오늘 저녁 비엔나를 떠나야 하기에 아쉽게 그 정취를 맛 볼 수 없습니다. 눈물 납니다.

집들이 고풍스러우면서 우아합니다.

이제 다 왔습니다. 저 멀리에서부터 베토벤 형님 냄새가 풍겨오는구만요.

바로 이 집입니다. 베토벤 하우스. 베토벤 형님께서 귀가 어두워진 말년 시절, 휴양을 취하던 곳.

열려있는 정문. 지금은 박물관으로 꾸며져 있는 곳이고 입장료만 내면 들어갈 수 있습니다. 모차르트에 베토벤에 슈트라우스에……. 조상 잘 둔 덕 보고 있는 비엔나의 후손들입니다.

조심스레 안으로 들어서니 마당이 나옵니다. 오른쪽으로 2층 방으로 올라가는 계단이 커다란 나무 그늘 아래 자리하고 있군요.

계단을 올라 2층으로 들어서니 박물관이고, 입구에는 젊은 사내가 앉은 채 방문객을 맞습니다. 입장료를 낸 후 이제부터 내부를 들여다봅니다.

전시실은 방 두 개로 꾸며져 있습니다. 첫 번째 방에 들어서자 먼저 눈에 들어오는 것, 바로 베토벤 흉상입니다.

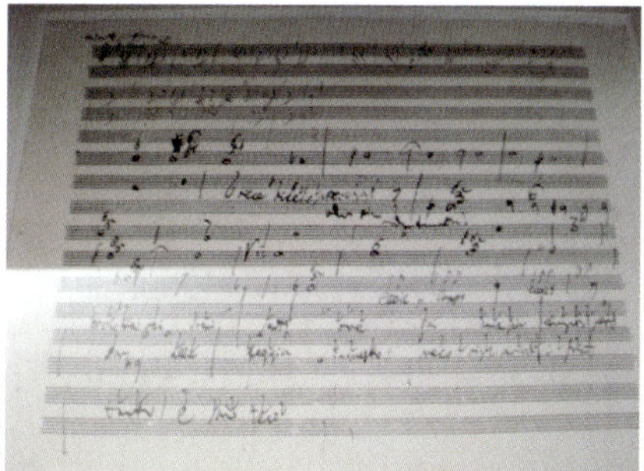

육필 악보.

베토벤이 직접 사용했다는 보청기입니다. 저런 것을 써가면서도 창작에의 열의를 놓치지 않았던 그의 위대한 작가 정신.

이것은 육필 편지. 끝내 이혼했어도 그의 영원한 연인으로 남은 테레제 브룬스비크Therese Brunsvik에게 보내는 편지는 아니었을까요? 베토벤은 자신의 나이 마흔 때인 1810년 〈엘리제를 위하여〉를 작곡했습니다. 테레제에게 바친 곡이었죠. 〈엘리제를 위하여〉 육필 원고 첫 머리에 그는 〈테레제를 위하여〉라고 적어놓고 있습니다.

대학 시절, 내게는 청춘을 불사르며 사랑했던 여자가 있었고, 훗날 그 여자가 내게서 떠났을 때 가슴을 헤집는 심정으로 짧은 모노드라마 형식의 희곡을 써 주었더랬습니다. 오로지 그 여자에게만 바친 글이었기에 세상에는 드러나지 않은 채 그대로 묻히고 말았지만, 아직도 나는 내 글 중에서 그 글을 내 마음에 가장 깊이 품고 있습니다. …… 싸구려 옛 생각에 한숨만 나오더군요.

베토벤 임종 후 밀랍으로 뜬 Death Mask입니다.

전시실 창문너머 뒤뜰이 보입니다. 사과나무 아래 벤치 하나…….

아주 작은 박물관 감상을 마치고 뒤뜰로 가보았습니다. 사과 몇 개가 아직은 덜 익은 채 매달려 있고, 나무 아래에는 그 옛날 베토벤 형님께서 앉아서 악상을 구상했을 벤치가 놓여 있습니다. 그 벤치에 이제는 내가 앉아봅니다.

비엔나를 떠날 시간이 다가오는군요.

Tip

↘ 쇤부른 궁전에 가면 궁내부 투어는 생략해도 무방하다. 차라리 궁 건물 뒤 쪽을 즐기는 것이 훨씬 좋다. 잊지 말 것, 궁전을 바라보고 왼쪽 편에 작은 매점이 있으니 그곳에서 빵을 하나 사서 먹어보라. 그러면 친구들이 생긴다. 예쁜 참새 친구들.

↘ 그대에게는, 3도 화상짜리 청춘이 있느냐?

Austria
Obertraun

세속을 벗어난 듯 고고한 외지 마을, 오베르트라운Obertraun으로 떠납니다.

늦은 오후 6시. 웨스트반호프 역에서 오베르트라운 행 기차를 탔습니다. 오베르트라운 숙소의 여주인인 데비 졸단Devi Zoltan에게 전화를 하는데 받지를 않네요. 도착 시간을 알려달라더니…….

기차는 열심히 달리면서 시골 마을 풍경들을 멋지게 풀어내줍니다. 이런 곳에 사는 사람들에게도 무슨 고민이나 삶의 고통이 있을까 싶습니다.

랑비에스Langwies를 지나 다음 기착지인 아뜨낭 푸크하임Attnang Puchheim. 기차는 그렇게 호젓한 오지를 달리고 또 달립니다.

날은 점점 어두워지고…….

중간 환승지인 아뜨낭 푸크하임(푸크하임은 '나의 집' 뜻이라고 함)에서 기차를 바꿔 탑니다. 환승 기차를 기다리는 동안 데비 졸단과 통화가 되어 도착 시간을 통보해 주었습니다. 숙소는 기차 역에서 가깝고 또 지도를 보면 쉽게 찾아갈 곳이라 걱정 말라고 했는데도 데비는 기어이 내게 픽업 서비스를 해주려는 모양입니다. 간이역들을 지나칠 때마다 하나 둘 내리는 사람들. 결국 내가 탄 기차 칸에는 딸랑 나 혼자 남습니다. 그만큼 오베르트라운은 외딴 시골 마을입니다.

밤 8시 50분. 드디어 도착한 오베르트라운. 귀엽기만 한 역

사 모습입니다. 비구름이 들락거리는 중. 아직 어둠에 덜 묻힌 마을.

경치가 벌써부터 사람 미치게 만듭니다. 생전 처음 보는 연보라 색 운무가 마을을 휘감고 있습니다. 과연 이곳이 사람 사는 곳이 맞는지?!

잠시 정신 놓고 있다가, 데비가 기다리겠다 싶어 서둘러 지도를 펼쳐 들고 예약 숙소인 베로니카 하우스 가는 길을 확인합니다. 그러고 있는 중에 차 한 대가 달려와서 내 앞에 멈춥니다. 곧 운전석 차창이 열리면서 털북숭이 남자가 고개를 내밀며 묻습니다.

"미스터 초이?"

데비가 보낸 픽업 차입니다.

데비의 남편인 마르크 카우드 Mark Cawood. 반갑게 악수를 청하고 나서는 저녁 식사 했느냐고 묻습니다. 못했다고 했더니 급히 어딘가로 전화를 합니다. 그렇게 해서 숙소 보다 먼저 데려다 준 곳이 바로 이 레스토랑입니다. 이때가 밤 9시. 원래 이 마을의 식당은 밤 9시면 문을 닫거나 더 이상 요리를 만들지 않는다고 합니다(그나마 여기는 나은 편. 호수 맞은 편 할슈타트는 6시면 모든 가게가 문을 닫음). 레스토랑 사장에게 이런저런 얘기를 하면서 부탁하는 마르크의 얼굴에 혹시나 하는 걱정이 보입니다. 정말 자기가 배고파서 부탁하는 표정입니다. 고마운 사람. 다행히 레스토랑 사장이 흔쾌히 요리를 만들어주기로 했습니다. 이 또한 고마운 사람. 마르크는 곧 어딘가로 전화를 합니다. 통화하면서 보여주는 몸짓으로 봐서 내가 여기서 식사를 하고 들어갈 것임을 아내인 데비에게 알려주는 듯합니다.

주변 테이블의 시선들이 동양에서 온 낯선 나그네의 얼굴에 머물렀다 사라지곤 합니다. 그들 사이에서 나는 외로운 징가로Zingaro이군요.

서빙 보이가 메뉴 판을 가져다주고는 마을이 낀 호수(할슈타트 호수)에서 잡아 올린 생선을 먹어보라고 권합니다.

그렇게 나온 요리가 바로 이것입니다. 마늘 트라우트Garlic Trout 요리. 그리고 서빙 보이 추천 와인 소와베Soave. 와인 한 잔이 2유로 30센트. 생선요리가 14유로. 제법 비쌉니다. 그러나 맛은 정말 좋았죠!

식사가 나오자 마르크는 10시까지 시간을 양해 받아 놓았다며 염려 말고 천천히 먹으라고 합니다. 그러고 나서는 옆 테이블에서 맥주를 마시고 있던 마을 주민으로 보이는 한 무리에 섞입니다. 만약 시간이 촉박하니 서둘러 먹으라고 했다면 이날 밤의 식사는 먹어도 먹은 것 같지 않았을 것입니다. 그런 것까지 생각했을까요? 배려가 돋보입니다. 그의 말대로 요리 맛을 음미하며 천천히 식사를 즐겼습니다. 식사를 마치고 내가 계산서를 달라고 하는 말을 듣고는 마르크, 먼저 나가서 나를 기다려 주는군요. 숙소로 출발하면서 덕분에 식사할 수 있었던 것, 그리고 식사 마칠 때까지 기다려준 것, 고맙다고 하자 오랜 만에 친구들과 얘기 나눌 수 있었으니 자기도 좋았다고 합니다. 말은 그렇게 하지만 왜 모르겠습니까? 이 사람, 마음씨가 정말 넉넉합니다.

숙소 도착. 레스토랑에서 내가 계산하는 동안 마르크가 또 연락을 취해놓았는지 데비가 문 앞에서 미소를 지으며 기다리고 있었습니다.

다음 날 아침. 이른 아침부터 일어나 데비가 마련해 주는 간단한 아침 식사를 마친 후 마을을 둘러보기로 합니다. 현관문을 나서니 비가 흩뿌려지고 있더군요. 데비는, "모처럼 이곳까지 왔는데 비가 오다니, 끔찍해요." 라며 미안한 표정을 짓습니다. 미소로 대답해 주었죠.

"아주머니, 끔찍하긴요. 오히려 더 좋습니다. 왜냐하면, 사람들은 맑은 날은 쉽게 볼 수 있지만 비 오는 날은 쉽게 볼 수 없잖습니까? 저는 쉽게 볼 수 없는 이 비 오는 날을 즐기게 되었으니, 오히려 행운이지요. 자, 이제부터 오늘을 즐기려 합니다."

데비도 웃고 나도 웃었습니다. 기분 좋은 아침!

속세의 때라고는 전혀 묻지 않은 듯한 마을.

산 계곡을 낀 마을 중턱에서 바라다보는 할슈타트 호수입니다. 호수 건너 편 아련히 보이는 마을이 바로 할슈타트입니다. 흩날리는 실비와 안개처럼 퍼지는 연보라 색 구름. 그리고 작고 예쁜 마을에 호수 정경. 너무 환상적입니다.

이제 마을 아래에 내려와서 올려다보는 호숫가 산. 수줍은 여인네 마냥 그 산의 품에 살포시 안기는 구름.

할슈타트 호수에 이르렀습니다. 아침 이른 시간인지라 사람들의 모습은 아직 보이지 않고 있군요.

호수는 고요함 그 자체였습니다. 호숫가에서 만난 백조 두 마리. 이 고요함을 엮어내는 호수의 정령인 듯. 조금 더 가까이 다가가서 카메라를 들이대자 슬그머니 우아한 모습을 잡아 모델 포스를 풍깁니다. 이 녀석, '뭘 좀 아는 놈'입니다~.

호숫가 카페테리아와 공원 입니다. 호숫가를 서성이자니 마치 성스러

운 자연의 품을 어지럽히는 것 같아 미안한 생각마저 듭니다.

이 때 갑자기 웬 여자가 나타나더니 옷을 훌렁훌렁 벗어젖힙니다. 오우~! 여기는 이런 서비스도 있구만, 응?! 눈알이 빠져라 지켜보니 이미 속에다 수영복을 챙겨 입은 상태입니다. …… 좋다 말았습니다. 췟.

여자는 이리저리 자맥질을 즐기다가 물이 차가워서 그런지 5분 정도 만에 나오더군요. 프라하에서 워킹 홀리데이로 온 이바Eva라는 처자. 프라하가 이번 내 유럽 여행의 마지막 코스라고 했더니 활짝 웃습니다.

"프라하, 정말 좋은 곳이니 며칠은 묵어야 할 텐데?"

"그렇잖아도 3일은 머무를 예정이다."

이바는 최소한 1주일은 필요할 텐데, 하며 어깨를 으쓱해 보이네요.

마을을 떠날 시간. 할슈타트로 넘어가는 방법은 기차 대신 셔틀 쉽을 이용하는 것이 좋을듯합니다. 그러자면 일단 숙소로 돌아가서 짐부터 챙겨야죠.

숙소로 돌아가는 길 가의 예쁜 집들이 계속해서 내 발걸음을 붙잡습니다.

호숫가 카페테리아에서 커피 한 잔 마시고 있자니 할슈타트 행 셔틀 쉽이 들어섭니다. 배편은 편도(5유로 40센트), 할슈타트에서 타야 하는 호수 순회(10유로)로 나뉘어 운행됩니다.

이제 배를 타고 빗속의 오베르트라운 마을을 떠납니다.

Tip

↘ 나그네 길은 외롭고 외롭다. 일상의 삶 또한 외롭기는 마찬가지. 우리는 근본이 징가로이기 때문이다. 그렇다고 홀로 떠나는 길, 두려워 마라. 징가로는 외롭지만 징가로가 걷는 길은 외롭지 않다.

↘ 오베르트라운은 1박 2일만 머물기에는 너무도 아쉬운 곳. 적어도 3박은 머물면서 마을 사람들과도 충분히 어울려보는 것이 좋은 곳. 호수 건너 할슈타트는 셔틀 쉽을 타고 건너가서 몇 시간만 할애하면 충분히 즐길 수 있다. 살즈부르크 등 외부로 나가는 코스는 오베르트라운 역에서 기차를 타는 것이 할슈타트에서 버스를 타고 나가는 것(중간에 한 번 환승 해야 함)보다 훨씬 편하다.

Austria
Hallstatt

오베르트라운에서 기차로 8분 걸리는 곳을 셔틀 쉽으로 호수를 타고 빙 돌아서 30분 걸려 할슈타트Hallstatt에 도착했습니다. 비는, 여전히 내립니다.

할슈타트와 인사를 나누기 전, 잠시 이곳에 대한 내력을 살펴보죠.

할슈타트는 행정적으로 살즈캄머굿Salzkammergut지역에 속해 있습니다. 살즈캄머굿을 독일어로 풀어보면, 살즈Salz, 소금, 캄머Kammer, 황제, 굿Gut, 소유지, 이렇게 되니 이 명칭은 곧 '황제의 소금 영지'가 됩니다. 살즈캄머굿의 입구라고 할 수 있는 푸슐제Fuschlsee라는 곳으로부터 시작한 해발 1,000m 이상 되는 산들이 이곳 할슈타트를 지나면서 점점 높아져 3,000m 이상의 알프스 산들과 연결된다고 합니다. 그렇게 땅 위를 수놓으며 알프스 산맥 곳곳에 아름다운 호수들을 풀어 놓아 천상의 세계를 빚어내고 있고 말이죠. 그 천상의 세계 중심에 있는 할슈타트. 이곳은 살즈캄머굿의 뜻에서도 알 수 있듯 소금으로 유명한 곳입니다. 이곳에서 발굴된 고대 시절의 소금 캐던 기구들은 무려 BC 1000년 때의 것으로 판명되어졌다고 합니다. 지금의 터키 지역인 아나톨리아의 히타이트 제국은 BC 2000년경에 이미 동방의 철기 문명을 선보이지만 유럽 철기 문명은 빨라야 BC 1000년 혹은 BC 800년 정도로 추정됩니다. 그래서 유럽 문명사는 유럽 철기 문명의 원류로서 '할슈타트 문명'을 수록해 놓고 있습니다. 할슈타트 문명은 중세의 후기 라틴 문화를 배출하는 데에 혁혁한 공을 세우기도 했는데, 할슈타트 문명의 꽃인 소금은 중세 유럽에서 금보다 더 귀한 대접을 받기도 했습니다. 그래서 웬만큼 산다고 자랑하고 싶은 사람들 집 식탁에는 다른 것은 몰라도 소금 통만큼은 반드시 올라가 있어야 했습니다. 오늘날 서양식 레스토랑의 식탁에 소금 통이 올라가 있는 이유가 바로 여기에서 연유된다고 합니다. 물론 레스토랑 식탁에는 소금 통과 함께 올라가 있는 것이 또 있습니다.

바로 후추 통입니다. 덤으로 후추 얘기. 15세기 이후 유럽에서는 후추 사태가 일어납니다. 오래 전부터 왕실과 귀족들의 입맛을 돋우어준 후추. 점차 온 유럽인의 입맛을 사로잡은 신비의 향신료 후추. 이 후추는 아랍과 인도에서 퍼져나간 것으로 유럽 각국은 비잔틴 제국을 통해 수입해왔습니다. 그러나 오스만투르크 제국에 의해 1453년 비잔틴 제국이 멸망하면서 후추 무역로가 끊기고 맙니다. 그렇게 되어 후추난이 일어난 것이죠. 11세기에서 13세기를 시끄럽게 했던 십자군 전쟁도, 순수하게 성지를 탈환하고 또 그곳을 지키려고 일어난 전쟁만은 아니었습니다. 바로 이 후추가 전쟁 발발의 내면에 도사리고 있었던 것입니다. 어쨌든, 후추에 대한 갈망이 점점 커지던 즈음, 1497년 포르투갈 리스본Lisbon 항을 출발한 바스코 다 가마Vasco Da Gama가 남아프리카 희망봉을 거쳐 1년간의 항해 끝에 1498년 인도 서남부 캘리컷Calicut에 도착함으로써 인도 항로 개척에 성공, 이에 후추가 유럽으로 다시 전파되기에 이릅니다. 그리고 중요한 것, 이 후추 무역을 독점한 포르투갈은 일약 강대국으로 부상합니다. '후추를 얻는 자, 세계를 얻는다.'라는 말, 이렇게 생겨났고 말이죠. 인도 항로 개척으로 승승장구하던 포르투갈의 성공은 이제 유럽 전역을 발칵 뒤집어 놓습니다. 너도 나도 한 가닥 한다하는 나라치고 동방 진출을 꿈꾸지 않는 나라가 없게 된 것이죠. 소위 '대항해 시대'로 좋게 포장되어 불리는 15세기 이후 그들의 아시아로의 진출. 외형적으로는 식민지와 무역로 개척이었지만 결국 이것은 후추 쟁탈전이었다고 봐도 과

언이 아닙니다. 여기서 잠깐! 이 당시의 후추 쟁탈전에 뛰어든 위인들 중 역사적으로 가장 참담한 실패를 거둔 자가 바로 이탈리아의 콜롬보(영어식 이름은 콜럼버스)였습니다. 희대의 석아石兒 콜롬보Cristoforo Colombo. 그는, "지구는 둥그니까 자꾸 걸어 나가면~." 노래 부르며 바스코 다 가마가 건너 간 방향 대신 그 반대쪽으로 새로운 인도 항로를 개척하겠다고 나섭니다.

이즈음, 레콘키스타Reconquista, 국토수복운동를 성공적으로 마친 후 해외 영토 개척에 부쩍 관심 많아진 에스파냐 여왕 이사벨 1세Isabel Ⅰ. 그녀는 콜롬보와 산타페 합의각서Capitulations of Santa Fe. 콜롬보가 해외에서 에스파냐의 새 영지를 획득할 경우 그를 그곳의 영주로 삼고 본국 에스파냐에 바치는 공물 중 10분의 1을 콜롬보 가문이 죽을 때까지 먹고 땡 하도록 허락한 것를 맺으면서까지 화끈하게 후원해 주기에 이릅니다. 여기저기에서 왕따만 당하던 끝에 임자 만난 콜롬보, 신이 났죠. 그는 이제, "Go West~!"를 외치며 산타마리아호號를 몰고 대서양 물결을 헤치고 나아갑니다. 그러나 그렇게 기세 좋게 달려 나간 것까지는 좋았지만, 인도는 근처에도 가지도 못하고 훗날 신대륙 개척의 시발점이 되는 쿠바와 히스파뇰라Hispaniola. 지금의 아이티 등만 애멀게 들쑤시고 다닙니다(이 븅딱은 무덤에 들어가서도 이곳을 인도라고 우김). 새로운 땅을 발견했다고 해도 미안하지만 인도가 맞든 틀리든 이곳은 후추는 한 톨도 나지 않는 곳. 꼭지 돌아버린 그는 대신 애꿎은 현지 원주민들을 대량 살육하는 끔찍한 짓을 벌이면서 금 조각이나 캐가고 말았죠. 이 금 출토양도 얼마 되지 않는다고, 원주민들을 떼로 끌고 가서 노예로 팔아먹기까지 했다고 합니다. 이때 대량 살육을 당하거나 노예로 팔려가는 것으로 가장 피해를 입은 곳이 히스파뇰라 섬으로,

콜롬보의 초기 발견 당시 30만 명이었던 인구가 2년 만에 6만 명으로 줄어들더니 약 150년 후에는 원주민의 씨가 아예 말라버리고 말았다고 합니다. 콜롬보를 무슨 신천지 개척자니 정복자니 어쩌고 하며 폼 나는 영웅으로 묘사하는 서양 영화나 소설들. 동네 워리들도, "어디서 개 뼈다구 같은 놈이 나타나서는……." 하며 혀를 찰 일인 즉, 예나 지금이나 자식 낳고 나서는 가정교육부터 힘써야 합니다. 하여튼~! 유럽으로 퍼져나간 후추. 이 또한 유럽인들로부터 귀한 대접을 받았고, 오늘날의 레스토랑 식탁에 소금 통과 더불어 올라가 당당히 어깨를 겨루고 있는 것입니다.

……소금 얘기 하다가 후추 얘기까지 하고 말았네요. 할슈타트 지역에서 생산된 소금은 유럽 각지로 비싼 가격으로 팔려나가면서 그 귀한 소금을 보관하기 위한 도시까지 생겨났으니, 그것이 바로 내 다음 여정지가 되는 살즈부르크입니다. 사설은 여기까지. 이제 할슈타트를 감상해 볼까요?

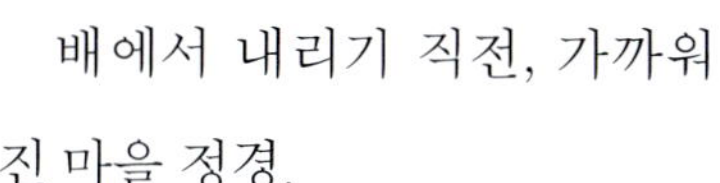

배에서 내리기 직전, 가까워진 마을 정경.

오베르트라운에서 본 연보라색 운무는 이곳 할슈타트마저 물들이고 있습니다. 기대한 대로 배에서 내리자마자 내 눈에 들어오는, 동화 속 그림 같은 집들.

비에 젖어서 그런지 마을이 싱그러워 보입니다.

선착장을 벗어나 마을로 들어서면 좁은 골목을 두고 가게들이 빼곡히 들어선 채 나그네들의 마음을 홀리고 있습니다.

마을의 중심인 마르크트 광장 Market Platz, 시장 광장. 농구장 하나 만들면 딱 채워질 공간도 이곳에서는 광장이 됩니다.

호숫가 바로 옆 산기슭에 집들을 붙이듯 지어놓고 사는 할슈타트 마을 사람들.

혹여 집이 앞으로 굴러 떨어질까 받침목을 해 둔 모습, 재미있죠?

시선을 호수로 돌리니 계속 내리는 비가 호숫가의 혓바늘을 일으키고 있습니다.

호수 전체가 보이는 곳에 카페가 있어 다리 쉼 좀 합니다.

마을은 정말 작습니다. 마을 구경에 수공예품 매장 몇 군데 기웃거리며 기념품 사기, 호숫가 카페에서 잠시 쉬기 등으로 대략 두어 시간을 보내니 이제 할슈타트를 떠날 시간이 됩니다. 버스 타러 나가는 길. 마을에 들어서는 사람들의 뒷모습을 보면서 나도 그들을 따라가고 싶다는 생각이 마구 들더군요.

이제 마리아와 트랩 대령, 그들이 만들어낸 〈Sound of Music〉의 도시, 살즈부르크로 달려갑니다.

Tip

↘ 할슈타트는 1박까지 할 필요가 없는 곳. 저녁 6시면 마을의 모든 가게나 식당이 문을 닫기에 그 이후에는 적막감이 도는 곳이다. 거듭 말하지만, 이곳보다는 차라리 오베르트라운에서 머무는 것이 더 좋다.

↘ 할슈타트의 소금산 관광, 별로 볼 만한 가치 없다. 그 비싼 경비로, 맛있는 트라우트 요리, 소시지, 와인, 실컷 사 먹어라. 겨울에 가면 주변 스키장, 환상적이라고 한다.

Austria
Salzburg
I

중간에 버스를 한 번 갈아타는 노선으로 2시간 정도 달려서 살즈부르크Salzburg에 도착했습니다. 날씨는 여전히 오락가락합니다.

살즈부르크 시내에 들어가기 전 지나치게 되는 산. 구름 모자 눌러쓴 자태가 대단해 보입니다. 이 산이 바로 운터스베르크라고 하는, 살즈부르크의 대표 명소 중 하나, 운터스 산입니다.

숙소는 살자흐Salzach 강에서 가까운 곳에 있었습니다. 살즈부르크는 살자흐 강을 중심으로 형성된 아주 작은 도시입니다. 10분 20분 정도씩 걷기만 하면 웬만한 곳, 다 갈 수 있습니다. 살즈부르크라는 이름은 '살즈-소금Salt & 부르크-성', 즉 소금성이 됩니다. 할슈타트에서 생산된 소금을 보관한 곳으로, 소금 팔아서 먹고 산 고장입니다.

여기는 제일 먼저 찾아간 모차르트 음악대학입니다. 건물 안에서 마침 피아노 연주가 흐르거늘, 웅장

한 터치가 바로 라흐마니노프 피아노 협주곡 2번입니다. 모차르트 음악대학이라면 모차르트 피아노 협주곡 21번 정도가 흘러야지 않나요오?……. 머리 긁적거리면서 학교 안으로 들어갔습니다. 학교는 우리나라의 학원 같은 단출한 규모더군요.

학교 건물 바로 옆에 정원 입구가 보입니다. 미라벨 정원. 영화 〈Sound of Music〉에서 마리아가 애들 데리고 도레미 송을 부르며 뛰어놀던 곳. 마리아는 페가수스 동상이 있는 연못 둘레를 동네 골목대장 포스로 아이들과 함께 빙그르르 돌며 노래를 불렀죠.

공원을 벗어나 조금만 걷다 보면 살자흐 강이 나옵니다. 마카르트 다리Markart Brucke, 시장 다리를 건너고 있는 중. 저 멀리 강 건너 높은 곳의 건물은 사원이고 강변 천막들은 풍물시장입니다.

다리 왼 편 너머로 멀리 보이는 것은 페스퉁 호엔살즈부르크Festung Hohensalzburg입니다Festung은 성, 요새라는 뜻. 저 곳은 내일 공략할 것이고……. 다리 난간은 철망으로 되어있고 자물쇠들이 수두룩 걸려있습니다. 연인들의 사랑의 잠금이죠.

마카르트 다리로 강을 건너니 남미의 림보Limbo 풍 음악을 연주하는 히스패닉 계 버스킹 커플을 만나게 됩니다. 사내는 트럼펫을 불며 노래까지 하고 여자는 옆에서 폼 잡고 있다가 간간이 엉덩이를 흔들어 줍니다. 사내의 음악이 듣기 좋아서 두 곡을 감상했습니다. 자리를 떠날 때는 벨트 가방 속 코인들을 몽땅 꺼내 모자에다 넣어주었죠. 대략 2유로 정도였을 것인데 잔돈으로 한 움큼 되어 보이는 것에 제법 돈냥께나 되는가 싶었던지 노래 부르던 사내가 고맙다고 목례를 해 줍니다.

강 건너 안쪽 거리로 들어가면 패션 거리, 게트라이데 거리Getreide Gasse가 나옵니다.

게트라이데 거리 중간 쯤에 있는 모차르트 생가 앞. 모차르트로 분장한 청년들이 관광객들에게 노래를 들려주는군요.

이곳이 모차르트 생가입니다. 신동으로 자란 모차르트. 네 살 때 비엔나 쇤부른 궁전에 불려가서 마리아 테레지아의 남편인 신성로마 제국 황제 프란츠 앞에서 연주를 하고는, 황제에게 달려들어 감히 그의 볼에다 가열 찬 뽀뽀를 퍼부었다는 얘기가 전해집니다. 옛날 우리나라 조선시대 상황이었으면, "어디서 감히 용안龍顔에다 불경스럽게 구접口接질을 번다히?!……." 하며 장 100대 정도는 능히 맞았겠죠오~.

여기는 돔 광장Dom Platz입니다. 밤이 찾아 들면서 가게마다 불을 밝히는군요.

외로운 나그네의 마음이 닿은 곳, 오백 년 역사를 자랑하는 고

풍스러운 슈테른브로이Stern Brau 호프집.

호프집 안. 노 스모킹 자리를 부탁하자 안쪽으로 들어가서 왼쪽 두 번째 방으로 가라고 알려줍니다. 뭐가 이렇게 복잡하노?……. 일단 빠를 지나 안쪽의 별실을 통과해서 건물 내부 복도로 들어섰습니다. 복도 왼쪽으로 방들이 보입니다.

알려준 대로 두 번째 방으로 문 열고 들어가니, 얼래? 식당 안에 작은 무대를 갖추고 있는 것이 또 무슨 볼거리가 있는 모양입니다. 얼른 테이블을 잡고 앉았죠. 잠시 후 무대 조명이 꺼지면서 수녀 복장 배우 등장. 〈Sound of Music〉에서 원장 수녀님이 부르던 노래를 부르기 시작합니다. 흠……. 〈Sound of Music〉 이미테이션 공연입니다. 곧이어 다른 수녀가 나와서는 〈마리아는 골칫덩이〉 노래를 더 부릅니다. 노래 두 곡에 이어 필름 상영. 폰 트랩 대령의 막내딸인지 어느 할머니가 과거의 상황을 회고하는 내용. 그나저나 가만 보니 내가 식당을 잘못 찾아 든 것이 분명합니다. 이곳은 바로 극장식 식당. '비쌀 텐데…….' 걱정을 하면서도 공연을 더 보고 싶다는 생각에(아직 음식 서빙을 하지 않은 상태이기도 해서) 계속 뭉개고 앉아있었습니다. 필름 상영 후에는 남자 둘 여자 둘 출연진이 등장하여 에델바이스보다 더 살즈부르크 적인 민요가 있다며 들려줍니다. 들려준다는데 안 들을 것 없죠. 네 명의 가수 중에는 한국인으로 보이는 남자도 있습니다. 그런데……, 이 사람들이 부르는 이곳 민요는 아무리 좋게 들어줘도 도무지 흥이 일어나지 않습니다. 그저 자기들끼리 어찌어찌 까불기는 하지만 관객들로 하여금 흥을 불러일으키게 하지는 못합니다. 노래가 끝나자마자 슬그머니 빠져 나와 처음 들어섰던 그 빠로 갔습니다. 이곳에서 자기네가 직접 만든다는 맥주를 모둠 치즈와 더불어 먹으며 빈속을 달랬습니다.

맥주 맛, 참 좋더군요. 맥주 브랜드가 바로 이것입니다. 비젤부르커. 1770년부터 만들기 시작했다고 합니다.

맥주 두 잔에 든든해진 배를 만족스럽게 쓸어대면서 숙소로 돌아가는데 멀리 호엔살즈부르크 성이 야경으로 빛나고 있구만요.

Tip

↘ 일찍이 로렌조가 그랬다. 음악을 제대로 들으려면 날카로운 귀가 필요하지만 영혼도 음악에 깊이 빠져들어야 한다고. 입과 귀를 즐겁게 하는 음악보다는 영혼 좀 적실 수 있는 그런 음악 옆에 달고 사는 것, 우아하지 않겠나.

Austria
Salzburg
Ⅱ

다음 날. 오늘 코스는 먼저 시외에 있는 운터스베르크Untersberg를 다녀와야 합니다. 그 후에는 헬부른 궁전Schloss Hellbrunn에 들렀다가 시내로 돌아와서 호엔살즈부르크 성에 갈 것입니다. 운터스베르크 행 버스를 타기 위해 일단 살자흐 강 건너 모차르트 광장에 있는 인포메이션 센터로 갔습니다. 그곳에서 살즈부르크 카드를 사야 했기 때문입니다. 3일간 유효한 카드 값은 25유로. 이 카드로는 버스 포함 모든 교통수단을 무료로 이용할 수 있을뿐더러, 운터스베르크에 가서 케이블카를 공짜로 탈 수 있고, 또 살자흐 강 유람선도 공짜로 탈 수 있다는군요.

모차르트 광장으로 가는 길. 살자흐 강은 며칠 전 내린 폭우로 황토색에다 물살이 제법 셉니다. 그래서 유람선이 운행되지 않고 있습니다. 저것도 타봐야 하는데……. 카드 사면 공짜니까.

강을 건너서 100m 정도 남쪽으로 걸으면 나오는 곳, 모차르트 광장. 광장 중심에는 모차르트 동상이 폼 나게 서있습니다.

카드를 산 후 광장 밖의 정류장에서 한 5분 정도 기다려서 25번 버스를 탔습니다. 지둘려라, 운터스베르크!

30분을 달려서 산 아래 마을에 이르니 들녘의 밀이 푸짐해 보입니다. 한 폭의 유채화 같죠?

종점 도착. 버스에서 내려 올려다 본 산, 까마득합니다. 높이가 2,000m나 된다고 하는군요. 정상 바로 아래까지는 케이블카로 올라가야 합니다.

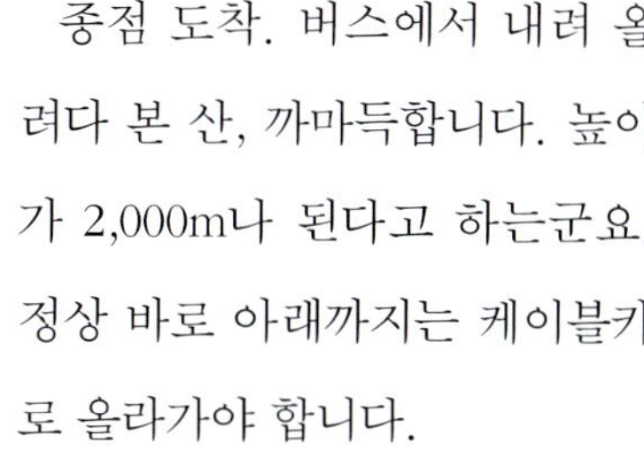

운터스베르크의 허리 부분에 해당되는 지점. 1,000m를 올라온 셈이죠. 그나저나 참 이상합니다. 오베르트라운에서 보기 시작한 그 연보라색 운무를 이곳 살즈부르크에서 또 만나고 있습니다. 요 며칠 이렇게 이어지는 날씨 때문만은 아닌 듯. 아무래도 누군가 하늘에다 보라색 실컷 칠하고 나서 그 붓, 구름에 담가 이리저리 씻어내고 있는 것은 아닌가 싶습니다. 그런 운무 너머로 저 멀리 살즈부르크 시내가 보입니다.

산 위에 있는 카페테리아. 하산하기 전 커피 한 잔 하러 들렀을 때 권장 사내의 무뚝뚝함이 넘치던 곳.

카페테리아를 뒤로 하고 이제부터는 걸어서 정상까지 가야 합니다.

정상으로 향하는 도중 내내 산세의 아름다움에 매혹됩니다. 운터스베르크는 살즈부르크의 알프스로 불릴 정도라 하니 그럴 만했습니다.

영화 〈Sound of Music〉에서는 트랩 대령과 마리아가 일곱 아이들을 데리고 나치의 추적을 피해 이 아름다운 산을 넘어 자유를 찾습니다. 그러나 그것은 헐리우드 식 '개구라'입니다. 원전에 의하면, 트랩 대령 가족은 기차 타고 삶은 계란 까먹어가며 오스트리아를 탈출해서 미국으로 건너가죠. 만약, 영화에서처럼 이 산을 넘었다면 어디가 될까아~요? 바로 그냥 독일이 됩니다. ㅡ.ㅡ; 탈출이 아니라 독일로의 귀화가 되는 셈이죠. 〈Sound of Music〉의 개구라는 이 외에도 무수합니다. 영화는 영화로 봐야 한다지만 이 영화 보고 엄청난 감동을 먹었던 사람으로서 실망이 이만저만 아닙니다 그려~.

20분 정도를 걸었습니다. 저 멀리 정상이 보이는군요. 이제 거의 다 왔습니다.

284

다시 또 20분 정도 걸어서 드디어 정상 도착. 오랜 만에 산 타보니 아주 상쾌하구만요.

연한 구름이 자욱하게 산을 에워싸고 있는 이 아름다운 모습. 감탄이 절로 나옵니다.

정상 도착 후 벤치에 앉아서 숨을 돌리며 초콜릿 바를 꺼내 먹습니다. 까마귀 비슷한 시커먼 새들이 곁으로 날아드는군요.

이놈들, 내 초콜릿 바를 노리고 온 것입니다. 쇤부른 궁전에서 만났던 참새들 생각이 납니다. 내 옆 자리에 앉은 이놈에게 한 조각 떼어 손바닥에 올려주자 별 걱정 없이 툭툭 걸음으로 다가와서는 낼름 집어갑니다.

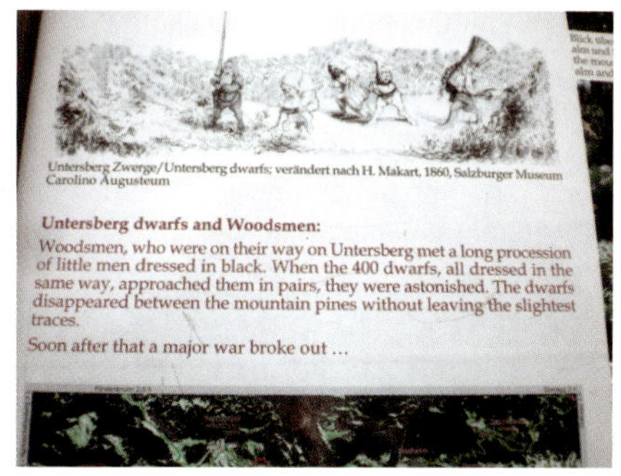

전설에 의하면 이 산에 녹색 안개가 끼면 난쟁이 요정들이 나타난다고 합니다. 오늘은 연보라 색을 머금은 구름만 끼어서 그런지 요정들 모습이 보이지 않는군요. 안내판에 난쟁이 요정들에 대한 얘기가 있어서 보니 좀 섬뜩해집니다.

"나무꾼들이 이 산을 오르는 중에 검은색 옷을 입은 작은 사람들의 긴 행렬을 만났다. 400명 정도의 난쟁이들은 한 결 같이 같은 옷을 입고 있었는데 짝으로 달려들어서 사람들을 놀라게 했다. 그리고 나서 난쟁이 요정들은 한 점의 흔적도 없이 소나무 숲 사이로 사라졌다. 그 후 얼마 있지 않아 큰 전쟁이 일어났다……."

산행을 마치고 이제 헬부른 궁전으로 향합니다.

버스는 시외 어느 마을에 이르러 사람들을 내려줍니다. 버스에서 수인사 튼 중국인 가족 일행과 두런두런 얘기를 나누면서 좁은 골목길을 걸어 들어가니 예쁜 궁전이 기다리고 있습니다.

살즈부르크 카드가 있기에 무료입장이 가능합니다. 건물 전체가 노란색으로 칠해져 있죠? 유적지이거나 역사적으로 의미가 있는 건물에는 노란색을 칠한다고 하는군요.

궁은 그리 크지 않습니다. 운현궁(현재 규모)의 서너 배 정도? 무척 간결해 보이면서 단아하게 꾸며져 있군요.

페가수스가 지키는 연못.

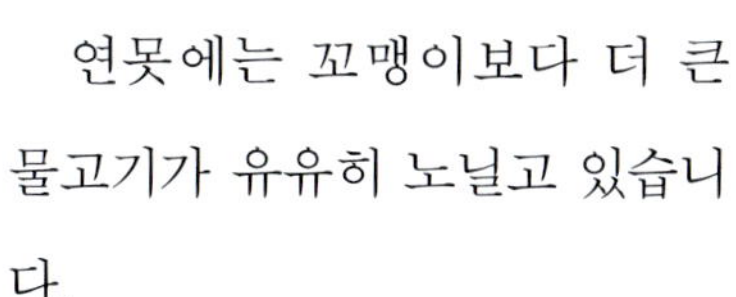

연못에는 꼬맹이보다 더 큰 물고기가 유유히 노닐고 있습니다.

이 녀석 이름은 뭘까요? 이놈 한 마리 회 뜨면 일개 소대 병력 정도는 충분히 배부를 만합니다.

헬부른 궁전은 물의 궁전이라 불릴 정도로 곳곳에 연못이 있습니다. 살즈부르크는 원래 호엔살즈부르크 성에 부임한 주교가 다스리던 고장이었습니다. 어느 때, 무척 괴팍스러운 주교가 있었다고 합니다. 그는 이 헬부른 궁전을 물의 궁전으로 만들면서 갖가지 비밀 장치를 만듭니다. 그리고는 여름만 되었다 하면 고위 인사들을 이곳으로 초청, 이곳저곳을 데리고 다니면서 장난친 것으로 유명합니다. 그 장난의 소재는 바로 물이고 말이죠.

주교는 초청 인사들을 이곳으로 먼저 안내했답니다. 저 끝의 돌 식탁에서 일단 밥을 먹이죠. 밥 먹이면서부터 주교 장난질이 시작됩니다.

문제의 돌 식탁입니다. 가이드가 헬부른 궁에 대해 이런 저런 설명을 한 후 아이들을 꼬드겨서 식탁에 앉힙니다. 어른들은 이미 사전 정보를 챙겨놓았기에 키득거리면서 아이들만 내보냅니다. 가이드는 이런 저런 얘기를 들려주다가 느닷없이 한 쪽에 숨어있는 비밀 장치를 열어서 아이들에게 물을 퍼붓습니다. 화들짝 놀라는 아이들이 귀엽기만 합니다. 이 정도는 약과입니다. 원래는 아이들이 앉아 있는 돌 의자 가운데에도 구멍이 뚫려있어서 그 옛날 주교의 친구들은 맛있게 냠냠 찹찹 밥 먹다가 느닷없이 떵꼬 부분에 물 직격탄을 맞고는, "으허허헉~!" 비명을 질렀다고 하니, 원…….

어느 궁 건물 안으로 들어가면 내부 통로 옆에 이런 샘 분수가 있습니다. 아니, 건물 안에 무슨 샘이고 분수란 말입니까? 하여튼 안팎이 물 세계입니다.

이것 또한 주교의 아이디어 작품입니다. 물 흐르는 시간에 맞추어 사탄의 눈과 혀를 위로 치솟게 해서 사람들 기겁하게 만들기. 별 요상한 것들을 만든 그 주교. 천진난만하다고 해야 할 지, 주책없다고 해야 할 지.

이 건물 밖에도 장치가 숨겨져 있고 건물 안에서 나오는 관광객들을 향해 물세례가 가열차게 퍼부어집니다. 여기서 나도 제대로 한 방 맞고 말았죠.

궁을 돌아다니다 보면 곳곳에 이런 미니어처 장치들이 만들어져 있습니다. 이것은 물 흐름에 맞추어 여인네가 앞뒤로 몸을 움직이는 장치.

작은 모형들이 태엽 풀림에 맞추어 제각각 동선대로 움직입니다. 음악도 흐르고요. 아주 정교한 기계장치입니다. 마치 커다란 뮤직 박스 같습니다.

자, 이제 물장난 그만하고 시내로 돌아갑니다.

시내 도착하자마자 페스퉁 호엔살즈부르크로 발걸음을 옮겼습니다.

성 아래 성당 광장에 도착.

성당 광장에서 올려다보는 호엔살즈부르크 성. 걸어서 한 30분 정도면 오를 수 있을 것이지만, 살즈부르크 카드를 괜히 샀겠습니까 어디? 공짜 트램을 타고 룰루랄라 올라갔지요오.

연륜이 마구 솟구쳐 나오는 고성의 자태.

성에서 내려다보는 살즈부르크 정경입니다. 도심 가운데 살자흐 강이 흐르는 포실한 모습이 보기 참 좋죠?

성 아래 경치 실컷 한 후 성곽 계단을 타고 성 안으로 들어갑니다.

성 내부 한 공간을 박물관으로 개조한 곳이 있더군요. 그 안을 들어가 보니 제일 먼저 전시되어 있는 마리오네트들이 눈에 들어옵니다. 왼쪽 사진 가운데 인물이 바로 옛날 이 성의 권장이었던 주교입니다.

박물관을 벗어나 성 안쪽 마을 터로 들어섰습니다.

성루 쪽으로 올라갔습니다. 서쪽 하늘은 이미 석양에 물들어 있군요. 광장에서 올려다 봤을 때와 달리 성은 그저 아기자기하면서 왜 그런지 쓸쓸해 보입니다.

성 뒤쪽에 펼쳐있는 마을. 드넓은 잔디밭 가운데 작은 집 한 채라……. 저런 집에서 살면 얼마나 시원할까요? 탁 트인 것이.

이제 성을 떠납니다. 성당 광장 전경. 그리고 장난감 같은 건물들.

성당 광장을 지나 들어선 레지덴스 광장Residenz Platz. 아치문을 갖춘 광장 구석 공간에 파티션이 설치되고 있습니다. 밤에 공연을 하는 모양입니다. 기다릴 시간은 없고 해서 그냥 숙소로 돌아갔습니다.

숙소에 도착하자마자 샤워한 후 잠시 쉬었다가 중앙역 앞의 인터넷 카페로 향했습니다. 숙소 컴퓨터는 USB 잭 커넥터가 고장 났기에 별 수 없이 그곳에서 사진 파일들을 정리해야 합니다. 인터넷 카페에서의 작업을 끝냈을 때는 이미 밤이 깊어져 있는 시간. 어디 가서 맥주 한 잔 하고

싫어집니다. 그렇게 술집을 찾아 거리를 걷는 중에 쓰레기통 뒤지는 노인 한 분을 보게 됩니다. 그냥 지나치지 못하겠더군요. 어쩌면, 혹, 내 말년의 모습이 저럴 수도 있겠다는 생각, 사무치게 듭니다. 자유에 속박된 자로서의 걱정이죠. 측은한 마음에 5유로를 건네주자 이 영감님, 무척 잰틀하게 인사합니다.

"고맙소이다."

이 말을 남기고 쓰레기통을 유유히 떠나는 영감님. 거지래도 품위가 있어 보입니다. 그 영감님의 발걸음 보다 돌아서는 내 발걸음이 더 무겁습니다. 없이 사는 자의 평온함과 가지려고 버둥대는 자의 초조함. 이 시간 이 거리, 이 둘의 대비對比가 교차하고 있었습니다.

살즈부르크에서의 마지막 밤 시간. 술집을 찾는 대신 그냥 살자흐 강변을 거닐며 살즈부르크의 야경에 몸을 맡겼습니다.

Tip

↘ 여행지 주변에 소문난 산이 있으면 반드시 가 보라. 산은 그 지역의 기(氣)를 지니고 있다. 듬뿍 받고 오는 것, 괜찮은 여정이 된다.

↘ 삶은 진지함을 요구하지만 때로는 장난도 허락한다. Tension과 Relax. 너무 무게 잡으며 살지 마라. 가뜩이나 무거운 삶의 무게.

↘ 장기간의 여행, 사진 파일 정리를 위해서라도 노트 북(혹은 넷 북이라도)은 반드시 지참하라.

↘ 여행 중에는 묵을 곳을 잘 찾는 것도 중요한 요소가 된다.

Austria
Salzburg
Ⅲ

살즈부르크에서의 마지막 날. 뮌헨으로 출발하는 기차 시각은 오후 3시. 그렇다면 아침부터 대략 5~6시간 여유가 있습니다. 그래서 시도하기로 한 것은 바로 Sound of Music Tour~! 아침 9시 30분에 출발, 오후 2시에 돌아오는 37유로짜리 코스. 제법 거금을 들여야 하는 것이 마음에 걸리지만, 어쩌겠습니까, 왔으니 살즈부르크를 제대로 느끼고 가야죠.

투어 버스는 숙소 근처에 있는 광장에서 출발합니다. 시간이 되어 버스에 올라 맨 앞자리에 앉았습니다. 버스는 맨 앞자리에 앉아야 드라이브 맛이 납니다, 원래(터키에서 삼순 갈 때도 재미 보았더랬죠). 그런데 잠시 후, "저기요~." 하며 내 옆에 서서 내 옆 빈자리를 노리는 젊은 여학생이 눈에 확 들어옵니다.

'아니, 이게 웬 떡? 아니, 뇨자 애?'

호주에서 왔다는 헤리엇Heriot이라는 착하게 생긴 친구. 같이 유럽 여행에 나선 오빠는 스페인에다 떨어뜨려 놓고 혼자 동쪽으로 왔다는군요. 오냐 그래! 니 오래비 잘 버리고 왔다! 오늘의 투어 분위기, 더 바랄 것 없이 아주 그냥 상큼합니다~. ^^

버스가 달리는 동안 가이드는 차 앞에 떡 하니 서서 승객들을 향해 능글맞게 '주둥이' 공력을 자랑합니다.

"에……. 사실 사운드 오브 뮤직은 사실 내용과 다른 게 많습니다. 어쩌고저쩌고……. 하지만 뭐 어떻습니까? 그 영화 덕분에 수십 년이 지난 지금까지도 살즈부르크는 관광객으로 넘쳐나고 또 나 같은 사람이 먹고 살 수 있는 직업도 생겨났죠. 어쩌고저쩌고……."

투어 설명을 하던 이 친구, 자기 코 앞 좌석에 앉아있던 나와 헤리엇을 보고는 느닷없이 묻습니다.

"헤이~. 니들 시방 허니문 여행 중?"

당황한 헤리엇, 얼굴 빨개지며 버벅거립니다.

"에, 저, 그냥 자리가 나서 같이 앉게 된 건데……."

가이드 왈, "오우~. 그렇다면 무쟈게 빨리 진전된 거네?" 사람들이 와~ 웃고 난 후 내가 시치미 떼고 점잖게 한 마디 보탰죠.

"안 될 것도 없지."

그러자 더 큰 웃음소리가 터집니다. 가이드가 이번에는 내게 묻습니다.

"너 어디서 왔는데?"

"한국에서 왔다."

그러자 자기가 LA에 있을 때(자기 아버지는 미국인이랍니다) 아리랑 TV를 자주 봤답니다. 그러면서 아리랑 노래까지 능청스럽게 불러 젖히네요. 요놈 요고, 제법 귀엽게 놉니다.

버스가 처음 도착한 곳은 레오폴트스크론 궁전Leopoldskron Palace입니다. 궁전을 끼고 있는 레오폴트스크론 호수. 그림 같죠?

호수 맞은편에서 바라보는 궁전 뒤편 모습입니다.

자, 이곳은 어떤 곳이냐. 트랩 대령이 비엔나로 돈 많은 과부 애인을 데리러 간 며칠 동안, 마리아는 트랩 대령의 일곱 아이들을 데리고 시내니 운터스베르크니 싸돌아다니며 열심히 노는 것으로 하루 해를 띄우고 지웁니다. 그러던 어느 날, 그날도 하루 종일 돌아다니며 놀다가 마지막 코스로 마을 어귀에서 나무 위에 매달려 매미 놀이를 신나게 즐긴 후 조그만 거룻배를 타고 이 호수를 건너 궁으로 돌아오는 마리아 일당. 마침 이날 비엔나에서 애인을 데리고 돌아와 궁 후원에서 애인과 함께 노닥거리고 있던 트랩 대령. 마리아와 아이들은 호숫가에 나와 있던 대령을 보고 놀라서는 모두 기우뚱거리는 배에서 떨어져 물에 빠집니다. 그 장면에 나오는 호수가 바로 여기입니다. 영화에서 트랩 대령의 집으로 묘사되는 곳은 이 레오폴트스크론 궁전뿐만이 아니라 헬부른 궁전과 다른 건물을 섞어서 짜깁기 한 것입니다. 이게 바로 헐리우드 식 '개구라'인 것이죠. 한편, 이 궁전 건물은 개인 소유로 있다가 오래 전 하버드 대학교에 기증되었다고 하는데 지금은 출입금지입니다. 그래서 호수 맞은편에서 감상하는 것만 가능합니다. 췟.

다음 코스는 어제 들렀던 헬부른 궁전인데 어제는 미처 들르지 못했던 다른 구역입니다. 그곳에 이 정자Gazebo가 있죠(사진 속 애가 바로 지 오래비 내다 버리고 내 품에 안긴 헤리엇입니다요).

영화에서는 트랩 대령의 맏딸 리즈Liz가 우체국 배달원인 롤프Rolf와 눈이 맞아 비를 피해 이곳으로 들어가서, "I am sixteen going on seventeen~. I am seventeen going on eighteen~." 어쩌고 하며 닭살 돋는 이중창을 부릅니다. 나중에 트랩 대령도 마리아와 함께 이곳에서 〈Something good〉이라는 노래를 부르며 사랑을 속삭이기도 하고요. 그

애비에 그 딸내미라고 부전여전입니다. 이 정자도 원래 이곳에 있는 것이 아닌데 영화 찍을 때는 레오폴트스크론 궁전 호수 근처에 세웠다가 그 후 그 곳 장소가 협소하다 하여 이 헬부른 궁전 한쪽에다 세워놓은 겁니다. 하여튼 영화 한 편 찍느라고 온 살즈부르크를 벌집 쑤시듯 한 것입니다.

다음 코스는 논베르크 수도원Nonnberg Abbey. 영화 마지막 부분, 트랩 대령은 제3제국의 호출 명령을 거부하고는 가족과 함께 야반도주하려다 나치 앞잡이 젤러Zeller에게 딱 걸리죠. 그 장면이 촬영된 곳입니다.

시내를 가로질러 도심을 떠나 다음 코스로 이동합니다. 이곳은 성 미카엘 성당에 가기 전에 위치한 몬트제Mondsee, Moon Lake입니다.

이곳 역시 살즈캄머굿 지역에 소재한 미카엘 성당 Church St. Michael입니다. 공식적으로는 몬트제 교구 미카엘 성당Mondsee Basilica of St. Michel, 이렇게 불립니다. 오스트리아 잠수함 함장 출신 바론 게오르그 폰 트랩 Baron Georg Von Trapp 대령과,

고아로 성장한 견습 수녀 출신 가정교사 마리아 아우구스타 쿠츠체라 Maria Augusta Kutschera가 폼 나게 웨딩마치를 올리는 곳이죠. 헤리엇을 세워 놓고 교회 배경으로 사진을 찍어주자 나는 안 찍느냐고 묻습니다.

"말두 마라. 지금까지 다닌 곳에서 찍은 교회 배경 사진이 수백 장이다. 한국 가면 사람들이 그럴걸? 너 크리스천 된 거냐고."

헤리엇, 알만하다며 ㅋㅋ거립니다.

교회 안에 들어가 보니 영화에서 본 것과 달리 의외로 협소합니다.

영화에 나오는 마리아와 일곱 아이들 모습왼쪽 사진입니다. 그리고 수십 년의 세월이 흐른 후의 영화 속 아이들오른쪽 사진.

O'Hare comes alive with 'Sound' of reunion

실제 트랩 대령과 마리아의 결혼식 사진(1928년). 이때 트랩 대령 나이는 47살, 마리아는 25살이었습니다. 순 도둥늠……. 오른쪽 사진은 당시의 마리아 모습. 이뿌죠?

트랩 대령은 1947년 눈을 감습니다. 그리고 40년 후인 1987년 마리아도 그의 곁으로 가죠.

영화 속 장면. 나치의 손에서 탈출하기 전 합창대회에서 눈물로 에델

바이스를 부르는 바론 게오르그 폰 트랩 패밀리.

투어가 끝나고 다시 시내 광장으로 돌아오자 정확하게 오후 2시. 헤리엇은 내 다음 일정을 묻습니다. 그러나 아쉽지만 나는 이제 살즈부르크를 떠납니다. 헤리엇에게 가벼운 악수와 함께, "굿 럭~!" 해준 후 중앙역으로 달려갑니다. 이제 쏠쏠했던 〈Sound of Music〉의 살즈부르크를 떠나 뮌헨으로 갑니다.

Tip

↘ 영화 같은 스토리 한 가지도 없는 삶은 삭막하다. 인생은 위로만 치닫는 것이 아니라 옆으로도 달릴 줄 알아야 재미있는 것이다.

German Munchen I

늦은 오후, 뮌헨 하우프트반호프 중앙역Hauptbahnhof Sentral Sta tion에 도착했습니다. 살즈부르크에서 미리 사 둔 바이에른 카드Bayern Karte를 폼 나게 뽑아 들고는 전철을 잡아탔습니다. 내가 도착해야 할 곳은 중앙역에서 여덟 번째 역인 투르더링Trudering 역. 전철을 잡아타기 전 노선들이 무척 복잡해서 헤매다가 별 수 없이 또 길을 묻는 나그네 신세가 됩니다. 뮌헨 사람들, 너무 친절하네요. 서로 앞을 다투어 길을 알려줍니다. 덕분에 쉽게 노선을 찾아 전철을 탔습니다. 뮌헨의 전철 시스템은 서울과 확연하게 다른 것이 하나의 플랫폼에서 다른 노선 전철들을 탈 수 있다는 것. 그저 플랫폼에서 원하는 노선의 전철을 기다렸다가 타기만 하면 됩니다. 그런 것을 가지고 나는 서울의 전철 시스템을 떠올리면서 노선 별 플랫폼을 찾으려 했으니 고생할 수밖에요.

한적한 교외 지역이지만 제법 부티 나는 마을에 위치한 숙소, 펜션 M. 이곳도 통제가 심합니다. 밤 11시 이전에는 들어와라, 빨래는 일체 해주지 않으니 전철 타고 두 정거장 나가서 코인 세탁기로 해결해라……. 화장실에서의 자체 손빨래도 절대 불가. 그러면서 수건만은 왜 세탁해 준다는 것인지 도무지 이해가 안 됩니다. 그 정도야 까짓 것 견딜만합니다. 하지만. 가장 핵심적인 문제. 숙소에 공용 컴퓨터를 비치해 놓지 않았다는 것. 그런 사실은 홈페이지에다 분명히 밝혔어야 하거늘, 일체 그러지도 않았더랬습니다. 그러면서 우리 펜션이 엄청 좋네 어쩌네 하는 말은 넘쳐나고. 거래의 기본도 모르는 주인아주머니. 사진 파일 정리하는 일이 하루라도 늦추어지면 얼마나 개고생이 되는지는 이미 살즈부르크에서 겪었던 만큼 무슨 방법을 써서라도 사진 파일 정리를 위해 컴퓨터 사용을 강력하게 요청한 후 저녁 시간 활용을 위해 서둘러 마리안느 광장으로 직행합니다.

광장에 도착하자마자 찾아간 곳은 바로 알로이스 달마이어 Alois Dallmayr 마트입니다. 이곳에서 세바스챤 커피와 치즈 다섯 조각을 샀습니다.

마리안느 광장에 있는 타운 홀Town Hall. 이 건물의 시계는 정각마다 종소리와 함께 인형 퍼포먼스를 보여줍니다.

타운 홀 앞의 광장. 스페인 풍의 버스킹 그룹이 연주를 하고 있더군요.

주변 거리를 돌아다니다가 용하다고 소문난 호프 브로이 하우스Hof Brauhaus에 들러 흑맥주Hofbrau Dark Beer와 돼지 족발 Crispy Roasted Knuckle of Pork을 주문해서 먹어봤습니다. 맥주 맛은 좋은데 족발은 어디 감히 장충동 족발에 비하겠습니까.

그렇게 호프브로이에서 나그네 여정의 숨을 돌리고 있자니 뮌헨의 첫 밤이 시작됩니다. 그나저나 뮌헨 다음 코스로 잡은 로텐부르크Rothenburg는 아무래도 취소해야겠습니다. 뮌헨에서의 하루가 더 필요할듯하다는 본능이 꿈틀거립니다.

숙소로 돌아가니 컴퓨터는 준비되어 있지 않았습니다. 어쩔 수 없죠. 주인아주머니에게 오늘 밤만 묵은 후 내일 아침 다른 민박집을 찾아 나서겠다고 했습니다. 아주머니도 투숙객이 불편하다는데 어쩌겠습니까? 웹 검색이야 와이파이로 연결되는 갤탭으로 얼마든지 가능하지만 사진 파일 정리는 일반 컴퓨터 없이는 안 되기에, 이번 여행길, 내가 투숙할 민박집의 컴퓨터 유무 여부는 중요한 사안일 수밖에 없습니다. 하여튼 왜 넷북은 놓고 와가지고는……. 두고두고 후회막급입니다.

이날 밤, 같은 방에 투숙한 어느 마음씨 좋은 대학생으로부터 노트북을 빌려서 어렵게 사진 파일을 정리했습니다. 대신 그 학생에게는 달마이어 마트에서 사온 치즈 한 덩이를 건네주었습니다. 그러다가 우리는 말이 통할듯하여 각자 가지고 있는 맥주와 와인을 챙겨 들고 정원으로 나가 내가 풀어놓은 치즈를 안주 삼아 조촐한 파티를 벌였습니다. 물론 이 자리에는 함께 방을 쓰던 다른 두 친구까지 합석시켰죠. 이 젊은 친구들, 제법 건실한 것이 생각 바르고 매너 좋더군요. 든든해 보입니다. 하지만 이 친구들과의 즐거운 파티도 오래가지 못했습니다. 밤 11시가 되니 아주머니의 남편인 풍채 좋은 독일 영감님이 나와서 그만 방으로 들어가라고 통제합니다.

다음날 아침, 웹 검색으로 멀지 않은 곳의 민박집을 찾았습니다. 망설일 것 없이 길을 나섰죠. 전철을 타고 한 번 환승해서 도착한 곳은 다글핑Daglfing 역. 그곳에서 대단히 시골스러운 쿠니호Kunihoh 마을을 만나게 됩니다. 마을 어귀에서 5분가량을 터덜터덜 걸어 들어가니 예약한 민박집이 나타납니다. 민들레 민박집. 60연세는 조히 넘어 보이는 할머니가 운영하는 곳. 음식도 정갈하고 정도 많고 빨래도 일일이 다 해줍니다. 물론 성능은 떨어지지만 컴퓨터도 번듯이 있고 말이죠. 방 배정 받고 짐을 풀고 보니 온 몸이 땀에 젖었습니다. 아침부터 날씨가 찝니다. 별 수 없이 다시 한 번 샤워를 해야 했죠. 그렇게 시간 까먹다 보니 아침 11시. 이제 숙소를 떠나 시내로 향합니다.

다시 들른 마리안느 광장. 그리고 광장 초입에 있는 오페라 하우스입니다.

마리안느 광장을 조금 벗어나서 찾아간 곳은 바로 빅투알리안 시장Viktualien Markt입니다. 크기는 작지만 제법 알찬 재래시장입니다. 시장 입구에는 여러 기념품 매장도 있습니다.

시장 입구에 도착. 이제부터 시장 구경 들어갑니다.

시장 한 가운데에는 사람들이 몰려 앉아 이 가게 저 가게에서 산 먹거리를 풀어놓고 맛을 즐기고 있습니다.

내 눈을 피할 수 없는 것, 치즈.

달마이어 마트 못지 않게 치즈 종류가 참 다양합니다.

어제 산 치즈 중에서 살아남은 녀석을 미처 챙겨 나오지 않았기에 점심 요기 감으로 요놈을 샀습니다. 덩치에 비해 너무 싸서(1유로 50센트) 혹시나 했지만

먹어보니 입에서 살살 녹을 정도로 맛있더군요.

과일 가게에서는 자두 세 개를 샀죠. 치즈와 자두. 이따가 들를 잉글리쉬 공원에서의 점심 참으로 훌륭합니다.

시장 구경을 마치고 나오려는데 아주 예쁜 카페가 내 발걸음을 붙잡습니다. 그냥 갈 수 있나요? 2층으로 올라가 아래를 내려다보며 커피 한 잔과 함께 다시 한 번 시장 정취를 즐깁니다.

시장을 떠나 발걸음을 옮긴 곳은 막스 요셉 광장Max Joseph Platz. 광장에 위치한 저 건물은 국립극장이라고 하는군요.

막스 요셉 광장을 지나면 오데온스 광장Odeons Platz이 나오고 왼 편의 용장 기념관펠트헤른할레 Feldherrnhalle이 먼저 눈에 들어옵

니다. 용장 기념관. 독일의 군사 기념관입니다.

용장 기념관에 얽힌 옛 얘기를 곁들여보죠. 1920년 뮌헨. 아돌프 히틀러Adolf Hitler 호프브로이하우스 맥주 집에서 2천 명 동지를 모아놓고 나치당 결성을 선포한 후 승승장구합니다. 그러던 1922년, 베니토무솔리니Benito Mussolini의 파시스트 당이 로마에 진군하자 엄청 삘을 받고는 1923년 11월 뮌헨에서 분기탱천 봉기를 시도하죠. 하지만 바이에른Bayern 주(뮌헨은 바이에른 주 소재)의 군부와 관료의 지지를 얻지 못하고 실패로 돌아갑니다. 히틀러는 이때 이 광장을 행진하던 중 경찰로부터 총알 세례를 받아 부상을 당하고 많은 동지까지 잃습니다. 그 뿐 아니라 그는 란츠베르크Landsberg 감옥에 체크 인 하고 맙니다. 하지만 옥중에서 그는 자신의 생애 역저인『나의 투쟁 Mein Kampf』을 저술해내죠.『나의 투쟁』은 자신이 동유럽을 정복함으로써 게르만 민족의 생존권역을 동방으로 확장하겠다는 청사진을 담고 있었고, 이 내용은 민중들의 폭발적인 지지를 받게 됩니다. 그로써 히틀러는 당시의 민주 공화제를 전복할 기반을 마련합니다. 대박 터뜨린 거죠. 6개월 수감 생활 후 체크 아웃 한 히틀러는 흩어진 당원들을 찾아 다니며 나치당 재건에 나섭니다. 그렇게 눈물겨운 투쟁 끝에 집권에 성공한 히틀러. 그는 뮌헨 봉기 당시 죽어간 동지들을 잊지 않고 이 기념관의 동쪽(동지들이 죽은 곳)에 항상 헌화를 하러 왔었다고 합니다. 2차 대전이 끝날 때까지 이곳을 지나가던 사람들은 반드시 나치 식 경례를 해야 했습니다. 친위대가 눈알 부라리며 지키고 있었으니까요오. 이러한 역사를 품고 있는 펠트헤른할레. 이 명칭은 전쟁 중 기갑사단 등 부대 명칭으로도 널리 쓰였다고도 합니다.

용장 기념관 정면에는 바이에른의 옛 영웅들이 조각상으로 모셔져 있고 바이에른의 상징인 사자가 그들을 수호하고 있습니다.

이 조각상의 주인공은 독일을 무대로 프로테스탄트교와 가톨릭교 간에 박 터지게 싸운 30년 전쟁(1618년~1648년)에서 가톨릭 군을 이끌고 혁혁한 공을 세웠던 틸리Graf Von Tilly 사령관. 평소 행동이 하도 경건해서 얻은 별명이 '갑옷 입은 수도사Monk in Armor'. 무게땅 엄청 잡았다는 것이죠.

이 양반에 대해서는 재미있는 일화가 전해집니다. 바로 내가 포기한 여정지, 로텐부르크와 얽힌 이야기. 1631년 틸리 장군은 프로테스탄트교로 개종, 가톨릭교의 신성로마제국에 반기를 든 로텐부르크를 정복합니다. 그는 로텐부르크를 불태우고 시의원들을 처형하라고 명령 내리죠. 그러자 왕 쫄아버린 시의원들이 연회를 베풀어 틸리 사령관을 살살 달랩니다. 와인 몇 잔 마시면서 기분이 좋아진 틸리는 엉뚱한 제안을 합니다. 3.25리터 짜리 초대형 술잔에다 와인을 가득 따르고는 누구든 그것을 한 번에 다 마시면 자기가 내린 명령을 취소하겠다는 것. '니들 중에 설마 누가 그걸 해 내겠냐고~.' 하는 생각에 장난 좀 치려고 했던 것이겠죠. 어쨌거나 이 술 한 잔에 시의 명운이 달리게 된 상황. 어느 누구도 선뜻 나서지 못하고 있는 중에 비장한 심정으로 나서는 사람이 있었으니, 바로 시장 자리에 있던 느슈Nusch 였습니다.

"시방 참말이제?"

"암만."

"약속 혀. 하늘 땅 별 땅 각개 별 땅!"

그러고 나서 와인 잔을 집어 들고 마시기 시작하는 느슈. 틸리는 슬슬 웃으며 그 모습을 지켜봅니다. 한 모금 한 모금이 힘겨워 보이는 느슈. 그러나 그는 꿀꺽꿀꺽 기어이 원 샷 때려버리고 맙니다.

"음마? 야 좀 보소?"

황당해 하는 틸리를 향해 느슈는 두 눈 풀어진 상태에 두 다리 비비 꼬면서도 빈 잔을 거꾸로 해서 머리 위로 들어 올려 보입니다. 틸리는 약속은 약속인지라 자신의 명령을 취소할 수밖에요. 그렇게 해서 로텐부르크는 하루 밤 불꽃놀이 깜에서 무사히 살아남아 오늘 날 '중세의 보석'이라는 칭송을 받으며 독일을 대표하는 관광지로 자리 잡을 수 있게 된 것입니다. 한편, 로텐부르크 사람들은 느슈 시장의 원 샷을 기리기 위해 이 사건 이 후 해마다 성신강림절이 되면 〈위대한 들이마시기〉 제목의 인형극을 공연한다고 합니다.

틸리 오른쪽의 브레데Karl Philipp Von Wrede 장군. 오스트리아 군과 나폴레옹 군, 러시아 군 등과의 큰 전투에서 바이에른 군단을 이끌었다고 합니다. 또 1815년에는 프랑스 혁명 전쟁, 나폴레옹 전쟁, 신성로마 제국 해체 등 굵직한 사안들로 개최된 비엔나 회의에 바이에른을 대표하여 참석했을 정도였다니, 뮌헨 고을에서 방귀께나 날린 맹주였나 봅니다.

펠트헤른할레 우측에 있는 것은 테아티너 교회Theatiner Kirche. 1663~1688년 간 바로크 양식으로 지어졌다고 합니다.

내부의 회 반죽 장식과 정면의 쌍탑은 이탈리아의 바로크 양식에서 받은 영향.

1세기 후에는 벨기에의 건축가가 정면 일부를 손보았다고 하는군요. 프랑스 쪽 유행을 넘봤는지 로코코 풍도 느껴집니다. 이 교회의 지하에는 비텔스바흐Wittelsbach 왕가의 공주들이 묻혀있다고 합니다. 이 비텔스바흐 왕가는 오랜 역사를 자랑(12세기부터 형성했다고도 하고 트로이아에서 기원했다고도 하는 등 불분명함)하면서 수세기 동안 바이에른과 팔츠Pfalz, 윌리히-베르크Julich und Berg 지역에 대한 통치권을 행사해 온 제법 뼈다구 굵었던 가문입니다.

오데온스 광장을 벗어나기 전에 예쁘게 단장된 입구가 보이기에 들어선 곳, 레지덴스 궁전Residenz Palace입니다.

이리저리 둘러보고 있자니 한 여자가 사진을 찍어달라네요. 이쪽으로 찍어 달라, 저쪽으로도 찍어 달라, 그렇게 세 컷이나 찍어주고 나서도 계속 말을 붙입니다. 이 여자, 수상합니다. 내게 작업을 거는 것입니다. 딱 보니 꾼으로서의 작업. 허~, 내가 그렇게 쉬운 남자로 보이디? 미안하다만 내가 한 로맨스 품고 사는 사내거등? 최소한의 드라마도 없는 이런 어울림, 시간 낭비죠. 우아한 미소로, "굿바이~." 해주고는 경공술을 펼쳐 바람같이 그 자리에서 벗어나 잉글시쉬 공원으로 향합니다.

Tip

↘ 거래는 신성한 것. 내가 원하는 것을 얻으려면 주는 것도 확실해야 한다. 갓 파더 돈 꼴레오네도 그러지 않았는가? "거래를 할 때는 상대방이 거절하지 못할 제안을 하라."

German
Munchen
Ⅱ

잉글리쉬 공원에 도착. 공원 가운데를 가로지르는 냇물에서는 비키니 차림의 여자들이 물놀이를 즐깁니다. 이런 선경이 다 있구만요!

잉글리쉬 공원. 남녀노소 누구나 빤쮸만 남기고 다른 부위는 홀라당이 가능한 곳. 가슴가리개까지 벗어젖힌 채 드러누워 있는 여인네들도 간혹 보이고. 이런 문화, 촌각을 다투어 국내 도입해야 합죠!

떨어지지 않는 발걸음을 힘들게 옮긴 다른 잔디밭에서는 축구 시합이 한창입니다. 그것을

구경하면서 왼쪽에 있는 큰 나무 아래에 앉아 빅투알리안 시장에서 사온 치즈와 자두를 먹었습니다.

잉글리쉬 공원 귀경 한 번 잘 했겠다, 점심 요기도 해결했겠다, 이제는 공원을 떠나 근처 슈바빙Subabing 거리에 들어섰습니다.

1970년대 한국에 슈바빙 붐을 일으켰던 유려한 문체의 전혜린이 거닐었던 거리. 그때의 감성을 찾아 한 걸음 한 걸음 조심스레 주변 경관을 살핍니다.

거리 중간 쯤 위치한 개선문Siegestor입니다. 뮌헨은 살즈부르크나 비엔나에 비해 조금은 엄숙해 보입니다. 마치 눈을 감은 채 상념에라도 젖어있는 듯. 전혜린의 그 우울한 감성, 수긍될 만합니다.

슈바빙 거리에 있는, 전혜린이 1955년 유학해서 철학과 문학을 공부했던 뮌헨 대학.

학교 안을 들어가 보았습니다. 우리나라 종합대학의 단과대학 정도의 규모로 건물은 작기만 합니다. 마침 수업 중인지 학생들 모습은 잘 보이지 않네요.

학교 후문입니다. 이곳으로 학교를 빠져 나와 길 건너에 있는 카페들에게 눈길을 줍니다. 그 중 한 곳을 정하고 앉았습니다. 전혜린도 그 옛날 이곳에 앉아 커피를 마셨을까요? 나는 커피 대신 와인을 한 잔 시켰습니다.

카페에서 만난 크로아티아 여자 밀레나Milena. 이 여인네 나이가 어떻게 될까요? 놀랍게도 60

입니다! 물론 세로로 잡히는 턱살이 그 정도 연식을 보여주지만, 몸매는 홀쭉한 것이 완벽한 엘프 급입니다.

대부분의 유럽여자들, 십대 때는 엘프 몸매 자랑하지만 나이 스물 넘기면서 배 나오고(심하면 쳐지기까지) 어깨 두툼해지고 결정적으로 엉덩이가 왕덩이로 변합니다. 그런데 이 여인은 그런 루틴 체형에서 한참 벗어나 있다 이것입니다. 그 뿐 아닙죠. 젊었을 때 대단한 미인이었을 것이 분명하다 싶을 정도로 아름다운 자태까지 겸비하고 있습니다. 그런 분이 마구 안겨오니, 이 기분 참, 으허허허~.

이 친구는 스튜디오 프로듀싱 일을 하는 클로드Claude입니다. 서로 먹고 사는 얘기로 대화를 나누던 중 이 친구가 내게 이렇게 말하더군요.

"내가 보기에 넌 예술가 같다."

예술가라…….

"글쎄다. 그저 난 내게 주어진 삶을 살 뿐, 굳이 예술이라고는 하고 싶지 않은데."

내가 헛웃음 지으며 대답해 주자 클로드, 뭔가 이해했다는 뜻으로 씨익 웃어줍니다.

그들과 헤어진 후 슈바빙 거리를 떠나 칼츠Karlz 광장으로 향했습니다. 칼츠 광장 중앙에 있는 분수대가 요란하게 물을 뿜어대고 있습니다.

분수대를 기점으로 칼츠 광장의 번화가가 시작됩니다.

여기는 어제 들렀던 호프브로이와 맞수 관계인 아우구스티너Augustiner 호프집입니다. 이곳에서도 직접 만들어 파는 Vice 맥주를 시음했죠. 오른 쪽 사진 하단의 친구. 서빙 맨입니다. 요 쉐리가 엄청 불친절하더군요. 주문 받을 때부터 표정 일그러져 있더니, 가져다주는 맥주잔도 턱~ 소리 나도록 테이블에 대충 내려놓습니다. 어이없지만 참아야죠. 그런데 응징의 기회가 오더군요. 맥주 다 마시고 계산서 달래서 계산하고 보니 1센트가 남습니다. 그것을 그냥 테이블에 두고 자리를 뜨는 내게 이 친구, 돈 놓고 간다며 동네 애 부르듯 싸가지 없는 말투로 부릅니다. 으흐흐, 걸려들었지 요놈……. 척 돌아보고는 우아한 미소로 얘기해줬죠. 다른 사람들도 듣도록 목소리 크게 해서.

"헤이 보이~! 너 정말 친절하던데, 그거 팁이다!"

돌아서는 길. 일그러지던 그 친구 얼굴이 눈에 삼삼하게 남습디다. ^^

오늘은 일찍 숙소로 돌아가서 사진 파일을 정리해야 합니다. 그리고 궁리 좀 해서 결정할 것이 있습니다. 내일의 일정을 뮌헨의 어나더 플레이스로 잡을 것이냐, 아니면 퓌센Fussen으로 돌릴 것이냐…….

숙소가 있는 퀴니호 마을로 돌아왔습니다. 수확을 마친 들판, 마침 해 저무는 이 시간에 석양으로 벌게지고 있습니다. 들판 멀리 점 두 개가 움직이기에 줌으로 당겨 보니 마을 아이들이 뛰놀고 있더군요. 숙소고 뭐고 나도 뛰어들어 같이 놀고 싶어지는구만요~.

숙소에 들어가서 샤워부터 한 후 컴퓨터 켜고 오늘 찍은 사진들을 외장하드로 이동 드래깅하니, 소요 시간이 무려 1시간이나 걸린다는 안내창이 뜹니다. 컴퓨터 사양이 그만큼 좋지 않아서 그렇습니다. 그렇다면 이 시간을 이용해서 산책이나 하면 좋겠다 싶어 마을로 나섰습니다.

이 마을의 유일한 구멍가게입니다. 저녁 6시 30분이면 쥔장은 칼 퇴근합니다. 그래서 필요한 야참거리는 아침에 미리 사 둬야 합니다.

마을 중심을 가로질러 천천히 걸어 마을 안쪽으로 들어가 보았습니다. 그렇게 걷다 보니 길이 끝나고, 다시 광활한 들판이 나옵니다.

들꽃들이 바람에 흔들리는 소리, 풀벌레 소리. 멀리서 들려오는 어린 아이들의 장난치는 소리. 그리고 어디선가 여인네가 자기 아이를 부르는 소리. 그 소리는 아마도, "야 이놈아! 얼른 들어와서 밥 먹어~!"겠죠? 내 어릴 적 때가 후두둑 눈앞을 스쳐지나 갑니다.

그렇게 시간 가는 줄 모른 채 들판에 파묻혀 있다가 숙소로 돌아갑니다. 숙소 방에는 나 포함하여 네 명의 객이 들었습니다. 그 중 나이 서른

되는 한 친구, 친하게 지내자는 의도로 이런저런 말을 붙여 옵니다. 얘기 나누는 것이야 늘 좋죠. 그런데 직업을 묻고 나이를 묻습니다. 여행 중 만난 사이에 그런 것까지 확인하는 것, 중요할까요? 그저 찰나의 인연일 뿐인데.

Tip

↘ 현지인의 불친절에 일일이 반응하지 마라. 다 사람 사는 모습이다.

↘ 나그네의 음식은 나눠 먹는 것이 아니니 요구하지 마라. 어렵게 떠난 여행길, 노자에 축난다. 그러니 자기가 먹을 것, 각자 준비하라.

↘ 나그네끼리는 나이와 생업을 묻지 마라. 스치는 인연, 뭘 알려고 하는가.

German Fussen

다음 날. 오늘의 여정은 뮌헨을 벗어나 휘센으로 가기로 했습니다. 기차로 2시간 거리, 뮌헨 서남쪽에 위치한 휘센은 미국 디즈니랜드 로고의 모델인 노이쉬반슈타인 성Noischbanstein Castle이 있는 곳입니다. 노이쉬반슈타인 성은 19세기 중엽 바이에른의 국왕이었던 루드비히 2세 Ludwig II가 지은 것이라고 합니다. 노이쉬반슈타인이라는 이름은 루드비히 왕이 좋아했던 리하르트 바그너Richard Wagner의 오페라 〈로엔그린 Lohengrin〉 중 백조의 전설에서 영감을 얻어 지었다고 하는군요. 그런 연유로 성 안에는 백조와 관련된 장식이 많다고 합니다.

아침 일찍 숙소에서 나와 전철 타고 중앙역 도착, 바이에른 카드로 기차표 구입(공짜로 ^^). 그런 후 기차 출발 시간까지의 여유 시간을 이용해 근처 거리 풍광을 즐기려는데 아랫배가 슬슬 이상해집니다. 어떻게 된 게 기차역에만 오면 응가가 마렵냐, 이그……. 오늘도 나는 괄약근에게 내 운명을 맡깁니다. 내 수호천사야, 부탁해~! 그건 그렇고, 날씨는 고맙게도 여전히 꾸무룩하네요. 구름 끼고 햇볕은 그리 뜨겁지 않아서 돌아다니기에 딱 좋습니다.

생리 현상의 비예고적 일시불적 전격 기습 발발에 대한 대처 미션을 성공적으로 완수한 후 기차에 올라탔습니다. 기차는 시간이 되자 달리기 시작합니다.

교외의 목가적 분위기가 나를 취하게 합니다. 그야말로 '저 푸른 초원 위의 집'입니다. 2시간을 달려 휘센 역에 도착한 후 성 마을에는 셔틀 버스 타고 10분 정도 더 가야 합니다. 역시 바이에른 카드로 무료 승차.

그런데~! 버스에 오르기 전 멀리 왼 편의 산 중턱 건물이 바로 그 문제의 성곽이 분명하건만, 비계로 덮인 것이 공사 중입니다. 된장 타불! 초장부터 김 확 샙니다!

그러는 중에 문득 옛 생각이 떠오릅니다. 학창 시절, 남도의 바다를 즐겨 찾아 여행길을 놓았을 때. 어느 섬마을에서 만났던 어부가 생각납니다. 출어 나갔다가 신통찮은 어획만 얻고 돌아온 어부 왈, "오늘 못 만난 놈들, 내일 나가면 만나겄제~." 바다가 어디 가겠냐며 말입니다. 그 넉넉했던 어부의 마음을 떠올리며 오늘의 아쉬움을 달래봅니다. 니가 없어지지 않는 이상, 다음에 다시 오면 만나겠지. 그러면 되는 것.

성 아래에는 카페, 식당, 기념품 매장 외에 호텔도 있습니다.

노이쉬반슈타인 성 아래 쪽 호숫가에 있는 꼬맹이 성 호엔슈방가우Schloss Hohenschwangau. 루드비히 2세가 어렸을 때 살던 곳이라고 합니다. 쫌만 지둘려라, 호수 귀경부터 하고 올랑게.

그런데 호수로 향하는 내게 한 무리 여고생들이 환호를 지릅니다. 뭐, 이제는 익숙합니다. 이 주체 못할 절정 인기, 훗~. 사진을 찍어달라고 했더니 서로 달려들어서 찍어주려고 하네요.

그런 후 이 친구들, 서로 밀면서 나와 함께 사진 찍으라고 난리 칩니다.…… 어쩌겠습니까, 관리 들어가얍죠.

"오콰 바쁘니까, 줄 서라. 저 뒤에 새치기 하지 말고!"

서로 밀면서 니가 나가라 내가 나간다, 실랑이 끝에 두 친구가 나섰습니다. 사진 찍은 후 옆자리의 친구에게 이름을 묻자 까르르 웃으면서 고개를 젓네요. 장난치자는 것인데, 쥐쥐배…….

슈타른베르크 호수Starnbergsee. 호수는 너무 맑아서 에메랄드 그 자체였습니다. 오베르트라운에서 경험했던 할슈타트 호수보다는 그 정감이 덜했지만 만만찮은 내공을 보입니다. 노이쉬반슈타인 성을 백조의 성이라고 부른다고 하더니 그 말이 맞습니다. 백조들이 제법 많이 보입니다.

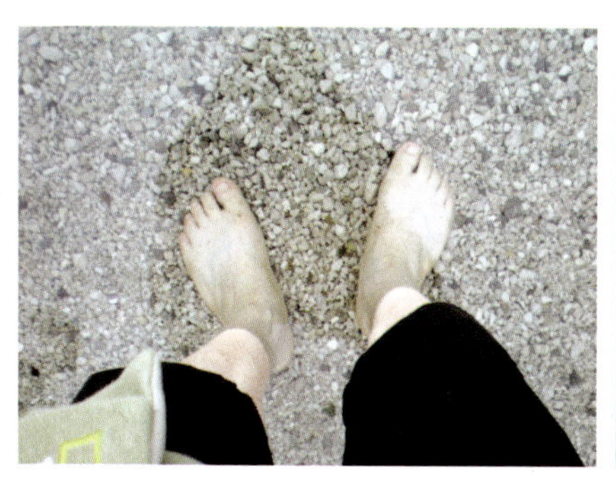

이제 호수를 벗어나 호엔슈방가우 성에 올랐습니다.

애가 살았던 곳이라 그런지 아기자기한 형태가 꼭 장난감 같다는 생각만 듭니다.

성 내부 관람은 또 입장료를 내야 합니다. 쉰부른 궁전에서 공연히 돈 쓴 것 생각나서 내부 관람은 마다하고 밖으로 나와 성 아래쪽을 둘러봅니다.

백조의 성이라고 백조로 연못을 장식해 놓았군요.

아쉬운 마음으로 원래의 노이쉬반슈타인 성의 원 모습을 담아봅니다. 현실은 이렇게 붕대로 칭칭 감고 있고 말입죠. 어게인 된장 타불…….

반쪽짜리로 성 마을 구경을 마감하고 다시 뮌헨으로 돌아오는 기차간에서는 일본에서 온 치사 시바타Chisa Shibata라는 친구와 같은 자리에 앉게 되어 이런 저런 각자의 여행 이야기를 나눌 수 있었습니다.

이 친구 명함을 받아보니 도쿄 어느 지역 소방서가 근무처라고 하는군요.

"소방서? 화이어 맨?"

내가 움찔 놀라니까 마구 웃습니다. 그건 아니고 행정 부서에서 일한다고 하는군요. 그럼 그렇지 작은 체구에 여자 몸으로 어떻게…….

이 친구는 여러 나라를 돌아다니지 않고 그저 독일 안에서만 돌아다닌다고 하네요.

우리는 페친 먹자고 약속한 후 기념사진을 찍었습니다. 그런데 또 여고생 한 명이 나를 보고는 숨도 안 쉬고 뛰어듭니다. 시바타 옆에 세워서 같이 찍었죠, 뭐. 하여튼 이놈의 인기는 당췌……. ㅡ.ㅡv

Tip

↘ 퓌센에 가려면 아침 첫 기차를 타도록 하라. 그 후에 출발하는 기차에는 사람들이 몰리고, 좌석제가 아닌 운행 방식이라 자칫 두 시간이나 서서 가게 될 수도 있다.

↘ 저 푸른 초원을 향해 달려가는 길. 결코 풀밭만 있는 것이 아니다. 자갈도 나오고 가시덩굴도 있기 마련이다. 산다는 것, 절대 만만찮다. 각오하고 달려라.

↘ 목표한 바, 늘 얻을 수 없다. 그렇다고 실망하지는 마라. 빵 부스러기로도 빵 맛은 즐길 수 있으니.

↘ 중세의 낭만과 만나는 곳, 퓌센 노이슈반스타인 성 마을. 이곳을 즐기려면 시간을 조금 더 투자할 필요가 있다. 성 마을 주변에는 마리안느 다리 등 가볼 만한 곳이 더 있다.

Czech
Ceske
Budejovice

이제 이번 유럽 여행의 마지막 나라가 되는 체코로 향합니다. 체코의 첫 번째 방문 도시는 바로 버드와이저Budwiser 맥주의 고향, 체스케 부데요비치Ceske Budejovice입니다.

숙소에서 내주는 아침 밥 잘 챙겨먹은 후 중앙역으로 달려가 체코 플센Plzen행 기차를 잡아탔습니다. 플센에서는 체스케 부데요비치 행 기차로 갈아타야 하고요.

어제는 휘센에서 돌아오자마자 기차역에서 체스케 부데요비치행 기차표를 구하느라 제법 고생을 했더랬습니다. 뮌헨에서 직행으로 가는 노선이 없다는 것입니다. 역무원이 이리저리 노선을 찾은 끝에 플센에서 갈아타는 것이 최선이라며 표를 끊어주더군요. 뮌헨이라는 관광지가 어떻게 체코 행 노선이 빈약한지 의아스러울 뿐입니다.

그나저나 이 기차, 희한한 행동을 보입니다. 체코에 들어서서 한참을 달리다가 어느 역에선가 멈추고는 사람들을 내려놓습니다. 그러고 나서 이번에는 이미 지나왔던 곳을 향해 후진으로 달리기 시작합니다. 잉? 이게 뭔 일? 뒷좌석 사람들에게 물었더니, 기차는 뒤로 돌아갔다가 어느 지점에 도착한 후 다시 플센으로 방향 틀어서 운행하는 것이라네요. 무슨 노선 운영이 이리도 황당한지, 원…….

그렇게 도착한 플센 역. 지금은 가끔씩 전시관으로 쓰이는

옛 서울역 청사 건물과 비슷하군요. 환승 시간이 넉넉하게 남아서 역사 앞에 나와 바람을 쐽니다.

사실 이번 여행에서 은근히 마음을 둔 곳은 바로 보헤미안Bohemian의 나라 체코였습니다. Bohemian. 이 말은 원래 프랑스어 보엠Boheme에서 생긴 말이라고 합니다. 오래 전 체코는 서부의 보헤미아Bohemia, 동부의 모라비아Moravia지역으로 불렸죠. 그 중 보헤미아 지방에 유랑민족인 집시들이 언제부터인가 모여 살기 시작합니다. 여기서 집시는 원래 인도계 사람들로서 유럽을 방랑하며 재예를 파는 것으로 살던 유랑 인이었습니다. 그렇게 유랑생활하며 사는 존재가 스스로 부끄러웠을까요? 그들은 자기들의 고향과 정체를 숨긴 채 이집션Egyptian으로 가장합니다. 이 이집션이 훗날의 집시로 음운 변화를 겪게 된 것입니다. 보헤미아 지방의 집시들. 이를 두고 15세기경부터 프랑스인들이 보헤미안으로 불렀다고 합니다. 이런 보헤미안을 조금 더 우아한 의미로써 영어 명사로 공식화한 사람이 등장하는데, 바로 19세기 중반의 영국 작가 윌리엄 세커리 William Makepeace Thackeray. 대표작『허영의 시장 Vanity Fair』입니다.

세커리.『올리버 트위스트 Oliver Twist』로 유명한 당대의 문호 찰스 디킨스Charles Dickens와 현피 뜰 정도의 문장가였던 그는, 독자 기호 영합 위주의 글을 썼던 디킨스와는 달리 허영이 풍요롭게 넘쳐나던 당시의 중산층 상류층 사람들의 사회를 매우 사실적이고 풍자적으로 묘사했습니다. 하여튼 간에 보헤미안은 세커리 덕을 받으면서 19세기 후반에 이르면서부터는 사회의 관습에 구애 받지 않는 방랑자, 자유분방한 생활을 하는 예술가, 문학가, 배우, 지식인들을 가리키는 말로 뿌리를 내립니다.

또 이 말은, 실리주의에만 빠진 속물근성의 의미, 필리스틴Philistine에 대응하는 말이 되기도 합니다.

보헤미안의 동급 명칭에는, 1970년 이탈리아의 칸쵸네 가수 니콜라 디 바리Nicola Di Bari가 불렀던 노래의 제목 〈바가본도 Vagabond〉가 있습니다. 이 노래는 청상과부 컨셉으로 인기를 얻었던 박인희가 〈방랑자여〉라는 곡으로 번안하여 불러서 한국 포함 동남아 지역에서 히트를 치기까지 했더랬죠. 이 니콜라 디 바리라는 친구는 1971년, 당시 유럽 최고의 가요제인 산레모 가요제에 나가 〈일 꼬레 에 우노 징가로 Il Cuore E Uno Zingaro〉로 떡 하니 1등을 먹기도 하는데(이용복이 〈마음은 집시〉로 번안 발표, 역시 엄청 인기를 얻음), 여기서 Zingaro라는 말도 보헤미안과 같은 뜻이 됩니다.

스스로 생각해 보건대, 어찌 보면 내 그 동안의 삶의 궤적은 징가로, 혹은 보헤미안 같다고 할 수 있습니다. 뭐, 내가 예술가니 문학가니 지식인이니, 그에 해당한다는 것이 아니라 '자유주의자'이다, 이것입니다. 그런 감상적 이유 때문에 이번 여행 중 체코에 마음을 더 두었던 것이죠. 체코 땅, 이제 들어섰으니 인사를 나누어야겠습니다.

"아호이Ahoj 안녕, 체코~."

Ahoj……. 얼른 모바일 폰을 꺼내 이어폰을 귀에 꽂고는 B Tribe의 〈Ahoy〉 음악 파일을 플레이 시켰습니다.

시간이 되어 역으로 들어갔습니다. 플랫폼 한 쪽에서 체스케 부데요비치 행 털털 기차가 나를 기다리고 있군요. 아직 출발 전. 매점에서 잔술 맥주 한 잔으로 목을 축인 후 기차에 오르자 곧바로 출발합니다.

자, 드디어 체스케 부데요비치에 도착했습니다. 이 그림은 미리 챙겼던 안내 사진입니다. 마을 왼쪽으로 흐르는 물줄기가 말세Malse 강이고 가운데쯤에 정방형의 오타카라Otakara 광장이 있습니다. 오타카라 광장은 관광객이 많이 찾는 곳이고 실제는 강 왼쪽으로 신시가지가 따로 있습니다. 하지만 그래 봤자 인구 9만의 아주 작은 시골 도시인 것이 바로 체스케 부데요비치입니다. 나는 이곳에서 내 여정의 중간 쉼을 할 생각입니다.

역에서 나와 숙소에서 보내 준 약도를 펼친 채 숙소를 찾아가는 길, 라노바Lanova 거리를 걷고 있습니다.

라노바 거리 끝에 이르니 이런 설치 조형물이 있네요. 옆도 안 보고 앞 만 보며 어디로들 저렇게 가고 있을까요?

고풍스러운 골목길. 그 끝에 이르자 내가 오늘 밤 신세를 질 숙소가 나타납니다. 우 트리 세트라퀴U Tri Sedlaku. 1층은 식당이고 2층부터가 객실입니다. 이곳의 숙박업소들은 대체로 이런 형태로 운영하는 듯합니다. 내 방은 3층 다락방이었습니다.

짐을 풀고 샤워한 후 보헤미안들을 만나러 슬슬 마을로 나섭니다.

이 마을의 랜드 마크 중 하나인 블랙 타워Black Tower와 성 미쿨라스St. Mikulas 교회.

교회를 등지고 돌아서니 안내 사진에서 본 정방형 광장이 내 눈 앞에 펼쳐집니다. 원 명칭은 프레미슬라 오타카라 2세 광장Premysla Otakara II Namesti. 석양이 슬금슬금 기웃거리는 광장 모습에 뭔가 시적 감흥이 돕니다.

광장에서 만난 현지인 아가씨입니다. 엄청난 미인입니다! 광장 배경으로 사진을 찍고 싶어 주위를 둘러보고 있자니 마침 퇴근길인지 두 젊은 여자가 지나치면서 나를 보고 씨익 웃습니다. 옳지, 찍어주겠다 이거군. 그렇다면……. 가까이 다가가서 정중하게 부탁했죠. 그러면서 이 친구와 제대로 눈길을 나누는 순간, 그만 그 자리에서 내 아래 턱이 두개골로부터

자동이탈, 떨어져 나가더군요.

"아이, 어 이오 이어에아이 에으오아(턱이 빠져서 → 아니, 뭘 믿고 이렇게까지 예쁜고야)?!"

이 친구의 이름은 마르가레타Margaretha. 진주라는 뜻의 이름이자 출산과 관련된 성녀의 이름이기도 합니다. 그래 서 그런지 애는 슴풍슴풍 잘 낳겠습니다, 몸매도 넉넉한 것이. 이 마르가레타라는 이름을 가진 유명한 여자가 있었죠. 바로 제1차 세계대전을 뒤흔들었던 스파이, 네덜란드 출신의 무용수 마타 하리Mata Hari. 그녀의 본명이 바로 마르가레카 게르트뤼다 젤Margaretha Geertruida Zelle이었습니다. 어쨌거나 이렇게 아름다운 여인을 직접 목도해서 그런지 요즘 들어 노안이 된 내 두 눈, 한방에 시력 회복합니다.

마르가레타와 헤어진 후 비 내리는 가슴을 달래가며 광장을 거닙니다. 원래, 미인과의 작별은 이루 말할 수 없이 고통스러운 것으로, 사람이 할 짓 단언컨대 절대 아닙죠!

그런 내 마음을 달래주기라도 하는 듯 광장 건물들이 해 지는 서녘 하늘을 배경으로 마치 무대 세트와도 같은 아름다움을 보여주는구만요.

광장 한 복판에 위치한 삼손Samson 분수대.

광장 한 쪽에 있는 시 청사 건물입니다. 세 개의 탑 사이에 네 개의 작은 조각물, 정의 용기 지혜 분별력을 상징한다고 합니다.

광장은 마치 설치미술작품의 갤러리 같습니다.

광장을 벗어나 말세Malse 강변으로 나와 봅니다. 강이라고 부르기엔 미안할 정도로 협소한 것이 차라리 운하Canal라고 부르는 것이 더 그럴듯하군요. 유럽 사람들은 작은 공간도 '광장', 좁은 물길이라도 '강'으로 부르는 경향이 있습니다.

말세 강변의 노천카페에서 목을 축이는 저 보헤미안들.

카페를 지나 걷다 보면 두 물 머리가 나옵니다. 여기서 말세 강이 블타바Vltava 강과 합류하는 것이죠. 이곳을 거쳐 간 블타바 강은 프라하를 거쳐 북쪽으로 흐르다가 독일의 엘베Elbe강과 만나 북해로 빠집니다. 블타바를 이르는 독일 명칭은 몰다우. 체코 국민음악파의 거장 스메타나 Bedrich Smetana가 교향시 〈몰다우 Molau〉로 아름다움을 묘사한 그 강입니다.

강변 오른 쪽에는 이런 펍 레스토랑들이 늘어서 있습니다.

워낙 마을이 작아서 30분 정도 거북이걸음으로 걸어도 다시 광장 쪽

으로 돌아오게 됩니다. 광장 뒤의 골목길입니다.

시간은 어느덧 8시 30분. 나도 이제 보헤미안의 걸음을 잠시 멈추고 광장 한 쪽에 있는 노천 레스토랑의 한 테이블을 꿰차고 앉아 오리지널 버드와이저에 치킨+햄+치즈 그릴요리를 주문했습니다. 맥주 맛이나 요리 맛, 어찌 이렇게 맛있을까요? ……선녀 주둥이 빠는 맛입니다.

한낮의 열기가 스러져가는 광장은 이제 푸근함만 머금고 있습니다. 그런 정경에 시선을 뿌리고 있자니 가족 단위의 관광객 한 무리가 행복에 겨운 모습으로 내 앞을 지나쳐갑니다. 홀로 여행을 한지 어언 33년. 이제는 여행지에서 내 눈 앞으로 지나쳐가는 가족 단위의 사람들이 사무치도록 부럽습니다. 가족 여행. 내 나이를 돌아볼 때 내가 가질 수 없는 머나먼 얘기가 되고 말았습니다. 가슴에 넘치나니 외로움뿐. 엘리자베스 길버트Elizabeth Gilbert의 〈먹고 기도하고 사랑하라 Eat, Pray, Love〉에 나오는 한 구절이 떠오릅니다.

I' m alone. I' m all alone. I' m completely alone……

광장에 땅거미가 내립니다.

숙소로 돌아오니 숙소 앞 노상에는 야외 테이블들이 널려있고 사람들이 맥주 파티를 하고 있습니다. 객고에 지친 나그네 심정 어디 가겠습니까? 방에 들어가 샤워한 후 다시 밖으로 나와 한 자리 차지한 채 맥주를 주문했죠. 그렇게 혼자 또 개폼 잡으며 맥주를 마시고 있는 중에 일대 사건이 일어납니다. 뭔 사건이냐, 옆 테이블에 앉아있던 웬 소녀가 내게 와서는 자기네 테이블로 와줄 수 없냐고 묻습니다. 웅? 왜에? 떠듬거리는 영어로 내가 마음에 든답니다. 꼬맹이 소녀가요. 거절하면 애 울 것 같아서(ㅡ.ㅡ) 합석했습니다.

내 오른쪽부터 나를 건너 뛰어 토마스Thomas. 뮤지션. 소녀의 사촌 오빠, 나에게 꽂힌 소녀 빠트리샤Patricia, 레지나Regina. 빠트리샤의 엄마. 이혼녀, 폴Paul. 레지나의 현재 남친.

빠트리샤의 나이가 어떻게 되냐고요? 춘향이가 광한루 휘젓고 다녔을 때의 나이, 방년 16살입니다. ㅡ.ㅡ 그런데도 이 어린 친구가 제 엄마하고 맞담배질에 맞술질을 합니다. 좋게 말해 보헤미안답습니다.

나이를 따져보니 지금 35살인 엄마 레지나가 19살 때 얘를 낳은 것이 됩니다. 하여튼 어린 것들이 발라당 까져가지고는. 그나저나 딸내미 뺄 소녀로부터의 대쉬라 ……. 물었습니다. 너 내 나이가 몇 살로 보이니? 돌아오는 답이 나를 화들짝 놀라게 만듭니다. 맥시멈 30살! 오 예~! 그러나 고맙지만 진실은 숨길 수 없는 법. 올해 50살이다. 그러자 이번에는 이 친구들이 뒤로 넘어질 듯 놀랍니다. 왜 그렇게 어려 보이냐면서 말입니다. 그 말에 기분이 좋지만은 않더군요. 공연히 씁쓸해지기까지 합니다. 한 10년만 더 젊었어도 진짜 이 꼬맹이와 어찌 해 보는 건데……. 어디서 맞아 죽을 소리만 골라서 합니다. 빠트리샤는 내 실제 나이에 실망스러워 합니다. 그런데 또 다른 일이 이때부터 시작됩니다. 이제는 제 엄마인 레지나가 내 실제 나이에 어떤 자신감을 얻었는지 내게 대쉬를 해오기 시작합니다. 아니, 자기 남친을 옆에 두고 왜 이러는 거냐고오?!…… 나중에 안 사실이지만, 현재의 남친인 폴과는 헤어질 예정이었던 것. 레지나는 내가 귀국한 후 페친 연결을 하고는 체코로 와라, 같이 살자, 이러면서 난리를 치더군요. 내가 한국 생활 정리하고 그곳에 가서 무슨 일을 해서 느이 가족을 먹여 살리겠냐고 단호하게 얘기했지만 아직도 막무가내입니다. 아오~ 증말…….

레지나의 강권으로 2차까지 달린 이날 밤. 빠트리샤와 레지나는 헤어질 때 나를 꽉 끌어안고는 볼따구에 뽀뽀를 깊이도 묻어 주었더랬죠. 모

녀가 합동으로 왜 이러는지……. ㅠㅠ

다음 날 아침. 숙소 식당에서 내준 아침 식사를 맛있게 해치운 후 길을 나섭니다. 이제 내게 하룻밤의 안락함을 선사해준 다락방과 작별을 고한 후 숙소를 나와 폴을 만나러 말세 강변으로 갑니다.

폴이 어젯밤 헤어지기 전 자기 차로 내 다음 여정지인 체스키 크럼로프까지 태워다 준다고 했기 때문입니다. 약속 장소로 나가니, 조만간 레지나로부터 차이게 될 처지에 있는지도 모른 채 마음만 편한 폴 이 친구, 벌써부터 나와 있네요. 폴의 승용차로 30분 정도 달려서 체스키 크럼로프에 도착했습니다. 내가 프라하 행 기차표부터 예매해야겠다고 하자 시원하게 기차역으로 방향을 틉니다. 오후 2시 출발하는 기차표 확보. 그리고 무거운 배낭은 짐 보관실에 맡기기. 가벼운 마음으로 폴의 차에 다시 올라탔고 폴은 성곽 입구까지 차를 몰고 들어가 나를 내려주었습니다. 혼자 움직였으면 제법 부담스러웠을 동선을 폴 덕분에 쉽게 해결했습니다. 헤어지기 전 폴은 또 만날 것을 약속하면서 그 길로 체스케 부데요비치로 돌아갔습니다. 이 보헤미안을 그대가 언제 또 보랴마는, 그래도 참 착하고 고마운 친구입니다.

Tip

↘ 늘 하루하루에게 인사하라. Ahoj~.

↘ 여행 중에 겪는 모든 것은 결국 허상일 뿐이다. 사람도 풍경도 정취도. 진상의 소맷자락만 부여잡아도 그만하면 족한 것이다. 눌러 앉아서 있는 마음 없는 마음 주다 보면 그 허상에 이끌려 끝내 번민만 얻게 된다. 그러니 나그네의 발걸음, 가벼이 하라.

Czech
Cesky
Krumlof

만화 같은 중세 성 마을 체스키 크럼로프Cesky Krumlof를 소개합니다. 인구 1만 5천의 소도시. 약 칠백 년 전의 중세 성곽 마을 형태가 고스란히 보존되어 있는 곳. 1992년 도시 전체가 유네스코세계문화유산으로 지정된, 꿈속에서나 볼 작고 예쁜 세상…….

폴과 작별한 후 멀리 보이는 성 입구로 향합니다.

입구 안으로 들어서니 저 너머 높이 치솟아 있는 시계탑이 먼저 눈에 띄는군요.

자꾸 시계탑이 눈에 들어오기에 여기부터 먼저 올라가 보기로 합니다. 꼭대기에서 내려다보는 마을 정경입니다.

저 좁은 물줄기(블타바 강)에서 레프팅을 즐기는 사람들도 있군요. 멀리 보이는 뾰족탑은 성루입니다.

시계탑을 내려와 성 마을 주변 쪽으로 나가 보니 이런 정원도 있습니다. 살즈부르크의 호엔살즈부르크 성보다는 조금 밝은 느낌입니다.

다시 성 마을 안쪽으로 들어왔습니다. 좁은 계단을 품고 있는 가게들.

골목 길 가게들은 수줍은 듯 작은 문 안에 숨은 채 저마다 각각의 모양을 한 간판을 내 겁니다. 이런 간판들, 이곳의 독특한 아이템이죠.

아침부터 부지런 떤 발품, 좀 쉬어야겠기에 광장으로 나와 쉴 곳을 찾습니다. 나그네의 발이 오늘 따라 무겁고 힘들구만요.

그러나 다시 힘을 내어 이번에는 성루에 올랐습니다. 성루 안에 있는 미니어처 전시실. 왼쪽은 크럼로프 성 조형물, 오른쪽은 성루.

성루 꼭대기에서 내려다보는 다른 각도의 마을 정경.

성루 방문을 마지막으로, 성 아래 마을에 내려와 블타바 강 건너 어느 강변 레스토랑에서 점심 요기를 해결하기로 했습니다.

강가에 내 놓인 식탁에 앉아 있자니 레프팅 보트들이 줄줄이 내려오고 있구만요. 그리고 그들이 지나갈 때마다 맞은 편 강변 레스토랑에서 환성이 터지곤 합니다.

레스토랑에서 주문한 맥주와 함께 나온 Garlic Bread Soup. 빵 국이라니? 그리고 이 이상하게 생긴 빵……. 빵 뚜껑을 열면 궁금증이 해결됩

니다. 딱딱한 빵 껍데기를 그릇으로 삼아 그 안에 마늘 스프를 넣고 빵과 버무려지게 해 놓았습니다. 맛은 달달한 것이 괜찮더군요.

잘 보존된 중세 도시의 원형. 이 정도면 훌륭한 테마 파크로 개발할 수도 있을 텐데 그저 조용히 원형 전시에만 머뭅니다. 오히려 그게 더 현명할 듯합니다. 쓸데없이 개발이니 뭐니 하면서 부수고 왜곡시키는 것보다는 백 번 낫습니다.

체스키 크럼로프는 이 정도로 간을 보고 서둘러 기차역으로 가야 합니다. 하지만 걸어서 가기에는 기차역이 제법 멀고 날도 푹푹 찝니다. 별 수 없이 광장에서 택시를 잡아타기로 하는데 도무지 빈 택시가 보이지 않습니다. 인포메이션 센터로 들어가 얘기했더니 전화로 택시를 불러주네요. 시간은 촉박하고 택시는 더디 오고……. 그렇게 기다리다가 겨우 잡아탄 택시. 그리고 남은 시간은 10분! 이번 기차를 놓치면 두 시간을 더 기다려야 합니다. 기사에게 시간 안에 도착할 수 있겠느냐고 묻자 어깨를 으쓱해 보이고는 성을 벗어나자마자 냅다 밟아대네요. 그렇게 달려서 기차 시간 3분 전에 역에 도착했습니다~! 고마운 기사.

Tip

↘ 내게 쉼터가 있어야 사람이 찾아온다.

Czech
Praha
I

체스키 크럼로프에서 아슬아슬하게 오후 2시발 기차를 잡아탄 덕분에 프라하에는 그다지 늦지 않은 오후 시간에 도착하였습니다. 숙소인 '밥퍼 아줌마' 민박집은 중앙역으로부터 한 10분 정도 걸어서 쉽게 찾아갈 수 있었습니다.

숙소 건물의 엘리베이터 안. 거울이 있구만요. 앞뒤 옆으로 짐을 메고 있는 몰골이 제법 가관입니다. 삶의 무게도 무겁거늘 어찌하여 이 짐들을 메고 유럽 땅 절반을 헤매고 다니는고…….

숙소는 깨끗하고 편의 시설도 좋습니다. 짐 풀고 샤워한 후 주인 남자의 시내 구경 코스 안내를 받았습니다. 잠시 운기조식 좀 하다가 저녁이 될 즈음, 드디어 프라하 시내 공략에 들어갑니다. 거리에 나서서 조금 큰 백화점을 지나다가 마주친 관광객들 중에 한국 아주머니들이 제법 많습니다. 한국 아주머니들이 보헤미안의 나라 체코 땅을 누비는 신 보헤미안이 되고 있는 것입니다. 민박집 주인의 설명에 의하면 몇 년 전 방영된 모 방송 드라마 영향이 크다고 하네요. 드라마에 나왔던 장면, 거기 가면, 뭐, 떡이라도 나옵디여어?

슬슬 프라하와 인사를 나누어야겠죠? 숙소에서 출발, 구시가 광장 방향으로 한 5분 정도 걸으니 이곳에 이르게 됩니다. 프라하 시민 회관인 오베츠니 둠Obecni Dum. 1912년 생겨난 아르누보Art Nouveau 양식의 복합 문화 시설로, 원래 보헤미아 왕국의 궁을 없애고 그 자리에 새로 세운 건물이라고 합니다. 당대 유명 예술가들이 꾸민 장식 작품과 유리 돔 천정이 유명하다는군요. 시민 회관의 메인 공연장인 1200석의 스메타나 홀Smetana Hall은 1918년 10월 28일 체코슬로바키아의 독립이 선언된 역사적인 장소이기도 합니다. 체코의 음악 축제인 〈프라하의 봄〉 개막식과 폐막식이 열리는 곳이라고도 하죠. 매년 5월 12일 저녁에 행해지는 개막식에서는 체코 음악을 대표하는 거장 스메타나의 고향시 〈나의 조국 Ma Vlast〉이 연주된다고 합니다. 현재는 프라하 심포니 오케스트라가 상주하고 있다고 하네요.

보헤미아 왕국은 12세기 말, 프쉐미슬 오타카 1세Przemysl Otakar I가 신성로마 제국으로부터 독립, 프쉐미슬 왕조에 의해 체코 지역을 다스리는 국가로 등장합니다. 이후 여러 격변(바투가 이끄는 몽골 군의 침입, 오스트리아 합스부르크 왕가로부터의 시달림 등)을 겪던 끝에 1305년 벤세슬라스 2세Wenceslas II의 죽음으로 프쉐미슬 왕조가 멸망하지만 이후 체코의 귀족들은 지금의 룩셈부르크 지방을 다스리고 있던 베멘 왕 요한Johann을 새 왕으로 추대합니다(베멘이 바로 보헤미안). 그리고 요한을 프쉐미슬 왕가의 마지막 왕녀이자 벤세슬라스 2세의 여동생과 결혼까지 시킵니다. 그렇게 해서 태어난 사람이 바로 까를 4세Karluv IV. 외정에만 신경 쓰던 아버지 요한 대신 체코를 실질적으로 다스리던 까를 4세는 이

후 요한이 죽자 정식으로 보헤미아 왕국의 왕이 되었고, 나아가 신성로마 제국 황제 자리에까지 오릅니다. 그렇게 해서 프라하는 신성로마 제국의 중심지가 되어 황금기를 구가하면서 보헤미아 왕국의 명맥을 유지하게 됩니다.

시민회관을 끼고 오른쪽으로 돌면 화약 탑Powder Tower이 바로 붙어있습니다. 이 탑은 1475년 구 시가지를 지키는 13개 성문 중 하나로 세워졌고 대포를 설치한 요새이기도 했다는군요. 그 후 총기 제작공이자 종 주조공인 야로스Tomas Jaros가 작업 공간으로 개축했으며, 루돌프 2세Rudolf II. 합스부르크 왕가 출신의 신성로마 제국 황제. 프라하에서 숨을 거둠 때인 17세기 초에 이르러 연금술사들의 화약 창고 겸 연구실로 쓰이면서 지금의 명칭인 화약 탑으로 불렸다고 합니다. 지금은 연금술이나 종鐘 주조와 관련된 유물을 전시하는 박물관으로 사용되고 있고 말이죠. 한 때는 왕의 대관식이 거행되기도 했고, 외국 사신들이 프라하 성으로 들어갈 때 반드시 거쳐야 하는 관문이었으리 만큼 상당한 의미를 가지고 있던 곳입니다.

화약 탑 부근에서 내 발걸음을 붙잡은 버스킹 친구. 아코디언 연주 솜씨가 아주 대단합니다. 탱고 리듬도 느껴지는 보헤미안 풍 음악이 퍽 애잔합니다.

한 곡을 진지하게 감상한 후 박수를 쳐주고는 악기 가방에다 동전을 넣어주자 정중하게 인사를 보냅니다. 실력에 비해 들어주는 사람이 없다는 것이 안쓰러워 한 곡 더 듣고 있자니 사람들이 내 뒤로 하나 둘 몰려들더군요. 결국 적잖은 동전이 악기 가방으로 떨어졌더랬습니다. 사내는 내게 의미 있는 눈웃음을 보내며 다시 한 번 감사를 표합니다. 나 때문에 사람들이 몰려든 것이 아니고 그대의 연주가 좋았음이니…….

프라하를 관통하는 강은 블타바 강입니다. 체스케 부데요비치에서 말세 강의 물줄기를 받아들였던 그 강이죠. 아코디언 연주자와 헤어진 후 블타바 강이 흐르는 곳을 바라보며 길게 이어진 골목길을 걸어서 구시가 광장에 도착했습니다.

광장에 들어서자 제일 먼저 눈에 들어온 것이 바로 틴 성당Panna Marie Pred Tynem입니다. 야경으로 빛나는 모습, 황홀하기만 합니다. 80m 높이의 두 개의 첨탑이 특징인 틴 성당. 외양은 분명 고딕 양식인데 내부는 바로크 양식이 가미되어 있다고 합니다. 이 성당 옆에는 자신의 사후 실존주의의 선구자로 추앙 받았다는 프란츠 카프카Franz Kafka의 묘가 있다고 하는군요. 프란츠 카프카. 그의 단편 작품 중에는 「학술원에게 보내는 보고서 Einbericht fur eine akademie」라는 것이 있습니다. 원숭이인 빨간 피터가 원숭이로서의 본성을 접고 사람으로 살아가는 과정의 이야기를 묘사하고 있습니다. 이 이야기는 훗날 〈빨간 피터의 고백〉이라는 연극으로 각색되었는데, 우리나라에서는 고 추송웅 씨의 평생 대표작이 되기도 했죠.

구시가 광장의 3총사 중 하나인 성 미쿨라세 교회Kostel Svateho Mikulase입니다.

'미쿨라세'라는 명칭. 귀에 익습니다. 이번 여정 중 내가 들른 곳으로 살즈부르크 살즈캄머굿의 미카엘Michael 교회(폰 트랩 대령과 마리아가 결혼식 올린 곳), 체스케 부데요비치의 성 미쿨라스Mikulas 교회가 떠오릅니다. 이 미쿨라세나 미카엘이나 미쿨라스. 다 같은 이름입니다. 미쿨라세의 영어 식 명칭은 마이클이고 라틴어 발음으로는 미카엘로 읽습니다. 교회 이름으로 붙이기에는 이만큼 좋은 명칭도 없을 것입니다. 왜냐, 이 미카엘이 바로 천사 대장이니까요. 기독교 세상에서 이 미카엘이라는 이름은 도처에서 쓰이고 있습니다. 신을 닮은 자, 천사군단의 최고 지휘관, 역천사力天使의 지도자, 대 천사Archangel. 신의 옆 자리에 앉아 맞술 마실 수 있는 자격을 지닌 천사의 지도자, 하느님 어전의 왕자, 자비의 천사, 정의의 천사, 성별聖別의 천사 등, 명함 인쇄공 애먹일 수많은 직함을 가진 채 칼과 저울을 들고 설쳐대며 세상 정의를 수호하는 대 천사 미카엘. 그는 원래 기원전 7세기경 아시리아를 멸망시킨 후 신新 바빌로니아Babylonia 제국을 세우고 어깨에 힘 좀 넣고 살았던 칼데아Chaldea 인들의 신이었다고 합니다(칼데아의 Chal도 어쩌면 Michael과의 연결 고리가 될 수 있을 듯). 그가 어떻게 천상 세계의 히어로로 등장했는가 하면 각종 악마들이 형님으로 모셨던 용을 단칼에 해치우면서부터입니다. 그때부터 일약 천사들의 아이돌 스타가 되면서 신의 눈도장을 제대로 받았던 것입니다. 미카엘은 기독교 세계에서만 아니라 이슬람 세계에서도 상당한 팔로워를 얻었다고 합니다(원래 기독교나 이슬람교나 그 뿌리는 '거기서 거기'입니다). 그쪽 동네에서 그의 아이디는 미카일Mikail이었고, 아바타 또한 조금 다르게 묘사됩니다. 초록 에메랄드빛의 날개, 불타는 듯한 짙은 노란색의 머리 결, 그 머리 결마다에는 백만 개나 되는 얼굴이 달려 있는 모습으로 말이죠. 백만 개의 얼굴들은 각각 다른 어원의 말들을 쏟아냅니다. 알라 신에게 면죄 받기 위한 말들입니다. 알라 신이 그것 다 알아들으려면, "이눔들아, 좀 적어가면서 하자. 그 옆에 너는, 뭐라고?" 고생께나 했겠고 말이죠. 이처럼 이슬람 세계에서 미카엘을 Glam Rocker 스타일로 표현하는 것에 비해, 기독교 세계에서는 한결같이 아름다운 청년으로, 갑옷을 입고 오른 손으로는 검을 든 영웅으로 떠받들고 있습니다. 미카엘은 태양에 입주해서 살고 있기에 빛의 영靈으로 불리면서 그에게 네 개의 신비스러운 힘(4대 근원의 에너지)이 있다하여 카발리스트Cabalist, 유대교의 신비주의자들에게는 생명 에너지의 원천으로 추앙 받기도 합니다. 이런 저런 전설을 품고 있는 미카엘. 그 미카엘의 이름으로 호적에 올라간 성 미쿨라세 교회입니다.

이것은 광장 내 틴 성당 맞은편에 있는 천문 시계탑Astronomical Clock Tower입니다. 재미있는 퍼포먼스를 보여주는 시계로 유명하죠. 퍼포

먼스 구경은 밝은 날 내일 하렵니다.

늦은 시간인지라 배가 출출합니다. 광장 한 쪽의 노점에서 맥주 한 잔과 돼지 무릎 살 고기를 사서 먹었습니다. 맛은 좋으나 제법 비쌉니다, 이것이. 우리 돈으로 10,000원.

블타바 강을 가로 지르는 까를 교로 가보니 강 건너 프라하 왕궁의 야경, 은은한 것이 보기 좋군요.

프라하 밤거리는 대체로 어둡습니다. 희미한 가로등보다도 어둠이 더 밝은 곳, 프라하. 그렇게 프라하의 첫 날 밤은 깊어만 갑니다.

Tip

↘ 내게도 너의 발걸음 붙잡아둘 음악이 있다면 얼마나 좋을까.

Czech
Praha
II

다음 날 아침. 일찌감치 숙소를 나와 프라하 성으로 향하기 전, 무엇인가를 사야 합니다. 애프터 세이브. 어제 숙소에서 짐을 풀 때 목도해야 했던 참사가 있었으니, 지금까지 아껴 쓰던 애프터 세이브가 그만 배낭 안에서 뚜껑이 열려진 채 몽땅 유실되고만 것입니다. 또 몇 만 원 날리게 되었다는 참담함에 가슴을 쳤더랬죠. 그것 하나 제대로 챙기지도 못하나, 구시렁대며 9번 트램을 타고 테스코Tesco라는 백화점을 찾아갔습니다. 화장품 매장 두 군데를 훑은 결과 100ml 이하짜리(앞으로도 비행기를 몇 번 더 타야 하기 때문에)를 다행히 우리 돈으로 16,000원 주고 샀습니다. 예상 외로 싸게 산편입니다! 냄새가 너무 강해서 탈이지만……. 백화점을 나서기 전 혹시나 하는 생각으로 가방 매장에 들렀더니 괜찮은 것 하나 눈에 들어옵니다. 가격도 999콜루니(50,000원 정도). 이 정도면 훌륭합니다. 아무래도 이 백화점은 중저가 제품 위주로 장사를 하는 모양입니다. 그 가방에 손을 얹고는, 어디 가지 말고 여기 있거라, 내 다시 오마, 안심시켜 둔 후 돌아섭니다.

백화점 미션 해결 후 다시 트램을 타고 먼저 간 곳은 프라하의 에펠 탑

으로 불리는 페트르진 전망대Petrinska Ozhledna입니다.

1891년 만국 박람회 개최에 맞추어 파리 에펠 탑을 본떠서 만든 높이 60m의 철탑. 에펠 탑의 1/5 규모입니다. 이 정도 규모로 프라하의 에펠탑 운운은 어찌 보면 궁해 보이기도 합니다.

전망대에 오르는 트램 안. 어디서 왔는지 모를 20대 후반으로 보이는 여자 둘이 엄청난 수다를 떨어댑니다. 정말이지 Big Mouth. 귀청 떨어져 나갈듯합니다.

전망대에 올라 내려다보는 프라하 시가지. 근처에 있는 프라하 성과 그 뒤쪽의 성 비타 성당이 보입니다.

프라하 성을 왼 팔로 낀 채 프라하를 관통하는 블타바 강. 저렇게 흐르고 흘러 북해에 이르겠죠.

위 사진의 각도에서 시선을 살짝 오른 쪽으로 더 돌리면 프라하 성 쪽의 네루도바 거리와 구시가 광장 쪽을 연결하는, 프라하의 명물 까를 교Karluv Most가 보입니다.

탑 아래 페트르진 공원 숲 속에 숨어있는 성 로렌트 교회Eglise St. Laurent.

전망대를 내려와 페트르진 미로를 따라 걷다 보니 말 그대로 미로에서 길을 잃고는 그만 저 위의 스트라호프 수도원Strahov Monastery을 놓치고 말았습니다. 이 더운 날씨에 지친 몸, 저기 올라가 볼 생각, 전혀 들지 않습니다~.

체르닌 궁전Cernin Palace. 현 외무부 건물. 너마저도 놓치는군.

꼬불꼬불 미로를 헤쳐 나가 프라하 성 밑의 거리로 가는 산동네 골목길에 들어섰습니다.

텅 빈 골목길. 산새 소리만 들리는 고즈넉함……. 그런 풍경을 잊지 말자고 자동 셔터로 사진을 찍다 보니 문득 아련한 생각이 듭니다. 여행이란 무엇일까요? 어쩌면 현실이라는 꿈속에서 또 다른 꿈을 꾸는 것이다 싶습니다. 이 여행이 끝나면 나는 다시 또 현실이라는 꿈을 꾸게 되겠죠. 내 여행도 종점에 이르다 보니 그런 생각이 사무치게 들더군요. 오래전에 써두었던 시에서 두 절구를 읊어봅니다.

路人憂定處 로인우정처
一鳥啄忖念 일조탁촌념

길 위 나그네 갈 곳 걱정하는 차
어디선가 새 한 마리 상념을 쪼는구나

산 아래 직전의 우노Uno 골목길을 지나치던 중에 만난 아주 작은 카페입니다. 상념도 털어낼 겸 커피 한 잔 음미합니다.

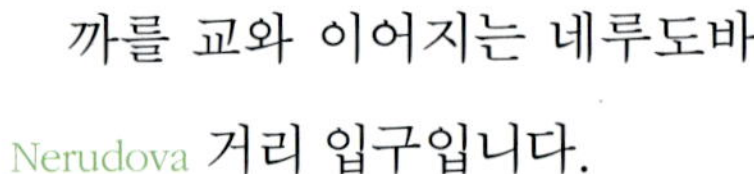

까를 교와 이어지는 네루도바Nerudova 거리 입구입니다.

네루도바 거리를 걷습니다. 이 거리로 올라가면 프라하 성을 만나게 됩니다. 아까 미로에서 제대로 길을 찾았다면 스트라호프 수도원을 지나 체르닌 궁전, 로레타 성당Loreta Prager을 거쳐 프라하 성으로 갈 수 있었던 것을 성 아래 동네에서부터 다시 올라가야하는 코스를 걷게 된 것입니다. 그래도 뭐 어떻습니까? 맞는 길이든 틀린 길이든, 어차피 모두 나그네의 길이려니, 하는 생각으로 그저 꾸역꾸역 걷습니다.

이제 프라하 성으로 들어갑니다. 경사면으로 된 입구 길에서 내려다보는 주변 마을 정경.

그렇게 해서 도착한 곳, 흐라트차니 광장Hradcany Namesti입니다. 광장 너머 보이는 것이 바로 프라하 성Prazsky Hrad이고요.

현재 대통령 궁으로 쓰이고 있는 프라하 성은 그 시공 기간이 놀랍게도 무려 구백 년이나 됩니다. 건물 양식도 로마네스크~고딕~르네상스~바로크 양식이 첨가되면서 오늘에 이르고 있습니다.

궁의 정문인 마티아스Matthias 문 좌우로 위병이 서 있군요. 이 친구들도 부동자세를 유지하고 있습니다.

마티아스 문을 통과하여 들어선 대통령 궁. 바로크 양식의 분수대가 아름다운 자태를 자랑하고 있습니다.

궁 너머로 성 비타 성당이 보이는군요. 자, 이제 프라하 성을 통과해서 성당 구경을 시작합니다.

성 비타St. Vita 성당의 자태. 가운데 동그란 형태의 창을 '장미의 창'이라고 합니다. 성 비타영어로는 비투스 Vitus 성당은 영국의 웨스트민스터 대성당Westminster Abbey, 독일 쾰른 대성당Cologne Cathedral, 프랑스 노틀 담 성당Notre Dame Basilica, 오스트리아 슈테판스 성당Stephans Dom과 어깨를 나란히 하는 규모를 자랑한다고 합니다. 1344년 까를 4세 때 착공되어 1929년에 완성되었으니 육백 년이나 걸린 셈입니다. 프라하 사람들은 원래 뭐 하나 만드는데 수백 년 걸리는 것을 예사로 생각하는 모양이죠? 프라하 성과 마찬가지로 이 건물은 고딕 양식으로 시공된 이래 긴 세월을 거치는 동안 각 시대별 유행을 반영하여 고딕양식에 르네상스, 바로크 양식 등을 첨가했다고 합니다. 웅장함에 아름다움까지 갖춘 동유럽의 명물, 성 비타 성당. 이 건축물은 당당히 유네스코세계문화유산에 등재되어 있습니다.

건물 왼편으로 돌면 이런 외양을 볼 수 있습니다.

아름다운 내부를 자랑하는 성 비타 성당.

이 교회, 정말 아름답습니다. 그러나 이제는 더 이상 감흥이 오지 않습니다. 교회들, 하도 봐서 말이죠! 그래도 보기에 성스럽고 근엄한 교회 건물들을 볼 때마다 느끼는 것, 신을 모신 공간은 역시 거룩해야 한다는.

이것은 순전히 개인적인 생각입니다만, 교회라는 공간은 정말이지 숭고하고 엄숙한 분위기가 있어야 제격이라고 봅니다. 그래야 나약한 인간의 그 심성, 신의 품으로 더 가깝게 다가가고 싶어지는 것 아닐까 하는 것이죠. 어쩌다 추레한 상가건물 2층에 끼어들어 있는 교회들을 볼 때마다 저런 공간에서 과연 신앙심이 돈독해질까, 하는 의구심이 들곤 합니다. 마음이 중요하다고요? 그렇다면 교회는 왜 찾아 갑니까? 집에서 기도 올리고 성경책 읽으면 될 텐데 말입니다. 허술한 가건물 따위의 공간을 이용하기도 하는 개척교회를 보면 더 안쓰럽습니다. 예수님 말씀, 한 사람에게라도 더 들려주기 위한 독실한 전도사의 성심으로 꾸려지는 개척교회이겠지만, 그러나 그것은 어찌 보면 그리스도교의 딜레마이기도 한 '전도 사업'만 생각하는 행위입니다. 이 말에 대해 썩은 물에서 연꽃이 핀다는 말로 질타하겠죠? 맑은 물에서는 더 많은 꽃들이 핀다는 말로 개기고 싶군요. 왜 그렇게 전도를 하지 못해(물론 종교의 기본 속성 중 하나가 전도이겠으나) 안달하는 것일까요? 구원해 줄 어린 양들이 많다고요? 그리스도를 모른다고 꼭 어린 양은 아니겠죠. 어린 양이라 쳐도 그들 세계에는 나름대로의 철학이 있고 사는 방식이 있고 세상 일구어 나가는 상식이 있습니다. 신앙이란, 인간의 마음으로부터 갈구하는 바여야지, 설득한다고 설득하는 족족 발현되는 것일까요? 다가가기보다 다가오게 하기, 그것이 종교가 취할 지선(至善)의 덕이 아닐까 싶습니다. 종교 스스로 위대해 보십시오. 신의 지혜를 얻고자 하는 발걸음 천리 밖에서도 찾아옵니다. 그러니 과도한(맹신도 광신도들의) 전도 행위나 타 종교를 부인하며 그리스도만 위대하다는 힘겨운 주장보다는 스스로 거룩해지기를……. 다시 교회 얘기로 돌려서, 인간의 마음으로 갈구하는 바, 신과 인간이 만나는 신성한 접점의 '상징'인 거룩한 교회에서 더 튼실해지는 것 아닐까요? '사상을 상징 속에 묻는 그 누군가는 바로 사상이 없는 사람이다.'라고 구시렁거렸던 헤겔Georg Hegel 훙아가 비웃겠구만요. 말 많았습니다. 끝.

내부에서 바라보는 장미의 창.

교회 나서는 순간 야스퍼스Karl Jaspers가 했던가 싶은 말이 떠오르더군요. "인간은 어떤 어려움에 처했을 때 인간으로서의 능력으로 해결하지 못할 때만 신을 찾는다. 자신의 능력으로 해결할 수 있다면, 왜 신을 찾냐고오~?" 대략 이런 말일 텐데, 좋게 풀면 인간의 실존적 존재 가치를 우러르는 말이요, 나쁘게 풀면 인간의 교만과 배리背離를 꾸짖는 이 말. 교회 구경 잘 마치고 발걸음 돌립니다. 오늘 코스의 시간 안배상, 교회 뒤편의 황금소로 골목길은 내일 찾아오기로 하고 말이죠.

대통령 궁을 나서면 슈바르첸베르크 궁전Schwarzenberg Palace이 나타납니다. 르네상스 양식으로 지어진 이 건물은 현재 군사박물관으로 쓰이고 있다고 합니다. 건물 벽이 올록볼록해 보이지만, 스그라피토

기법Sgraffito. 도료가 굳기 전 긁어내어 바탕색을 드러내게 하는 기법으로 처리한 벽이라 실제로는 평면입니다.

프라하 성을 나와 다시 네루도바 거리 걸어 내려오면 바로 까를 교 입구가 나옵니다.

까를 교 입구에서 관광객을 유혹하는 투어 올드 카. 저것 타려면 거금 80,000원 정도를 써야 합니다.

까를 교를 넘기 전, 잠시 인근 마을을 둘러보고 싶어졌습니다. 어떤 직감이 들어서 말이죠.

옛 보헤미아 왕국의 흔적인가요? 빵집 간판 '보헤미아'.

좁은 골목길 안. 사람들의 발길이 드뭅니다. 오히려 저런 곳에 무엇인가 있음직해 보인다는 생각, 마구 밀려듭니다.

골목길을 따라 들어가니 작은 몰타 광장Maltese Square이 나오고 그 한 쪽에 이런 건물이 나를 맞이합니다. 레이디 서브 카테나 교회Church of our lady Sub Catena. 또 교회냐? 하면서도 수상한 기운이 느껴집니다.

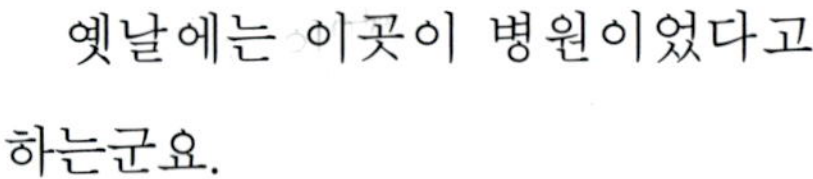

옛날에는 이곳이 병원이었다고 하는군요.

기사knight 문양이 어떤 사연이 있음을 말하는듯하다는 심상찮은 기분을 느끼며 정문 안으로 들어섰더니 아니나 다를까, 정문 오른 편에 몰타Malta 기사단 출신인 어느 기사의 무덤이 나타납니다. 내 직감이 맞아떨어지는 순간. 묘비 문구 말미에 'Rhodo et Malta'가 표기되어 있더군요.

이 글귀 중 'Rhodo'는 몰타 기사단의 다른 이름 중 하나인 '로도스 기사단'을 가리키는 말입니다. 몰타 기사단은 원래 군사 병원 기사단이었다고 합니다. 제1차 십자군 원정 당시 예루살렘 정복1099년 이후 로마 가톨릭 소속으로 성지와 순례자 보호를 위한 조직으로 결성된 이들은, 훗날 팔레스타인 지역에서 무슬림 세력이 기독교 세력을 물리치고 다시 패권을 잡자 에게 해 그리스 남동부에 위치한 로도스 섬으로 근거지를 옮깁니다(여기에서 로도스 기사단 명칭 유래). 그러나 비잔틴 제국을 패망시킨 신흥 강국 오스만투르크 제국에 의해 1522년 로도스 섬에서도 쫓겨나니 그들이 마지막으로 찾아간 곳은 스페인 관할의 몰타 섬이었습니다. 이로써 그들의 공식 명칭은 몰타 기사단이 됩니다. 그렇게 이리저리 이동하면서도 여전히 로마 가톨릭의 일원으로서 병원과 구호 사업을 벌이던 중 1789년 코르시카Corsica 섬 촌놈 출신으로 일약 유럽 맹주로 등장한 나폴레옹 보나파르트Napoleon Bonaparte에게 이 몰타 섬마저 정복당하고 맙니다. 그 후 몰타기사단은 현재 로마에 본부를 두고 오늘 날까지 명맥을 유지하고 있습니다. 몰타 기사단. 이들은 국제법상 영토 없는 주권 국가로 인정받고 있는 유일한 존재입니다(국명-몰타 기사단).

초기에 이 교회가 병원이었다는 것은 바로 몰타 기사단의 무덤으로 충분히 입증됩니다. 그뿐 아니라 이곳의 옛 명칭이었던 'Priory of the Knights of Malta몰타 기사단 수도원'까지 전해지고 있습니다. 그렇다면 유럽 남쪽에 근거를 두었던 몰타 기사단이 왜 이곳 동유럽에까지 와서 그 흔적을 남기고 있을까요? 중세 말엽, 유럽 전역을 휩쓸며 유럽 인구 1/3을 몰살 시킨 전염병이 있었으니 바로 흑사병Plague, 페스트입니다. 그때 이 몰타 기사단이 이곳까지 들어와서 구호 활동을 벌였던 것입니다. 몰타 기사단원들은 분명 성인이었으리라 생각하면서 무덤에서 주무시고 계신 기사님께 존경심을 표한 후 이제 이곳에서도 발길을 돌립니다.

골목을 벗어나 까를 교 입구에 이르렀을 때 뿡짝거리는 음악이 들리더군요. 오른 쪽 아래 작은 광장에 흐뭇한 풍경이 펼쳐져 있습니다. 간이매점 옆 작은 무대 위에서 밴드가 연주를 하고 있었습니다.

다리에 올라서서 프라하 성에게 내일 또 보자고 눈인사를 나눕니다. 자, 이제 까를 교를 살펴봐야겠죠?

보행자 전용 다리로 항상 사람들이 붐비는 까를 교. 음악과 퍼포먼스가 넘쳐나는 예술의 다리. 악사와 초상화가들이 곳곳에 자리를 잡고 있으며 또 마리오네트 인형극도 여기저기 시연되고 있습니다.

까를 교는 14세기 보헤미아 왕국의 성군 까를 4세Karluv IV가 블타바 강에 놓은 다리라고 합니다. 넓이 10m, 길이 520m에 이르며 16개 아치가 떠받치고 있는 다리의 형상은 유럽 중세 건축의 걸작으로 꼽힌다고 합니다. 다리의 시작과 끝 부분에 놓인 탑은 본래 통행료를 받기 위해 세운 것인데 지금은 그저 전망대 역할만 수행하고 있습니다. 17세기 말부터 20세기 초에 걸쳐 제작된 30개 성인상도 볼거리입니다. 성 요한 네포무크St. Nepomucenus, 성 루이트가르트St. Luitgard, 성 비타St. Vita 등 체코의 유명한 성인 조각상들이 바로 그 주인공들입니다.

까를 4세가 죽자 그의 아들이 뒤를 이어 보헤미아의 왕이 됩니다. 그가 곧 바츨라프 4세Vaclave IV입니다. 어느 날 왕비가 네포무크 주교에게 자신의 외도 행위에 대해 고해성사를 합니다. 그리고 바츨라프 4세는 왕비가 주교에게 고해성사를 했다는 것을 알게 됩니다. 그렇지 않아도 평소 왕비를 의심하고 있던 바츨라프 4세. 주교와 쐬주 한 잔 나누면서 왕비가 무엇을 고해하였는지 캐묻습니다.

"얼른 말하고 서로 좋게 끝내지?"

그러나 주교는,

"법대로 할거거등?"

끝까지 비밀을 지킵니다. 이에 화가 난 바츨라프 4세는 주교의 혀를 자르고는 까를 교에서 블타바 강으로 던져 수장시키고 맙니다. 네포무크의 잘린 혀는 지금까지 박물관에서 보관되고 있는데, 아직도 썩지 않은 상태라고 합니다. 신기하죠?

까를 교에는 네포무크의 조각상이 또 있더군요. 바로 그가 블타바 강으로 던져진 위치에 이런 조각상을 만들어 놓았습니다. 이 조각상을 만지면 행운이 온다는 전설 때문에 유독 번쩍거립니다.

예수와 성모 마리아의 조각상.

한 영감님이 마리오네트로 버스킹을 하고 있습니다.

다리 아래로 시선을 돌리니 여러 척의 유람선이 보입니다.

여행지에서의 사진은 어디를 배경으로 찍기보다 그 배경 되는 곳을 찍는 것이 더 가치 있겠죠. 그러나 나는 속물근성을 벗

어 던지지 못한 채 오늘도 내가 주인공이 되는 앵글을 열심히 구상합니다. 쯔쯔…….

까를 교를 벗어나 구시가 광장 쪽을 바라고 걷자니 마리오네트 극장이 나옵니다. 블랙라이트 극장이라.

입구 홀에는 재미있는 형상의 대형 인형이 설치되어 있습니다.

이 극장 바로 옆에는 이런 마리오네트 가게도 있습니다. 하나하나 가격이 만만치 않습니다.

구시가 광장으로 들어서서 어제 밤 눈여겨보았던 천문시계탑 Astronomical Clock Tower 앞에 도착했습니다.

이 천문시계에는 괴담이 전해집니다. 1490년, 프라하 대학교 1348년 설립. 유럽에서 가장 오래된 대학교 수학과 교수이자 천문학자인 하느쉬Hansu는 심혈을 기울여 이 시계를 만듭니다.

시계는 세련된 디자인과 뛰어난 기능으로 유명해지고, 하느쉬에게는 유럽 여러 나라로부터 제작 주문이 쇄도합니다. 그러나 하느쉬는 그만 눈을 멀고 맙니다. 이에 소문이 퍼지기 시작하죠. 프라하 시의회가 다시는 이와 똑 같은 시계를 만들지 못하게 하려고 하느쉬를 장님으로 만들었다는…….

눈이 먼 하느쉬는 제자들의 도움을 받아 마지막으로 시계탑에 올라 시계를 만져보고는 숨을 거두고 맙니다. 그리고 그가 남긴 유서.

"내가 이들을 용서하도록 시간을 주소서."

그가 죽는 날, 시계도 멈춰 섭니다. 시계 수리공이 살펴보았으나 전혀 이상이 없습니다. 하느쉬 교수의 원한이었을까요? 그 후 시계가 멈춘 지 4백일 째 되는 날, 이 시계는 다시 작동하기 시작합니다. 사람들은 이제 그가 남긴 유서를 떠올립니다. 그의 '용서에 필요한 시간'…….

그러나 이 스토리는 그저 전설일 뿐입니다. 실제로는 1410년 시계공 미쿨라시Mikulas와 훗날 까를 대학교의 수학교수가 된 얀 신델Jan Sindel이 공동으로 제작하였다고 합니다. 1490년 달력이 추가로 제작되었고, 외관 조작 장식도 이루어집니다. 1552년 시계 작동에 문제가 생기자 시계공 얀 타보르스키Jan Taborsky가 수리를 맡습니다. 그때 그는 시계의 원작자로 뜬금없이 하느쉬를 언급하는데, 여기에서 전설이 생겨난 것이죠. 원래 전설이란, 엉뚱하게 시작되어 사실처럼 굳어지는 법입니다. 시계가 멈춰서는 일은 이후에도 종종 일어났고(기계가 고장 나지 않는다면, 기계공들 다 굶어 디지게?), 그때마다 시계공들이 투입되어 수리를 하곤 했습니다. 17세기 들어 움직이는 조각상이 제작되었고, 1865년과 1866년에는 12사도의 형상들이 추가되었습니다. 제2차 세계대전 말, 시계 일부가 파손되면서 다시 작동을 멈추었으나 보수를 거듭한 끝에 1948년에 이르러 다시 시계 바늘이 움직입니다. 시계는 위아래 2개의 큰 원형 시계로 이루어져 있습니다. 위쪽 시계는 플라네타륨Planetarium, 아래쪽 시계는 칼렌다륨Calendarium. 플라네타륨은 천동설 원리에 입각, 해와 달을 비롯하여 천체의 움직임을 묘사합니다. 1년에 한 바퀴씩 돌면서 연 월 일 시간을 나타냅니다. 칼렌다륨은 12개의 계절별 장면(1년 12개월)을 표현, 옛 보헤미아 농경생활의 면면을 보여줍니다.

정각 2분 전. 시계탑 밑의 구경꾼들, 이제 침을 삼키며 초조히 기다립니다.

드디어 3시 정각. 플라네타륨 위로 난 2개의 창을 통해 12 사도들이 천천히 나타났다가 사라집니다.

※12사도Twelve Apostles : 예수로부터 복음 전파의 권위와 임무를 위임 받은 12 제자. 베드로Petrus, 뜻-돌, 반석, 안드레아Andrew, 베드로의 동생, 뜻-용기, 필립보Philip, 뜻-馬의 친구, 야고보Jacobus, 큰 야고보로 불림, 뜻-발꿈치를 잡다, 야고보Jacobus, 작은 야고보, 알패오〈Alphaeus〉의 아들, 뜻-발꿈치를 잡다, 요한Johannes, 뜻-야훼는 은혜로우시다, 유다Juda, 예수를 모른다고 배신한 가리옷의 유다, 뜻-존경 받는, 찬미하리, 마티아Mattias, 뜻-야훼의 선물, 하느님이 주심, 시몬Simon, 뜻-응답하셨다, 들음, 바르톨로메오Bartholomeus, 뜻-귀한 아들, 토마스Thomas, 뜻-쌍둥이, 마태오Matthaeus, 뜻-야훼의 선물. 이 12 숫자는 당시 이스라엘 12 지파支派와 연관된 것으로 해석하기도 함.

12사도 인형들의 퍼포먼스가 끝나고 2개의 창이 닫히면 은인자중 때를 기다리고 있던 베드로의 황금 수탉이 느닷없이, '꼬끼요~!'를 외쳐서 사람들로 하여금 웃음을 터뜨리게 합니다. 닭 홰치는 소리에 이어 현재의 시간을 알리는 벨 소리 들려주기로 시계 퍼포먼스는 끝납니다.

마지막으로 탑루에 한 사나이가 나타나 트럼펫을 불고 사라집니다. 허무하기도 한 1분짜리 퍼포먼스. 시계탑 아래 모여 있던 사람들도 웅성거리면서 흩어집니다.

"뭐야, 꼴랑 1분으로 끝나잖아?"

구시렁거리며 말이죠.

길다고 다 좋은 것은 아니란다, 이 친구들아. 짧지만 강렬함이 있으면 그것이 드라마인즉.

그렇게 돌아서서 숙소로 향하려는데 광장에서 대단한 행운을 만나게 됩니다. 바로 유럽 각국의 민속 퍼레이드 축제를 경험하게 되는 것이죠!

한국의 거리축제는 전시 형에 머무르지만(우리는 아직 거리에서의 신명을 즐기는 성향이 부족합니다) 유럽의 거리축제는 다분히 군중과 함께 어우러지는 접촉 형, 참여 형 잔치판입니다. 행사 연출, 특히 한국의 거

리축제 시행자 1세대에 속하는 사람으로서 부럽다는 생각이 많이 들었습니다.

Moser

자, 이제 잠시 숙소로 돌아가 샤워 좀 한 후 저녁 프로그램을 소화해야 합니다. 가는 도중 시민회관 카페테리아에서 재즈가 연주되고 있군요. 듣기 좋은 재즈 음률. 맥주 한 잔 안 마실 수 없지요오~.

보너스 첨부. 옛날 때의 프라하 성 그림입니다.

Tip

↘ 세상사 억지 부린다고 되는 것 아니다. 강압과 설득보다는 감동을 주어라.

↘ 주부수로(舟夫水路). 훌륭한 사공은 험한 파도 넘거나 배를 빨리 가게 하려고 노를 잘 젓는 것에 있는 것이 아니라, 물길을 잘 앎에 있다. 그 물길에 따라 그저 노를 대기만 하면 되는 것. 이런 것을 노자(老子)는 '무위(無爲)' 라 하였고 Beatles는 'Let it be'라 노래 불렀다.

무슨 일을 행할 때 과한 억지 부리지 말고 순리를 따르라는 말이다.

↘ 여행 중에 때로는 직감을 따르도록 하라. 훌륭한 만남이 기다리고 있을 수 있다.

↘ 축제는 바라보는 것이 아니라 뛰어들어 노는 것이다. 놀아라. 놀 줄 아는 삶이 건강하다.

Czech
Praha
Ⅲ

프라하 3일차 여정. 오늘은 황금 소로라고 불리는 골목길을 둘러본 후 춤추는 빌딩, 국립박물관 등 몇 군데를 돌아야 합니다. 일정이 조금 빠듯합니다만, 열심히 걸으면 될듯합니다.

이른 아침, 다시 프라하 성을 향해 걸음을 옮깁니다. 그곳에 있는 황금소로가 오늘의 첫 번째 목적지입니다. 구시가 광장을 거쳐 가노라니 아침부터 노천카페들이 벌써부터 영업 준비를 하고 있군요.

사람과 카페만 분주해지기 시작하는 것은 아니죠. 이 녀석들도 오늘의 여정을 시작하고 있습니다.

광장의 연주자들. 프라하에서는 이런 버스킹 연주자들이 넘쳐납니다. 비엔나 못지않은 음악의 도시, 프라하.

광장 중심에 있는 동상의 주인공은 얀 후스Jan Hus. 얀 후스는 보헤미아 독립운동 투사이면서도 신학자요 작가요 종교 개혁가이기도 했다는군요. 그는 로마 가톨릭의 비도덕적인 교리를 비판하다가 1415년 화형 당하고 맙니다. 그의 불같은 종교 개혁사상은 1517년 독일의 마르틴 루터가 종교개혁을 주창하는 데에 큰 영향을 주었다고도 합니다. 동상은 순교 5백 주년 기념해인 1915년 세워진 것으로, "서로 사랑하라, 모두에게 진리를 베풀라!"라는 글이 새겨져 있습니다. 체코슬로바키아가 1937년 제3제국에 합병된 직후 나치에 의해 스바스티카卐가 새겨지는 수모를 당하기도 하는데, 낙서 짓도 가려가면서 하는 것입니다. 우리나라 사람들 아직도 관광지에 가서 자기 이름 새겨 넣거나, '화담 ♡ 황진이' 요따구 것 새겨 넣는 짓, 많이들 하죠? 물론 낙서는 인간의 본능이라고들 하지만 그런 식으로 남용하는 것은 꼴불견입니다. 낙서落書는 엄연한 문화 행위입니다. 또 낙서는 인류 문명사를 후대에 전한 대단한 기록 매체입니다(앞으로도 그럴 것이고). 어찌 보면 일종의 낙서일 선사시대의 알타미라 동굴 벽화, 삼국시대의 고구려 벽화 등. 그것에서 강렬한 역사적 문화적 흔적을 찾아볼 수 있으니 말입니다. 고대 이집트 피라미드에 새겨진 다음의 한 줄 낙서는 당시 사회에 대한 인문학적 고찰에 큰 단서를 제공하기도 합니다.

'하여튼 요즘 애들은 버릇이 없어요, 그냥…….'

아침잠에서 깨어나는 성 미쿨라세 교회.

까를 교에 도착하기 전 구멍 가게에서 피자 한 슬라이스를 사서 점심을 대비합니다. 근처의 돈 조반니 인형극장에서 공연하는 〈돈 조반니〉 공연을 오늘 저녁 봐야 할 지 갈등을 하면서 걷다 보니 까를 교입니다.

다시 건너게 된 까를 교. 화가들이 판을 깔고 있습니다.

이른 아침부터 깃발 부대가 움직이고 있구만요.

자전거 여행 족. 유럽 사람들은 오래 전부터 자전거로 유럽 각 나라를 돌아다니는 여행을 즐긴다고 합니다. 도시 간 이동할 때는 장거리 교통편을 이용한 후, 현지에 도착하면 자전거로 돌아다니는 것이죠. 물론 젊은이들은 다른 도시로 이동하는 것조차도 웬만하면 자전거로 해결합니다. 아시아 사람들은 어떨까요? 일본 사람들은 이런 형태의 여행을 수 년 전부터 개시했다고 합니다. 한국 사람들도 최근 들어 이 추세에 편승하고 있고 말입니다. 한 때 일본 사람들이나 한국 사람들이 애호했던 깃발 부대 방식의 관광은 이제 중국 사람들이 그 버턴을 이어받았습니다. 가만 보면 동아시아 3국의 관광 방식 변화도 세 나라의 국가 발전 흐름과 발을 맞추는 형태를 띱니다. 즉, 일본〉한국〉중국.

프라하 성 입구로 이어지는 경사로 길. 이른 시간인지라 사람들이 별로 보이지 않습니다.

황금 소로를 가기 위해 성을 관통해서 뒤로 들어서자 이런 곳이 나옵니다.

여긴 뭘까 하는 궁금증으로 무작정 들어가 봤더니, 프라하 성을 지켰던 성 경비부대의 역사를 보여주는 작은 박물관이었습니다. 옛 체코슬로바키아의 군인입니다.

※체코슬로바키아는 1993년 체코와 슬로바키아로 분리됨.

박물관을 벗어나서 프라하 성 뒤편의 황금 소로Zlato Ulicka, 아주 예쁘다고 소문난 좁은 골목길 입구에 도착. 그런데 돈을 내라고 합니다. 구경 값으로 250콜루니! 무슨 골목길 들어서는 데에 돈을 다 받노? 어이가 없습니다. 이런 것 생각하면 우리도 북촌 한옥마을 골목길 입구에 부스 하나 떡하니 차려놓고 통행료를 받아야 하겠습니다. 어쨌거나 고민에 들어갑니다. 250콜루니라, 어떻게 할까나? 그냥 가기에는 여기까지 찾아온 내 걸음 공력이 아깝고, 구경하자니 돈이 아깝고. 가만, 그 돈이면 와인이 다섯 잔이나 되잖아? 그렇다면 고민 끝! 여기 아니라도 예쁜 골목 실컷 봤다, 그 동안.

발길을 돌려 성곽을 벗어나면서 그래도 내심 아쉬웠던 심정이 이 야외극장을 만나고는 풀어지더군요. 역시 굿쟁이 기질, 어디 안 갑니다.

야외극장을 지나자 이런 동상을 만나게 됩니다. 이놈도 예외없이 유독 한 부분만 번들거립니다. 어딜 가도 인기 만점인 저 물건. 아주머니들은 왜 그렇게 조각상의 꼬추 만지기를 좋아할까요오? 웬만하면, 집에 다 있을 텐데……. ㅡ.ㅡ

자, 이제 미련 없이 성을 벗어납니다. 성 뒤편으로 빠져 나와 성 아래 주변을 둘러보며 숨 좀 돌립니다.

몇 무리의 사람들이 성 아래를 바라고 몰려 지나갑니다. 사람들이 몰려간 곳 반대쪽으로 난 외길을 따라 걸어내려 가니까 생각지도 않게 이런 포도밭이 나타납니다.

포도밭을 지나는 길 오른 쪽 아래에는 와인 빠가 있더군요. 아까 황금소로 사양하고 오길 백 번 잘 했죠! 와인 빠에 들러 와인을 주문했습니다. 맛, 정말 기가 막힙니다~! 와인 이름은 플라체노 호토베Placeno Hotove. 새소리 한 모금, 와인 한 모금. 세상이 아름다워지는 시간입니다.

포도밭 코스를 끝으로 프라하 성을 떠나 블타바 강으로 향합니다. 오늘의 나머지 여정은 블타바 강 건너 강변길을 따라 이어집니다.

포도밭에서 내려와 블타바 강 쪽으로 걷다 보면 작은 다리가 나옵니다. 다리 이름은 마네스브Manesuv. '죽은 망자의 영혼'이라는 뜻. 그러니까 이 다리는 귀신 다리입니다.

귀신들과 인사를 나누며 다리 반대편에 이르자 다리 아래에 배를 개조해서 만든 레스토랑이 강물 위로 둥둥 떠 있습니다.

다리를 넘자마자 마주치게 되는 루돌피넘Rudolfinum극장. 직원이 건네 준 전단지에는 오늘 저녁의 연주회가 소개되고 있습니다. 하지만 아무래도 〈돈 조반니〉 마리오네트 공연 쪽으로 마음이 더 기웁니다.

이제 블타바 강 동쪽 강변길을 따라 까를 교 방향으로 천천히 걸어갑니다. 까를 교 도착. 까를 교와 마지막 인사를 나눈 후 계속해서 직진, 강변을 걷습니다.

그렇게 걸어가다 만난 춤추는 건물입니다. 유네스코에서 갈채를 보낸 디자인. 마치 왈츠를 추는 여인의 뒷모습을 보는 듯합니다. 그런 무빙과 조화되어 살짝 들추어진 창문들은 마치 사랑하는 남자의 품에 안겨 사뭇 떨리는 마음인양 나풀거리는 여인의 드레스 레이스 같고 말이죠.

블타바 강을 벗어나서 동쪽으로 걸어가면 하벨Havel 시장이 나오고 그 다음으로 등장하는 곳이 바츨라프 광장Vaclave Namesti입니다. 멀리 광장 끝에 우뚝 서있는 것은 국립 박물관이고 말입니다.

오래 전에는 소시장이었다는 바츨라프 광장. 이제는 예쁘게 단장되어 있고 광장 중심에는 예쁜 노천카페도 들어서 있습니다. 이 카페에 들러 커피 한 잔 마셨더니 계산서에 우리 돈 10,000원이 찍혀 나옵니다. 어이가 없습니다. 오냐 그래, 이 소쉐키들아. 오늘이 마지막 날이니까 팁이다, 팁~. 그나저나 오늘은 참 많이도 걸었습니다. 대략 10Km를 걸었을 겁니다. 오늘 중으로는 아마도 5km를 더 걸어야 할 듯합니다. 이번 여행길에서 내가 걸은 거리를 대충 따져보니 300km는 족히 넘을 겁니다. 이미 내 워커화와 운동화는 거덜이 나고 있고 말이죠.

국립 박물관. 기껏 찾아왔더니 공사 때문에 내년까지 휴관이라고 합니다. 동유럽의 국립박물관들은 나와 인연이 없는 모양입니다. 부다페스트, 비엔나에 이어 이곳에서도 끝내 내 발길을 허무하게 돌려세우니, 성질 끓습니다~!

광장의 주인공인 성 바츨라프 1세Svaty Vaclave I 기마상. 앞뒤로는 네 명의 호위 성인이 자리하고 있습니다. 이 기마상은 1913년에 세워졌다고 합니다. 보헤미아 지역의 프레미슬Premysl 공작 가문의 브라띠슬라우스Vratislaus의 아들로 907년에 태어난 그는 18살 고딩 3학년 나이에 왕이 됩니다. 바츨라프가 어렸을 때는 집안에 우환이 있었습니다. 그의 나이 13살이 되던 해 아버지가 죽고 맙니다. 그러자 기가 셌던 친할머니 루드밀라Ludmila는 며느리를 내치고 어린 바츨라프를 직접 양육하죠. 아들을 시어머니에게 빼앗긴 바츨라프의 친

어머니 드라호미라Drahomira. 기회를 노리고 노려 끝내 시어머니를 죽이고 아들을 되찾습니다. 성질로 보면 그 시어미에 그 며느리. 그 후 귀족들의 추대로 왕이 된 바츨라프는 영국 앵글로 색슨 지역의 헨리Henry 왕, 남독일 바바리아 지역의 아눌프Arnulf 공작 등과 맞장 뜨며 보헤미아 왕국의 기반을 튼튼히 만듭니다. 하지만 935년, 역모를 품은 귀족 연합에 의해 살해당하고 말죠. 그가 죽자 백성들은 보헤미아의 성인으로 추대합니다. 그리고 천 년이 지난 오늘 날에도 체코 사람들은 그를 수호신으로 추앙하고 있다는군요.

체코 사람들이 철석같이 믿고 있는 전설. 나라가 외적의 침략을 받으면 보헤미아 중부 지역의 블라닉Blanik 산에 함께 묻혀있는 기사군단을 이끌고 나아가 적을 물리친다……. 그런데 소련군이 짓밟던 '프라하의 봄' 때는 왜 그냥 푸욱 주무시고 있었을까요오?

박물관 입구에 올라 바라보는 바츨라프 광장. 광장은 이곳에서부터 저 멀리 '나 프리코페Na Prikope' 거리까지 길이 750m, 폭 60m의 대로를 이룹니다.

1918년 오스트리아~헝가리 연합 제국이 몰락하자 체코슬로바키아 공화국 출범을 선포한 곳. 1968년 소련의 무차별 진압에 맞서 체코 국민이 '프라하의 봄'을 외쳤던 곳. 그리고 1989년 벨벳 혁명민주화 혁명의 중심지였던 곳.

프라하에서의 마지막 날이라는 생각. 그리고 국립 박물관 관람 실패에 따른 상실감. 우울해진 기분을 달래기 위해 근처에 있는 무하 미술관에 들렀습니다. 로비에서 대충 살펴보니 별로 볼 만한 것도 아닌 것들을 전시하고 있으면서 입장료는 150콜루니나 받네요. 너희들이나 많이 보렴. 발길 돌려 이제 가방 문제를 해결하기로 합니다.

엊그제 눈 여겨 본 가방을 구입하기 위해 테스코 백화점에 갔죠. 매장에 들러 다시 꼼꼼히 들여다보는 가방. 999콜루니라는 싼 가격이 못내 찜찜합니다. 계산하기 직전 물었습니다.

"이거 진짜 가죽이냐?"

여점원은 뭐라고 알아듣지 못하는 체코 말로 가방에 대해 한참 설명합니다. …… 뭔가 이상합니다. 거두절미, 다시 물었죠.

"다 좋고, 그래서 이게 진짜 가죽이냐고오~."

갑자기 꿀 먹은 벙어리가 되는 이 친구. 그러다가 작은 목소리로 한마디 흘립니다.

"……인조 가죽이와요."

그럼 그렇지. 어디서 인조 가죽으로 들이대? 바로 백화점을 나와 길가의 가방 매장들을 훑었습니다. 그렇지만 어쩌다 마음에 드는 것들은 모두 4,000~5,000콜루니(200,000원~250,000원)입니다. 그것도 체코제는 없고 모두 독일제. 별 수 없습니다. 어제 밤, 구시가 광장 골목길에서 따로 눈도장 찍어놓은 매장을 찾아 갔습니다

그 매장에서 만난 진짜 통가죽 가방. 3,000콜루니 가격을 2,500콜루니(125,000원)로 디스카운트해서 샀습니다. 하지만 이놈도 체코제가 아닙니다. 떡 하니 Made in Italy가 선명하게 새겨있습니다.

이제 숙소로 돌아가 사진 파일 정리한 후 저녁 시간에 국립 마리오네트 극장에서의 〈돈 조반니〉 공연 관람을 마치면 내 동유럽 여정은 끝이 납니다. 아쉽다면 체코에 왔으니 체코를 대표하는 드보르작의 〈루살카 Rusalka〉를 보면 좋았을 텐데, 그런 기회를 얻지 못하고 떠난다는 것.

이 극장은 인형극에 맞추어 무대도 객석도 미니어처 규모로 만들었습니다. 객석은 1층 2층 합쳐서 약 150석 정도입니다.

〈돈 조반니 Don Giovanni〉. 모차르트가 만든 2막짜리 오페라. 1787년 로렌초 다 폰테Lorenzo Da Ponte가 쓴 대본을 가지고 작곡한 것으로, 같은 해 10월 29일 프라하에서 초연되었다고 합니다. 아마 그것을 기리기 위해 이 공연을 상설로 운영하는 모양입니다.

공연 후 숙소에 들어가기 전, 남아있는 콜루니 잔돈을 해결하자는 취지로 체코 식 빵 한 조각과 아이스크림을 샀습니다. 무척 상냥한 가게 여점원, 내 머리를 보고는 탐난다면서 자꾸 만져보려고 합니다. ^^;

숙소 앞에는 베트남 젊은이가 운영하는 가게가 있습니다. 그곳에서 나머지 잔돈을 탈탈 털어 와인 한 병 샀습니다. 이제 남은 돈으로는 내일 아침 힐튼 호텔에서 출발하는 130콜루니짜리 공항버스를 타면 됩니다. 콜루니 청야 작전 완료. 귀국해서 환전도 되지 않는 동전들이라 이렇게 깔끔하게 정리해야 합니다.

마지막 밤. 거실 밖 베란다에 나가 앉아 홀로 와인 잔을 기울입니다.

"나 스흘레다노우Na shledanou. 잘 있어 프라하, 루살카, 그리고 동유럽 땅아……."

길다면 길겠고 짧다면 짧을 이 한 달간의 유랑, 이렇게 마감됩니다. 유랑이라……. 문득 대만의 여류 문인 삼모三毛. 대표작 〈사하라 이야기〉가 남긴 서글프도록 아름다운 시 감람수橄欖樹가 떠오릅니다.

不要問我從哪裡來 나 어디서 왔냐고 묻지 말아요
我的故鄉在遠方 내 고향은 여기서 멀다오
爲什麼流浪 왜 유랑을 하냐고요?
流浪遠方流浪 이렇게 멀리도 떠나와서 말이죠
爲了天空飛翔的小鳥 푸른 하늘 나는 작은 새를 쫓아
爲了山間輕流的小溪 계곡 사이 흐르는 맑은 물을 따라
爲了寬闊的草原 드넓은 초원을 찾고 찾아서
流浪遠方流浪 멀리도 떠나와 유랑하지요
還有 還有 그것은 말이에요
爲了夢中的橄欖樹 꿈속에서 보았던 감람수를 찾고 싶어서랍니다……

나는 이 멀리도 떠나온 여행에서 과연 내 꿈속의 감람수를 찾았을까요? 허한 웃음이 나옵니다. 여행이란 '꿈속의 꿈' 꾸기. 이제 그 꿈에서 깨어나 현실이라는 원래의 꿈으로 돌아갑니다.

※ 이번 동유럽 여행을 통해 느낀 감상입니다. 우리는 유럽을 문화가 발전한 곳이라고 생각하는 경향이 있습니다. 대표적인 예로, 모차르트

나 베토벤, 드보르 작, 브람스, 스메타나, 요한 슈트라우스 등등의 일면을 떠올리면서 그들의 '클래식'한 면모에 괜히 움츠리는 것은 아닐까 싶습니다. 하지만, 방금 전 언급한 이 사람들의 문화예술 행위는 그 당시의 귀족들만을 위한 것이었죠. 그것이 오늘 날 문화유산으로 남아 후손들이 덕을 보는 것이지, 한때 자기네 조상이 구가했던 귀족 문화를 지금의 후손들이 여전히 일상처럼 즐기면서 윤택하고 높은 문화생활을 영위하는 것일까요? 그것은 아닌듯해 보였습니다. 극장을 찾아가 즐기는 고전음악회 문화? 우리도 그만큼은 얼마든지 즐기며 삽니다. 우리가 은근히 주눅 들어 하는 그들 조상의 문화. 이제는 그저 그들의 관광 상품일 뿐입니다. 또한 유럽은 기독교 문화로 묶인 채 고딕 양식이냐 바로크 양식이냐 하는 디자인의 변화는 있을 수 있어도 결국은 전체적인 틀을 벗어나지 못하고 있습니다. 어디를 가도 교회가 도시나 마을의 랜드 마크이고 다른 건물들도 그 형태를 따릅니다. 기독교를 벗어난 그 외의 문화로 두드러진 것은 찾아보기 힘듭니다. 그리고 그들의 사회 공공시설 수준이나 전반적인 사회 운영 시스템은 한국에 비해 최소 10년 이상은 뒤쳐져있어 보입니다. 공중도덕 등 시민 성숙도도 우리보다 앞섰다고 할 수만은 없습니다. 마지막으로, 젊은 층을 보면 대체로 활력이 떨어집니다. 그에 비해 우리의 10대 20대는 어떨까요? 상대적으로 대단히 역동적입니다. 또, 한국은 수천 년 동안 단일 문화권을 유지해 오면서 발전시키고 성숙시켜 온 대단히 고급스러운 고유의 문화가, 전통과 현대의 모습으로 다양하게 편재되어 있습니다. 종교문화도 유교를 바탕으로 기독교, 불교가 양립기층 화 되어있고 말이죠. 한국의 사회 시스템과 시민 성숙도는 그들에 비해 결코 떨어지지 않고, 일면 월등하기도 합니다. 그리고 미래에의 홀

룽한 자원인 건강한 젊은 층이 우리에게 있습니다. 결론 맺습니다. 한국은 이미 그들보다는 앞서가고 있고 우리의 미래, 분명 장밋빛입니다. 물론 수박 겉핥기 식 여정으로 어찌 확연하게 판단을 하겠습니까만, 짚이는 바가 많았습니다. 이런 내 생각, 자화자찬 혹은 자만에 불과할까요?

※ 이번 여행에서 아쉬웠던 점들을 정리해 봅니다.

- 더 가난했어야 했다.

- 뭔가 잘못되었다고 판단되는 상황에 대해 예민하게 반응하는 것을 평소보다는 많이 줄였지만 한 두 번은 자제력이 미흡했다.

- 드라마가 부족했다. 사람을 만날 시간이 부족했다. 그만큼 너무 일정을 빠듯하게 잡았다.

※ 여행 내내 세 가지 생각을 물고 다녔습니다.

- 걷는 동안 내 머리 속의 화두 : 상불원천 하불우인上不怨天 下不尤人 위로는 하늘을 원망 않고 아래로는 남을 탓하지 않는다.

- 와인이나 맥주를 마시며 릴렉스 하는 동안 큼큼거리며 생각한 것 : 새로운 퍼포먼스 스토리. 이런 저런 스토리보드를 떠올리며 전체 그림 구상하기.

- 밥을 먹거나 웅가를 하는 둥 인간으로서의 본능에 충실할 때 : 내일은 내일의 태양이 떠오른다.

※ 여행을 마치면서 스스로 다짐했습니다.

- When less vision is more. 궁할수록 비전을 더 가져라.

이렇게 7월에 꾸었던 내 꿈은 그 커튼을 내립니다. 오래 전에 쓴 시 한 수로 마무리 합죠.

月盈庭抱花香婭 월영정포화향아
夢破虛窓雲渙過 몽파허창운환과
促織哀鳴壓廖念 촉직애명압료염
欲懷連夢且安臥 욕회연몽차안와

달 빛 뜰에 꽃향기 은은하였거늘
꿈 깨니 빈창에는 구름만 흩어져
귀또리 울음에 마음만 공허해지니
그 꿈 이어 품고자 몸 다시 누인다

Tip

↘ 살면서 잠깐씩 멈추기. 내 마음의 포도밭은 그 때에만 들어갈 수 있다. Pause, 그리고 나만의 포도밭 안에서 와인 맛 음미하기.

↘ 걸어라. 신발이 닳는 만큼 내 생각의 켜는 늘어난다. 언제부터인가 우리는 산책의 맛을 잃고 산다.

↘ 우리는 늘 매 순간과 이별한다. 이 말은, '우리는 매 순간과 만난다.'

↘ 꿈을 꾸어라. 꿈꾸기는 삶의 에너지다. 우리는 늘 희망을 말한다. 희망? 꿈꾸지 않는 인간에게는 가장 고통스러운 것이 바로 희망이기도 하다.

♣ 알아두면 유용한 여행 용어들

La Carte

'단품요리' 또는 '일품요리'라는 뜻. 메뉴 중에서 자기가 좋아하는 요리만 주문하는 형식. 세트 메뉴와 반대되는 개념.

ll Inclusive

객실 내 미니 바의 모든 음식, 선택 관광 등이 룸 차지에 포함되는 조건.

Amenity

객실에 무료로 준비해 놓은 각종 소모품 및 서비스 용품. 주로 욕실의 비누, 샴푸, 샤워 젤 등을 통칭. 다 소모하면 추가 비용 없이 매일 룸 클리닝 때 다시 채워주기 때문에 뽕을 뽑아도 된다.

Baggage Claim

공항에서 수화물 찾는 곳.

Cabana

리조트나 호텔의 메인 건물과는 별개로 수영장이나 해변에 만들어둔 객실 또는 구조물.

Cancellation Charge

예약 취소에 따라 발생하는 위약금.

Candlelight Dinner

리조트 레스토랑이나 풀 빌라에서 둘만 즐기는 로맨틱한 저녁 식사. 테이블 주변을 촛불과 꽃으로 장식하거나 개인 풀장에 꽃잎이나 초를 띄워주어 뇨자를 한 방에 빽 가게 만든다.

Carrier

항공사를 나타내는 영문 표기를 말한다. 예를 들어, 대한항공은 KE, 아시아나는 OZ, 차이나항공은 CA.

Complimentary

무료로 제공하는 객실 내 서비스 용품. 대개 생수 2병, 커피나 차 등이 이에 해당.

Continental Breakfast

커피, 홍차, 코코아, 주스, 우유 등의 음료와 버터나 잼을 곁들인 토스트, 모닝 롤 등으로 구성된 간단한 아침 식사.

Deposit

예약 시 일정 금액을 예치하는 것. 보통 숙소 예약 시에는 전체 금액의 10% 정도를, 체크인 시에는 하루치 정도의 숙박요금을 받아두었다가 퇴실 시 돌려준다.

Day Use

체크아웃 이후 귀국 항공편의 출발시간이 늦어질 경우 하루 숙박비의 절반가량 비용을 지불하고 객실에 머무는 것.

English Breakfast

영국에서 주로 먹는 아침 식사. 토스트, 베이컨, 소시지, 햄, 달걀, 구운 콩, 감자 등으로 푸짐하게 구성된다. American Breakfast는 여기에 팬케이크나 와플, 해시 포테이토 등을 추가, 더 푸짐하다. 아침부터 배 터뜨리고 싶은 사람에게는 강추 아이템.

Full Board

보통 룸 차지에는 조식만 포함되나 때로는 세끼 모두 포함시킬 때 Full

Board 라고 한다(American Plan이라고도 함).

Garden View

바다 대신 호텔 안 쪽 마당의 나무나 풀만 실컷 보라고 만든 객실.

Half Board

조식 외 한 끼 식사(보통 저녁 식사)가 포함되는 것.

Housekeeping

숙소에서 객실 청소와 비품을 담당하는 부서. 청소를 원하거나 비품이 더 필요하면 이곳에 요청하면 된다.

Island Hopping Tour

배를 타고 나가 주변 바다에서 즐기는 Cruise. 무인도에 도착하여 현지인과 함께 해산물과 바비큐를 즐기고 바다에서 수영과 Snorkeling, 낚시 등을 하는 해양 투어.

Late Checkout

정해진 체크아웃 시간(보통 정오)보다 늦게 체크아웃 하는 것. 오후 2시까지는 무료로 제공한다. 오후 6시까지 Day Use를 이용할 수 있고, 이 경우 하루치 룸 차지의 절반 정도를 지불한다. 여유 객실이 있어야 가능하므로 체크인 때 Reception에다 미리 예약해야 하는 것이 좋다.

Make Up Room

객실을 청소하거나 정돈하는 것을 말한다. 필요에 따라 객실 문손잡이에 'Do Not Disturb(건들덜 말으)'또는 'Make Up Room(청소 좀 해주어)'를 걸어두면 된다. 그날 여정을 위해 'Make Up Room' 표식을 걸어놓고 객실을 나서기 전, 침대 위에 1달러 정도의 지폐를 놓아두면 청소 빡시게 잘 해 준다. 혹 깜박 잊고 돈을 놓아두지 않았을 때 성질 디러

븐 청소부한테 걸리면 소지품 중 하나 없어질 각오해야 한다.

Minibar

객실 내에 비치되어 있는 냉장고. 음료수와 맥주 등이 들어 있다. 공짜인 줄 알고 함부로 신나게 먹었다가는 거덜 난다. 체크아웃 때 다 센타까서 계산서 들이민다.

Minimum Stay

성수기를 맞아 Minimum Stay를 객실 사용 규정으로 삼는 것. 예를 들어 5박으로 정해져 있으면 토 달지 말고 최소 5박 이상 투숙해야 예약 가능하다.

Ocean View

바닷가 전망이 보이는 객실.

Over Charge

객실 사용 기간 초과 요금. 체크아웃 시간을 기준으로 일정 시간을 초과할 경우 적용된다.

Pool Villa

주로 독채 객실에 전용 풀장이 딸린 빌라 형태를 의미한다. 높은 담이 둘러쳐져 있어 이 안에서 홀라당 벗고 놀아도 된다. 신혼여행이나 가족여행 중 프라이버시 보호가 필요할 때 적합한 숙소 형태.

Private Dinner

두 사람만을 위한 저녁 식사. 객실이나 정원, 해변에 꽃과 촛불로 장식된 두 사람만을 위한 테이블이 준비된다. 이 또한 뇨자, 뻑 간다.

Reconfirm

항공 스케줄이나 예약 상황을 전화 등으로 재확인하는 것.

Stop Over

최종 목적지가 아닌 중간 기착지에서 하루 이상 머무는 것. 추가 요금과 공항세가 부가될 수 있으며, 스톱 오버 횟수에 따라 항공료 요금이 달라진다.

Turn Down Service

이브닝 서비스로 오전에 진행되는 객실 청소 외에 취침 시간 전 편안한 잠자리를 위해 침대를 다시 한 번 정리해주는 것.

Poucher

숙소 예약 확인증. 대부분 이메일로 받을 수 있다.

Wake Up Call

아침에 전화로 깨워주는 서비스. Morning Call은 콩글리쉬라서 애들 알아듣지 못한다. '모닝 콜'로 박박 우겼다가는 개망신 당한다.

Water Cottage

바다 위에 지어진 수상 객실. 대개 단층 건물 내 지붕이 낮고 베란다가 있는 객실 형태를 띤다.

♣ 철이가 살아온 50년 인생 꼬라지

1962년 임인년壬寅年

부모님께서 하루 밤 애쓰신 끝에 애로 태어남. 대전에서 자람.

네 살

벽시계 보는 법을 깨우쳐 빌어먹을 세상 규칙에 빠짐.

여덟 살

모친이 집안 홀라당 말아 드심에 졸지에 홍아 옷을 물려 입기 시작하면서 세상 부조리에 눈뜸. 그 분노심을 동네 애들 상대로 하는 쌈박 질로 승화시킴.

열세 살

전 학년 우등생 찍기, 글짓기든 그림 그리기든 대회에 나가서 매번 상장 입에 물고 오기 등, 초딩 생활 6년을 화려한 시절로 Ctrl+s.

열여섯 살

중딩 생활 3년 역시 전 학년 우등생으로 깔끔하게 갈무리. 첫 홀로 여행 시도. 이후 홀로 여행의 묘미에 빠져 '떠나자'라는 생각만 들면 훵~ 떠나곤 함. 지금까지의 깃발 날렸던 인생 흐름에 슬슬 물꼬 틀어지기 시작.

열일곱 살

'떠나자'라는 생각으로 부모님 곁을 떠나 서울 유학 생활 시작. 고딩 밴드 〈천두추 *뇌 수술 때 해골 구멍 뚫는 톱〉에서 리드 기타를 맡아 살벌한 연주 솜씨를 발휘. 아르바이트로 여비 만들면서 틈만 나면 여행길에 오르곤 함. 아울러 학교 성적 상큼하게 개판됨. 판검사 자식 하나 두고 싶으셨던 부모님, 입에 게거품 물기 시작. 그러시든지 말든지.

열아홉 살

대입 시험 한 달 앞두고 강원도 설악산 일대를 돌아다니며 개김.

스무 살

원하던 대학교에 떡 하니 떨어지고 나서 대신 3류 대학교에 입학. 다방 DJ니 밴드 활동이니 하며 인생 방황기 찐하게 겪음.

스물세 살

어느 때 떠났던 여행길에서 내 인생 잘난 것 쥐뿔도 없음을 뼈다구 저리게 자각. 방황 끝. 다니던 대학교 닦아버리고 다시 공부에 매진, 중앙대학교 신문방송학과에 입학. 80년대의 시대적 우울함을 극복하지 못한 채(갖다 붙이기는) 연극 동아리에 빠져 연극에 미치기 시작. PD나 기자까지는 인정하마, 혹시나 하며 일말의 희망 품었던 부모님, OTL. 그러시든지 말든지.

스물여섯 살

정식 연극 작가로 굿판 데뷔.

스물여덟 살

정근에서 정철로 개명. 대학교 졸업 후 연극 작가로는 잘도 살겠다 싶어 스승인 허규(당시 원로 연출가. 2000년 작고) 선생님을 모시고 축제와 공연 일 시작.

스물아홉 살

강원도 주문진에서 2년 계약으로 원양 어선 배를 타기 직전, 모 방송사의 부름을 받고 발길을 돌림. 드라마 작가의 길로 들어섰다가 방송 드라마 세계의 유치함에 치를 떨고는 감자 바위 한 번 먹이고 여의도를 떠남.

서른한 살

요절 못한 채 서른 나이 넘김. 결국 천재가 아니었음에 은근 자존심 상한 나머지 보란 듯이 기획사 차렸다가 보란 듯이 빚 방석에 앉음. 붕딱 인증.

서른일곱 살

장편소설『마지막 공연-필명 정후』출간, 출판사 망하는 데에 큰 공 세움. 진짜로, 출판사 망했음. 묵념.

마흔두 살

연초. 한국 뜨려고 살던 방 빼서 캐나다 행 비행기 표 끊음. 짐(옷, 책, 가재도구 등) 일괄 정리 후 출국 인사차 평소 존경하던 어르신을 찾아뵙고 "뜹니다." 인사 올리던 자리에서 국립극장으로부터 걸려온 전화 받음. 떨어져도 뜨면 그만이니 꽃놀이 패로다 생각으로 1~3차 면접 보았던 홍보팀장 공채에 합격했다는 소식. 캐나다고 뭐고 도로아미타불. 이로써 팔자에 없는 공무원 생활 시작.

마흔세 살

번듯한 5급 중앙공무원 자리 때려치움. 한바탕 잘 놀다 나온 것으로 침. 직후, 어느 유원지에 가서 몇 달간 청소부 직 역임.

시방

남들 다 가는 장가도 못간 채, 가끔씩 행하는 글질(시, 에세이, 대본, 비평, 소설, 자서전 대필 등) 즐기면서 행사 연출 일로 근근이 버티고 삶.

훗~